W0385797

Stratégie Océan Bleu

Comment créer de nouveaux espaces stratégiques

W. Chan Kim
Renée Mauborgne

Stratégie Océan Bleu

Comment créer de nouveaux espaces stratégiques

Traduit de l'anglais (États-Unis)
par Larry Cohen

Village Mondial

L'édition originale de cet ouvrage a été publiée aux États-Unis par Havard Business School Press, sous le titre *Blue Ocean Strategy.*

© 2005 Harvard Business School Publishing Corporation

Mise en pages : MD Graphic

© 2005, Pearson Education France, Paris

Distribution Nouveaux Horizons-ARS, Paris pour l'Afrique francophone et Haïti

La loi du 11 mars 1957 interdit les copies ou reproductions destinées à une utilisation collective. Toute représentation ou reproduction intégrale ou partielle faite par quelque procédé que ce soit, sans le consentement de l'auteur ou de ses ayants droit, est illicite et constitue une contrefaçon sanctionnée par les articles 425 et suivants du Code pénal.
ISBN 2-7440-6112-3

À l'amitié et à nos familles,
qui donnent davantage
de sens à notre vie.

SOMMAIRE

TROISIÈME PARTIE
L'exécution d'une stratégie Océan Bleu

Annexes

PRÉFACE

Ce livre est le fruit de l'amitié, de la fidélité et de la confiance. C'est cette amitié et cette confiance qui nous ont décidés à étudier les idées présentées dans cet ouvrage et de les coucher par écrit.

Nous nous sommes rencontrés dans une salle de classe il y a vingt ans de cela, l'un professeur, l'autre étudiant, et nous avons travaillé de concert depuis lors, ayant souvent l'impression d'être des rats transis dans un égout. Ce livre marque la victoire non pas d'une idée mais d'une amitié qui, pour nous, a plus de sens que n'importe quelle idée du monde des affaires. Elle a enrichi et embelli notre vie. Mais nous n'étions pas seuls.

Aucun voyage n'est facile, aucune amitié n'est faite uniquement d'éclats de rire. Mais notre enthousiasme se renouvelait chaque jour puisque nous avions une mission : apprendre et améliorer. Nous croyons passionnément aux idées de ce livre. Ce sont des idées qui ne sont pas faites pour ceux dont l'ambition dans la vie se limite à « tenir » ou à survivre. Cela ne nous a jamais intéressés. Si vous pouvez vous en contenter, n'en lisez pas plus. Mais si vous voulez changer les choses, créer une entreprise qui construit un avenir où les clients, les salariés, les actionnaires et la société sont tous gagnants, ce livre est fait pour vous. Nous ne vous dirons pas que c'est facile, mais le jeu en vaut la chandelle.

Nos recherches confirment un point essentiel : l'entreprise qui réussit année après année n'existe pas, pas plus que le secteur d'activité voué à un essor permanent. Sur notre chemin cahotant, nous avons découvert que les actes de l'individu, à l'instar de ceux des entreprises, sont parfois intelligents et parfois médiocres. Pour renforcer nos succès, il faut étudier ceux de nos actes qui ont exercé une influence positive et découvrir le moyen de les répéter de façon systématique. Ce sont ces avancées stratégiques intelligentes, comme nous les appelons, qui sont au cœur de la création d'océans bleus.

La stratégie Océan Bleu met l'entreprise au défi de sortir de l'océan rouge de la concurrence grâce à la création d'un espace stratégique vierge qui rend cette concurrence nulle et non avenue. Au lieu de se partager la demande existante – qui a tendance à rétrécir comme une peau de chagrin – et de prendre exemple sur les concurrents, la stratégie Océan Bleu vous pousse à élargir la demande et à tourner le dos à vos concurrents. Non seulement ce livre demande à l'entreprise de se remettre en question, mais il montre comment y parvenir. Nous commençons par introduire une panoplie d'outils analytiques et de dispositifs conceptuels qui aident à relever ce défi de façon méthodique. Ensuite, nous précisons les principes qui définissent la stratégie Océan Bleu et qui la démarquent de la pensée stratégique axée sur la concurrence.

Notre but est de rendre la formulation et l'exécution de la stratégie Océan Bleu aussi systématique et aussi praticable que la concurrence dans les eaux rouges des espaces stratégiques connus. Ce n'est qu'à partir de là que l'entreprise sera à même de relever le défi de la création d'océans bleus d'une façon aussi intelligente que responsable, en exploitant les opportunités tout en réduisant les risques. Aucune entreprise – grande ou petite, nouvel acteur ou vieux routier – ne peut se permettre de jouer à la roulette russe. Aucune entreprise ne devrait le faire.

Ce livre s'est nourri de plus de quinze ans de recherches, de données remontant à plus d'une centaine d'années, d'une série d'articles publiés dans la *Harvard Business Review* et de recherches universitaires sur les différents aspects du sujet abordé. Les idées, outils et dispositifs présentés dans ces pages ont été testés et affinés au fil d'années de pratique dans les entreprises, en Europe, aux États-Unis et en Asie. Ici, nous étoffons et développons notre travail précédent en fournissant un fil conducteur qui dessine un ensemble cohérent. Nous prenons en compte non seulement les aspects analytiques de la création d'une stratégie Océan Bleu, mais aussi les dimensions humaines qui permettent d'entraîner une entreprise et son personnel dans cette voie et de leur insuffler la volonté de traduire ces idées en actes. Cette démarche vous apprendra à susciter confiance et engagement, à reconnaître la valeur de la personne et de ses idées. Vous saurez, en fin de parcours, que ces facteurs constituent le cœur de toute avancée stratégique.

Les possibilités de créer des océans bleus ont toujours existé. Leur exploration a progressivement agrandi l'univers du marché. Cette expansion, nous en sommes convaincus, est à l'origine de la croissance. Pourtant, les voies à suivre pour créer et conquérir des océans bleus restent assez mal connues, que ce soit sur le plan théorique ou sur le plan pratique. Nous vous invitons à lire ce livre pour découvrir comment prendre les commandes de cette expansion à l'avenir.

PREMIÈRE PARTIE

LA STRATÉGIE OCÉAN BLEU

Chapitre 1

VERS LA CRÉATION DE NOUVEAUX OCÉANS

Guy Laliberté a démarré sa carrière comme accordéoniste, cracheur de feu, juché sur des échasses. Il est aujourd'hui PDG du Cirque du Soleil, l'une des exportations culturelles canadiennes les plus importantes. Créé par quelques artistes des rues en 1984, il s'est produit devant plus de 40 millions de personnes dans 90 villes du monde entier. En moins de vingt ans, le Cirque du Soleil est parvenu à une rentabilité que Ringling Brothers and Barnum & Bailey's Circus – champions du monde de ce secteur d'activité – avaient mis plus d'un siècle à atteindre.

Cet essor est d'autant plus remarquable qu'il ne s'est pas réalisé dans un secteur florissant, mais dans un domaine sur le déclin et pour lequel l'analyse stratégique classique prévoyait un faible potentiel de croissance. Le pouvoir de négociation des artistes principaux était important en amont, tout comme l'était celui du client en aval. Les formes de divertissement concurrentes pullulaient : spectacles en ville, manifestations sportives et loisirs pratiqués à la maison. Les enfants préféraient une séance de PlayStation à une représentation de cirque itinérant. Il en découlait une érosion du public et, dans la foulée, un déclin des rentrées et des bénéfices. On assistait par ailleurs à l'opposition croissante des groupes de défense des animaux à l'utilisation des ménageries. Enfin, Ringling Brothers and Barnum & Bailey's Circus fixaient la norme, et les cirques plus petits leur emboîtaient le pas, mais à une échelle plus modeste. Du point de vue de la stratégie concurrentielle, l'activité semblait sans attrait.

Autre aspect frappant, le Cirque du Soleil n'a pas construit sa réussite sur la conquête du public habituel et de plus en plus restreint du cirque classique : les enfants. Il n'a pas cherché à rivaliser avec Ringling Brothers and Barnum & Bailey's Circus ; il a créé un nouveau créneau qui rendait caduque l'idée même de concurrence, en visant un nouveau public d'adultes et d'entreprises prêts à payer plusieurs fois le prix d'une place dans un cirque traditionnel pour un divertissement comparable à nul autre. Notons au passage que l'un des spectacles du Cirque affichait ce titre éloquent : « Le cirque réinventé ».

Un nouvel espace stratégique

Si le Cirque du Soleil a si bien réussi, c'est parce qu'il n'est pas entré en compétition avec les autres acteurs du secteur. Le seul moyen pour écraser la concurrence est de ne pas essayer de l'écraser.

Pour comprendre le sens de cette réussite, imaginez que l'univers du marché est composé de deux sortes d'océans : des bleus et des rouges. Les océans rouges sont constitués de toutes les entreprises existant à ce jour : c'est l'espace stratégique connu. Les océans bleus représentent toutes les entreprises qui n'existent pas encore : c'est l'espace stratégique inconnu.

Dans un océan rouge, les frontières du secteur d'activité sont définies et acceptées, et les règles du jeu compétitif sont bien connues[1]. Chaque entreprise essaie de faire mieux que les autres pour s'approprier une part plus importante de la demande existante. Comme l'espace du marché est de plus en plus encombré, les perspectives de croissance rentable se réduisent. Les produits se banalisent et, sous l'effet d'une concurrence à tous crins, l'océan devient rouge de sang.

L'océan bleu se caractérise au contraire par un espace stratégique non exploité, la création d'une demande nouvelle et une croissance extrêmement rentable. Si certains océans bleus surgissent bien au-delà des frontières des secteurs existants, la plupart sont créés à partir d'océans rouges : on repousse les frontières présentes, comme l'a fait le Cirque du Soleil. Dans un océan bleu, la concurrence n'a plus d'importance, puisque les règles du jeu sont encore à définir.

Certes, il sera toujours nécessaire de savoir bien nager dans l'océan rouge et surpasser ses rivaux. La concurrence acharnée restera un fait incontournable et primordial de la vie économique. Mais comme l'offre dépasse la demande dans des secteurs de plus en plus nombreux, l'entreprise ne peut plus se contenter de se battre pour des parts de marché en peau de chagrin : elle doit dépasser cette problématique[2]. Pour s'emparer des nouvelles occasions de croissance rentable, elle doit aussi créer des océans bleus.

Malheureusement, les océans bleus sont essentiellement *terra incognita*. Depuis vingt-cinq ans, la recherche en matière de stratégie se concentre surtout sur l'étude des océans rouges de la concurrence[3]. Ces travaux ont permis en tout cas de mieux comprendre les impératifs de cette lutte : analyse de la structure économique d'un secteur d'activité existant, choix d'une orientation stratégique axée sur la domination par les coûts, la différenciation ou la focalisation, comparaison avec les meilleurs de la branche. Mais même si on observe un certain intérêt pour les océans bleus[4], les conseils pratiques en la matière sont très rares. Sans outils d'analyse ni principes solides de gestion du risque, la création d'océans bleus reste du domaine du vœu pieux, et le dirigeant la considérera comme une stratégie trop hasardeuse. Cet ouvrage fournit des dispositifs conceptuels et des outils d'analyse pratiques pour rechercher systématiquement et exploiter les océans bleus.

La création d'océans bleus : un mouvement continu

Bien que l'expression « océan bleu » soit nouvelle, le phénomène ne date pas d'hier. Les océans bleus sont une caractéristique quasi inséparable du monde de l'entreprise. Il suffit de faire un retour en arrière d'un siècle pour constater que de nombreux secteurs d'activité du présent n'existaient pas encore : l'automobile, l'industrie du disque, l'aviation, la pétrochimie, la santé et le conseil en gestion étaient inconnus ou commençaient à peine à pointer le bout du nez. Maintenant, revenez seulement trente ans en arrière et posez-vous la même question. Quelles activités actuelles n'avaient pas encore vu le jour ? Là encore, une pléthore d'activités ou de produits qui pèsent plusieurs milliards de dollars viennent à l'esprit : les SICAV, les téléphones portables, les centrales électriques au gaz, les biotechnologies, les magasins discount, les entreprises de courrier express, les monospaces, les snowboards et le home video, pour n'en citer que quelques-uns. Il y a trente ans, aucune de ces activités n'existait.

Maintenant, avancez l'horloge de vingt ans – voire de cinquante – et demandez-vous combien de secteurs inconnus aujourd'hui existeront demain. Si l'histoire nous permet un tant soit peu de prédire l'avenir, là encore, la réponse est : « Beaucoup » !

En fait, le monde de l'entreprise n'est jamais immobile. Il évolue sans cesse. Les opérations se rationalisent, les marchés s'élargissent, les acteurs vont et viennent. L'histoire nous apprend que nous avons largement sous-estimé la capacité à créer de nouveaux secteurs d'activité et à réinventer ceux qui existent. En 1997, le Standard Industry Classification (SIC), système officiel alors vieux de cinquante ans, a été remplacé par le North American Industry Classification Standard (NAICS). Ce nouveau classement multipliait par deux les dix secteurs industriels délimités par le SIC pour mieux rendre compte de la réalité émergente des nouveaux territoires industriels[5]. Le secteur des « services » de l'ancien système se décline aujourd'hui en sept secteurs professionnels qui vont de l'information aux soins de santé en passant par les services sociaux[6]. Étant donné que ces systèmes sont conçus pour la standardisation et la continuité, cette évolution montre l'importance du développement des océans bleus.

Pourtant, la réflexion stratégique du monde de l'entreprise tourne essentiellement autour des problèmes propres aux océans rouges. C'est en partie parce que cette pensée trouve ses racines dans la stratégie militaire, comme en témoigne le vocabulaire utilisé (cadres, troupes, mobilisation…). Ainsi conçue, la stratégie est l'art d'affronter ses adversaires, de leur disputer un territoire délimité une fois pour toutes[7]. Mais l'histoire nous montre que, contrairement à la guerre, l'univers du marché n'a jamais été stable et que des océans bleus s'y créent depuis toujours. Se concentrer sur les océans rouges, c'est donc accepter les contraintes inéluctables de la guerre : un territoire délimité et la nécessité de vaincre un ennemi. Surtout, c'est nier la grande force du monde de l'entreprise, qui est la possibilité de créer un nouvel espace stratégique non disputé.

La création d'océans bleus et ses conséquences

Dans une étude portant sur le lancement de nouvelles activités par 108 entreprises (voir la Figure 1.1), nous avons mesuré l'impact de la création d'océans bleus sur le chiffre d'affaires et les marges bénéficiaires. Nous avons découvert que 86 % des lancements étaient de simples extensions de lignes de produits, à savoir des améliorations dans le cadre de l'espace stratégique existant. Pourtant, ces nouvelles activités ne représentaient que 62 % du chiffre d'affaires et 39 % des bénéfices totaux. Les 14 % des lancements restants relevaient de la logique des océans bleus ; ils ont engendré 38 % du chiffre d'affaires et 61 % des bénéfices. De toute évidence, cette politique a donné des résultats spectaculaires, surtout quand on pense que les lancements étudiés comprenaient l'ensemble des investissements consentis pour la création d'océans rouges et bleus, sans tenir compte de leur impact ultérieur sur les ventes et les bénéfices.

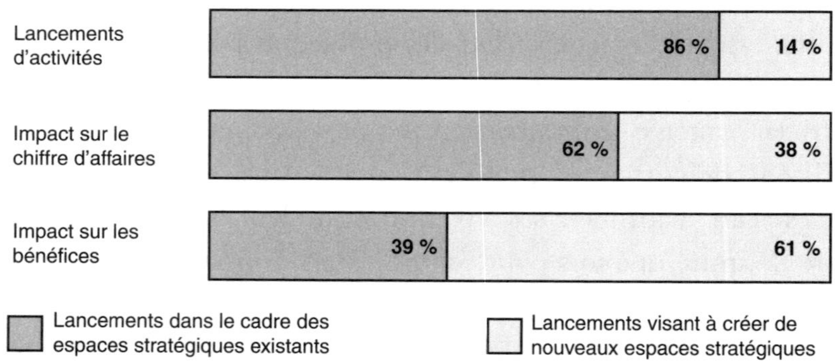

Figure 1.1 : Conséquences de la création d'océans bleus pour l'évolution du chiffre d'affaires et des bénéfices

La création d'océans bleus : un impératif grandissant

Plusieurs forces concourent actuellement à faire de la création d'océans bleus un impératif grandissant. L'accélération des progrès technologiques relève fortement la productivité industrielle et permet aux fournisseurs de proposer un vaste éventail de produits et de services. C'est pour cela que l'offre dépasse la demande dans un nombre croissant de secteurs d'activité[8]. La mondialisation en cours ne fait qu'aggraver la situation. À une époque de démantèlement des barrières douanières et de disponibilité mondiale et instantanée de l'information sur les produits et les prix, les créneaux exclusifs et les chasses gardées des monopoles ont tendance à disparaître[9]. Et alors que l'offre augmente sous l'effet d'une concurrence internationale de plus en plus âpre, il n'y a guère de signes d'une augmentation équivalente de la demande mondiale. Certaines études font même apparaître une baisse démographique dans bon nombre de marchés développés[10].

Résultat : la banalisation accélérée des produits et des services, la multiplication des guerres des prix et l'érosion des marges bénéficiaires. Des études sectorielles récentes sur de grandes marques américaines confirment cette tendance[11]. Elles révèlent que pour des catégories importantes de produits et de services, la similitude entre marques s'accentue et, de ce fait, le consommateur choisit de plus en plus en fonction du prix[12]. Il est loin le temps où l'on ne jurait que par les marques les plus connues. Dans des secteurs d'activité fortement concurrentiels, il est plus difficile qu'autrefois de se différencier, tant en période de récession qu'en phase d'expansion.

La conclusion s'impose : l'environnement dans lequel la plupart des théories de stratégie et de management se sont dessinées au cours du 20e siècle est aujourd'hui en voie de disparition. À mesure que les océans rouges se remplissent de sang, les dirigeants devront s'intéresser davantage aux océans bleus.

L'importance de l'avancée stratégique

Comment quitter l'océan rouge de la concurrence sanglante ? Comment créer un océan bleu ? Existe-t-il un moyen systématique d'y parvenir et donc d'entretenir une dynamique de performance ?

Pour répondre à ces questions, nous nous sommes au préalable demandé : quel est le point de départ de notre analyse ? La littérature consacrée à ce sujet braque généralement les projecteurs sur l'entreprise. De nombreux auteurs s'émerveillent ainsi de la croissance rentable et soutenue réalisée par des sociétés ayant un ensemble précis de caractéristiques stratégiques, opérationnelles et organisationnelles. Quant à nous, nous sommes partis d'une tout autre question : y a-t-il des entreprises *durablement* « excellentes » ou « visionnaires » qui font régulièrement mieux que le marché et qui créent des océans bleus de façon répétée ?

Considérons deux livres, *Le Prix de l'excellence* et *Bâties pour durer*[13]. Le premier, publié il y a plus de vingt ans, a été un best-seller. Pourtant, deux ans après sa sortie, plusieurs des entreprises mises en vedette commençaient déjà à sombrer dans l'oubli : Atari, Chesebrough-Pond's, Data General, Fluor, National Semiconductor... Et comme l'a montré par la suite Richard T. Pascale, les deux tiers des sociétés prises pour modèle dans ce livre n'étaient plus leaders de leur secteur d'activité cinq ans après sa publication[14].

Poursuivant sur la lancée du *Prix de l'excellence*, les auteurs de *Bâties pour durer* cherchaient à mettre au jour « le secret des entreprises visionnaires », celles qui peuvent se vanter d'une longue histoire de performances remarquables. Mais pour éviter les pièges du *Prix de l'excellence*, ils ont pris soin de limiter leur enquête à des entreprises existant depuis quarante ans au moins et de les étudier depuis leur création. Ce fut aussi un best-seller.

Mais une fois encore, après un examen approfondi, les faiblesses de certaines des entreprises louées pour leur vision sont apparues. Selon un ouvrage récent intitulé *Creative Destruction*, la réussite attribuée aux prétendus modèles d'excellence présentés dans *Bâties pour durer* était due en partie à l'essor de leur secteur d'activité plutôt qu'aux mérites des acteurs eux-mêmes[15]. Ainsi, Hewlett-Packard (HP) correspondait bien aux critères de sélection du livre par l'excellence de ses résultats à long terme, mais c'était le cas de tout le secteur du matériel informatique. Qui plus est, HP n'a même pas réussi à dominer ses concurrents directs. À travers cet exemple et d'autres, les auteurs de *Creative Destruction* en viennent à se demander si l'entreprise visionnaire régulièrement capable de performances extraordinaires ne serait pas tout simplement un mythe. N'a-t-on pas assisté à la stagnation, voire au déclin, de ces firmes japonaises dont les stratégies étaient qualifiées de « révolutionnaires » à l'apogée de leur gloire, fin des années 1970 et début des années 1980 ?

Bref, si aucun concurrent ne peut rester durablement dans le peloton de tête et si la même entreprise peut être tour à tour championne et lanterne rouge, il faut se rendre à l'évidence : l'entreprise n'est pas l'unité d'analyse appropriée.

Comme nous l'avons dit précédemment, des secteurs d'activité se créent et se transforment sans cesse. Ni leurs frontières ni les conditions de leur fonctionnement ne sont définies une fois pour toutes ; des acteurs individuels peuvent les modifier. Par ailleurs, il n'est pas toujours nécessaire ni utile de foncer tête baissée dans un espace stratégique donné : le Cirque du Soleil a créé un nouvel espace au sein du monde du spectacle qui lui a valu une croissance forte et rentable. Il semble donc qu'on ne peut partir ni de l'entreprise ni du secteur d'activité pour trouver les racines du succès durable.

Nos recherches ont montré, au contraire, que c'est l'avancée stratégique qui est la bonne unité d'analyse, celle qui permet d'expliquer la création des océans bleus et la continuité des bonnes performances. Qu'est-ce qu'une avancée stratégique ? C'est l'ensemble d'actions et de décisions managériales qui concourent à l'élaboration d'une offre commerciale capable de créer un marché. Compaq a cessé d'exister comme entreprise autonome après son rachat par Hewlett-Packard en 2001. Certains pourraient y voir les signes d'un échec, mais le regroupement de ces deux entités n'infirme en aucune façon le choix de Compaq de créer le secteur des serveurs. Cette avancée stratégique a non seulement contribué au retour en force du constructeur au milieu des années 1990, mais elle a enrichi le secteur informatique d'un nouveau créneau qui pèse des milliards de dollars.

L'annexe A, « La création d'océans bleus : aperçu historique », résume à partir de notre base de données l'histoire de trois secteurs d'activité bien représentatifs de l'économie américaine : l'automobile (moyen de se rendre au travail), l'informatique (outil utilisé au travail) et le cinéma (lieu de distraction après le travail). Cette synthèse fait apparaître qu'aucune entreprise ni aucune industrie ne peut se targuer d'une excellence perpétuelle. En revanche, on y découvre des convergences frappantes sur le plan des avancées stratégiques.

Les avancées stratégiques recensées – initiatives ayant abouti à des produits qui ont ouvert et conquis des espaces stratégiques nouveaux en stimulant une forte poussée de la demande – comprennent des récits soit encourageants, quand les efforts débouchent sur une croissance rentable, soit tristement instructifs, quand on voit toutes les bonnes occasions que les entreprises prisonnières des océans rouges n'ont pas su saisir. Pour mieux comprendre la logique qui sous-tend la création d'océans bleus et les performances qui en découlent, nous avons centré notre recherche sur ces avancées stratégiques : plus de 150 cas dans plus de trente secteurs d'activité, sur une période qui s'étend de 1880 à 2000. Les secteurs étudiés sont on ne peut plus variés : hôtellerie, cinéma, commerce de détail, transport aérien, énergie, informatique, radiodiffusion, bâtiment, automobile, sidérurgie... De plus, nous avons analysé non seulement les grands gagnants, mais aussi leurs concurrents moins chanceux.

Nous avons cherché les points de convergence – mais aussi de divergence – au sein de chaque avancée stratégique, ainsi que de façon transversale entre tous les créateurs d'océans bleus et, alternativement, entre toutes les victimes des océans rouges. Il s'agissait de répondre à cette double question : quels sont les traits communs aux vainqueurs, ceux qui les distinguent des simples survivants qui sont ballottés sur les flots rouges ?

Notre analyse confirme que ni la nature du secteur d'activité ni des spécificités en matière d'organisation n'expliquent la différence entre les deux groupes. La création et la conquête d'océans bleus sont le fait d'entreprises petites et grandes, de dirigeants jeunes et âgés, d'acteurs d'industries attrayantes et peu attrayantes, de nouveaux entrants et de leaders historiques, d'entreprises privées et publiques, du high-tech et des secteurs peu technologiques, des origines nationales les plus diverses.

Nous n'avons pas non plus découvert d'acteurs ni de secteurs d'une excellence pérenne. Mais ce que nous avons découvert, derrière l'apparence d'un simple catalogue de réussites aux sources à chaque fois différentes, c'est une logique fondamentale commune à toutes les avancées stratégiques ayant conduit à la création et à la conquête d'océans bleus. Que ce soit la Model T de Ford en 1908, la voiture conçue en 1924 par General Motors pour frapper les imaginations, la diffusion d'informations en temps réel 24 heures sur 24 par CNN, Compaq, Starbucks, Southwest Airlines, ou le Cirque du Soleil : on retrouve à tous les coups une même démarche stratégique. Nous avons d'ailleurs élargi le champ de notre étude pour y englober des avancées qui ont permis des redressements spectaculaires dans le secteur public. Là encore, les similitudes sont frappantes.

L'innovation-valeur : pierre angulaire de la stratégie Océan Bleu

Ce qui fait la différence entre les gagnants et les perdants créateurs d'océans bleus, c'est bien la démarche stratégique. Les entreprises piégées dans les océans rouges suivent la méthode traditionnelle : se livrant à une véritable course de vitesse avec leurs concurrents, elles se dépêchent d'occuper une position défendable au sein de l'ordre sectoriel établi[16]. Or, pour étonnant que cela puisse paraître, les créateurs d'océans bleus, eux, ne se comparent pas à leurs compétiteurs[17]. Ils appliquent une tout autre logique que nous appelons l'*innovation-valeur*, véritable pierre angulaire de la stratégie Océan Bleu. Il s'agit d'opérer un saut de valeur, tant pour l'acheteur que du point de vue de l'entreprise, qui permet de mettre la concurrence hors jeu en créant un nouvel espace stratégique non disputé.

La notion d'innovation-valeur accorde une importance équivalente à la valeur et à l'innovation. Privilégier le premier des deux termes, c'est se contenter de créer de la valeur, c'est-à-dire de réaliser des petits gains progressifs : cela donne quelques améliorations, mais ne permet jamais de se détacher du lot[18]. De même, s'intéresser à la seule innovation est plutôt une stratégie qui donne la priorité aux percées technologiques, au défrichage de nouveaux marchés ou à la prospective, parfois au risque d'aller trop loin par rapport aux demandes des clients et au prix qu'ils accepteraient de payer[19]. D'où l'importance de faire la différence entre innovation-valeur d'une part et innovation technologique et défrichage de marchés d'autre part. Notre étude révèle que, quand il s'agit de créer des océans bleus, ce n'est ni l'avance technologique ni le bon choix du moment pour faire son entrée sur le marché qui sépare les gagnants des perdants. Ces atouts sont présents dans certains cas, mais le plus souvent absents. L'innovation-valeur ne se produit que lorsque l'entreprise met ses efforts d'innovation en phase avec ses impératifs en matière d'utilité, de prix et de coûts. Sans cet ancrage, les innovateurs technologiques et les défricheurs de marchés risquent de voir d'autres acteurs récolter les fruits de leur labeur.

L'innovation-valeur est une nouvelle façon de penser et de mettre en œuvre les stratégies. Il convient surtout de souligner qu'elle remet en cause l'un des dogmes les plus répandus parmi les adeptes des stratégies fondées sur la concurrence : l'arbitrage entre valeur et domination par les coûts[20]. On suppose communément que l'entreprise doit choisir entre apporter un plus au client, mais à un coût plus élevé, et faire une offre plus banale à un coût modéré. Dans cette conception, le stratège doit opter soit pour la différenciation, soit pour la domination par les coûts[21]. Or les créateurs d'océans bleus poursuivent simultanément l'un et l'autre objectif.

Revenons à notre exemple du Cirque du Soleil. Ce double souci – différenciation et domination par les coûts – est au cœur de l'expérience qu'il offre au spectateur. À l'époque où il a démarré, les autres cirques avaient l'obsession de se comparer à leurs concurrents et d'agrandir leur part de ce marché stagnant en apportant de petites touches d'originalité aux numéros classiques. Certains sont parvenus ainsi à s'attirer des clowns et des dompteurs célèbres, mais cette stratégie n'a fait que peser sur leurs finances, sans transformation réelle de l'expérience du spectateur. Résultat : les coûts ont augmenté, mais pas les recettes, alors que la demande globale poursuivait sa spirale descendante.

L'entrée en scène du Cirque du Soleil a révélé l'inutilité de ces efforts. Ni cirque traditionnel ni représentation théâtrale classique, ce nouvel acteur du secteur s'est désintéressé du travail de ses rivaux. Au lieu de suivre la voie habituelle de la concurrence, qui consiste à essayer d'apporter une meilleure solution à un problème préexistant (en l'occurrence, un cirque devenu plus palpitant que jamais), le Cirque du Soleil a décidé de concilier l'émotion et le divertissement du cirque avec le raffinement intellectuel et artistique du théâtre. Ce faisant, il a redéfini le problème lui-même[22]. Ce renversement des barrières entre deux types de spectacle lui a permis de mieux comprendre non seulement le public traditionnel du cirque, mais aussi une tout autre clientèle : les adultes amateurs de théâtre.

C'est la naissance d'une vision inédite du cirque qui a rendu caduc l'arbitrage entre valeur et domination par les coûts et qui a créé un nouvel espace stratégique. Contrairement à ses concurrents qui s'employaient à offrir des numéros avec animaux, à engager des vedettes, à présenter des pistes multiples et à assurer la vente de confiseries, le Cirque du Soleil a balayé tous ces critères, longtemps acceptés sans réflexion par l'ensemble de la profession. Même la vente de confiseries qui pouvait sembler être une bonne source de recettes supplémentaires, mais qui, en raison du prix élevé, avait plutôt pour effet de rebuter les spectateurs, qui se sentaient exploités.

L'attrait durable du cirque traditionnel se résumait à trois facteurs clés : le chapiteau, les clowns et les numéros acrobatiques : monocycle, trapèze et autres. Le Cirque du Soleil a bien gardé les clowns, mais en remplaçant la tarte à la crème habituelle par un humour plus enchanteur, plus intelligent. De même, il a donné un éclat nouveau au chapiteau, élément que, paradoxalement, beaucoup de cirques commençaient à abandonner pour la salle de spectacle prise en location. Ayant compris que cette structure si particulière incarnait à elle seule la magie du cirque, les stratèges de l'entreprise ont doté leur chapiteau d'un extérieur époustouflant et d'un niveau de confort supérieur qui évoquaient les cirques glorieux du passé. Exit la sciure de bois et les bancs durs. Les acrobaties et autres numéros palpitants demeurent, mais ils occupent une place plus réduite tout en apportant un raffinement esthétique et un émerveillement intellectuel jusque-là inconnus.

En franchissant la frontière du théâtre, le Cirque du Soleil parvient aussi à offrir des caractéristiques traditionnellement absentes du monde du cirque comme l'intrigue, elle-même mise en valeur par la profondeur culturelle, la grande qualité musicale et chorégraphique et enfin, le renouvellement des spectacles. Toutes ces nouveautés viennent de cet autre univers du spectacle qu'est le théâtre.

Contrairement au cirque classique, qui présente un défilé de numéros sans rapport entre eux, le Cirque du Soleil donne à chacun de ses spectacles un thème et une intrigue, à la manière d'une pièce de théâtre. Et si le thème demeure délibérément flou, il apporte harmonie et intelligence au spectacle, sans limiter pour autant les possibilités en matière de numéros. Le Cirque du Soleil a également emprunté à l'univers de la comédie musicale : au lieu de se contenter du spectacle unique et invariable, il se renouvelle sans cesse. Comme à Broadway, chaque nouveau spectacle a sa musique originale qui dicte les gestes des artistes, l'éclairage et l'ordre des numéros – et non l'inverse. De même, des séquences de danse abstraite aux accents spirituels qui évoquent le théâtre et le ballet contribuent à leur tour à créer une ambiance très raffinée.

Par ailleurs, le renouvellement des spectacles donne au public de bonnes raisons de retourner souvent au cirque. Et de fait, le Cirque du Soleil a enregistré une hausse très forte de la demande.

Bref, le Cirque du Soleil réunit le meilleur du cirque et du théâtre ; il a atténué ou exclu tout le reste. Grâce à la valeur d'usage inégalée qu'il offre, il a créé un océan bleu et inventé une nouvelle forme de spectacle qui se démarque nettement du cirque et du théâtre traditionnels. Parallèlement, l'exclusion de plusieurs des éléments les plus onéreux du cirque classique lui a permis de comprimer ses coûts tout en se différenciant. Le Cirque du Soleil a pris la décision stratégique d'aligner ses prix sur ceux du théâtre. De ce fait, il a pu catapulter le secteur du cirque dans une tout autre gamme de prix tout en attirant un public adulte de masse qui avait l'habitude de payer le prix d'une place de théâtre.

La Figure 1.2 représente la dynamique différenciation – domination par les coûts qui sous-tend l'innovation-valeur.

Comme le montre la Figure 1.2, il s'agit de mener de front la réduction des coûts et l'augmentation de la valeur pour l'acheteur. C'est ainsi que l'entreprise opère un saut de valeur, tant pour l'acheteur que pour elle-même. Étant donné que c'est l'utilité et le prix de l'offre qui déterminent la valeur pour l'acheteur et que c'est le prix et la maîtrise des coûts qui conditionnent la valeur pour l'entreprise, l'innovation-valeur n'est possible que si l'ensemble des efforts en matière d'utilité, de prix et de coût est bien équilibré. C'est cette approche globale qui fait de la création d'océans bleus une stratégie viable qui intègre toute la gamme des activités fonctionnelles et opérationnelles de l'entreprise.

Ce n'est pas le cas des innovations purement techniques, qui peuvent être introduites, par exemple, au niveau du sous-système de production sans avoir d'impact sur la stratégie globale. Une innovation de ce type a beau réduire les coûts de l'entreprise et l'aider à conserver son avantage compétitif sur ce plan, elle laissera inchangé le côté utilité de sa proposition. Même si elle conforte ou améliore la position de l'entreprise sur le

L'innovation-valeur se fait dans cette zone où l'action de l'entreprise a des effets positifs sur la structure de ses coûts ainsi que sur la valeur de sa proposition aux clients. Des économies sont réalisées grâce à l'atténuation ou à l'exclusion de certains critères traditionnellement au cœur des efforts compétitifs dans le secteur. La valeur pour l'acheteur est relevée par le renforcement ou la création de critères jusque-là peu présents ou absents du secteur. Avec le temps, les coûts diminuent encore sous l'effet des économies d'échelle, elles-mêmes rendues possibles par la hausse des volumes obtenue grâce à la valeur supérieure de l'offre.

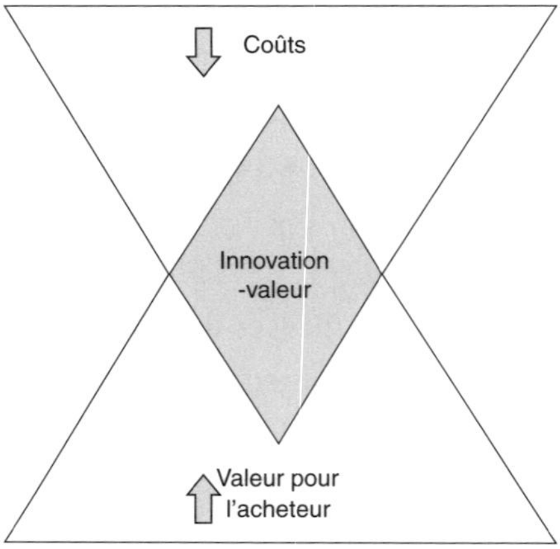

La poursuite simultanée de la différenciation et de la domination par les coûts

Figure 1.2 : L'innovation-valeur : pierre angulaire de la stratégie Océan Bleu

marché, elle conduira difficilement à la création d'un nouvel espace stratégique.

Dans ce sens, l'innovation-valeur va au-delà de l'innovation. Elle est avant tout affaire de stratégie et concerne donc la totalité des activités de l'entreprise[23]. Elle oblige à orienter l'ensemble du système vers un saut de valeur dont l'acheteur et l'entreprise bénéficieront. Tant que l'innovation n'est pas intégrée à une approche globale de ce type, elle reste coupée du cœur de la stratégie[24]. La Figure 1.3 montre les caractéristiques fondamentales qui définissent les stratégies d'océan rouge et d'océan bleu.

Les stratégies d'océan rouge, axées comme elles le sont sur la concurrence, partent du principe que les conditions structurelles du secteur d'activité sont définies une fois pour toutes et que les concurrents sont contraints de les accepter. Certains parlent à cet égard de conception *structuraliste* ou de *déterminisme environnemental*[25]. Dans la logique de l'innovation-valeur, on estime au contraire que ces conditions et que les frontières entre secteurs n'ont rien de définitif et que les acteurs peuvent les modifier. C'est ce que nous appelons pour notre part le point de vue *reconstructionniste*. Dans l'océan rouge, la différenciation coûte cher, puisque tous les compétiteurs adhèrent à la même définition des meilleures pratiques. Ils sont donc obligés de choisir entre différenciation et domination par les coûts. La conception reconstructionniste incite à remettre en cause cette définition pour sortir de l'arbitrage existant entre valeur et domination par les coûts (voir l'Annexe B, « L'innovation-valeur : la conception reconstructionniste »).

Stratégie Océan Rouge	**Stratégie Océan Bleu**
Agir au sein de l'espace stratégique existant.	Créer un espace stratégique nouveau.
L'emporter sur la concurrence.	Mettre la concurrence hors jeu.
Exploiter la demande existante.	Créer et conquérir une demande nouvelle.
Accepter l'arbitrage entre valeur et domination par les coûts.	Sortir de l'arbitrage entre valeur et domination par les coûts.
Mettre l'ensemble des activités de l'entreprise en conformité avec son choix stratégique de différenciation *ou* de domination par les coûts.	Mettre l'ensemble des activités de l'entreprise en conformité avec son choix stratégique de différenciation *et* de domination par les coûts.

Figure 1.3 : Stratégie Océan Rouge ou stratégie Océan Bleu ?

Le Cirque du Soleil a rompu avec la définition des meilleures pratiques en vigueur dans son secteur : par sa décision volontariste d'enjamber les frontières, il a réussi à marier différenciation et domination par les coûts. D'ailleurs, peut-on encore l'appeler un cirque, alors qu'il a exclu, atténué, renforcé et créé tant de critères de concurrence ? Ou est-ce au contraire une troupe de théâtre ? Et si ce n'est pas non plus le cas, s'agit-il d'une entreprise de comédie musicale, d'opéra, de ballet ? Les réponses à ces questions sont tout sauf évidentes. Le Cirque du Soleil a recomposé des éléments empruntés à tous ces domaines ; en fin de compte, il relève de tous en partie et d'aucun en totalité. Il a créé un nouvel espace stratégique qui attend encore sa désignation précise.

La formulation et l'exécution d'une stratégie Océan Bleu

Dans les conditions économiques d'aujourd'hui, tout indique la nécessité grandissante de créer de nouveaux espaces stratégiques, et pourtant, on suppose communément que l'entreprise qui s'aventure au-delà des limites de secteur existantes a peu de chances de gagner[26]. Mais la question clé est la suivante : comment tirer systématiquement le maximum des opportunités tout en réduisant au minimum les risques que comportent la formulation et la mise en œuvre d'une stratégie Océan Bleu ? Si vous n'avez pas compris ce double principe – exploitation des opportunités et réduction des risques –, vous entamez la course avec un handicap.

Bien sûr, il ne peut y avoir de stratégie sans risques[27]. Opportunités et risques se côtoient dans tous les cas, qu'on vise un marché déjà constitué ou un espace stratégique à créer. Mais l'offre actuelle de concepts et d'outils analytiques penche très nettement du côté des moyens de survie dans les océans rouges. Et tant que cette situation demeure, les décisions stratégiques des entreprises continueront de porter la marque de ce parti pris, alors que la création d'océans bleus apparaît plus urgente que jamais. C'est peut-être pour cela que, en dépit des voix qui se sont déjà élevées pour préconiser un tel changement de cap, peu d'entreprises semblent avoir pris au sérieux cette recommandation.

Cet ouvrage a pour but de corriger ce déséquilibre à l'aide d'une méthodologie qui étaie notre thèse. Nous présentons donc les principes et les outils analytiques requis pour s'imposer dans les océans bleus.

Le Chapitre 2 présente les indispensables outils analytiques et dispositifs conceptuels. D'autres s'y ajouteront par la suite, mais le lecteur retrouvera ceux du Chapitre 2 tout au long du livre. L'entreprise pourra modifier de manière proactive les standards de son secteur ou de son marché grâce à l'utilisation systématique de ces outils, qui intègrent à la fois les questions d'opportunité et de risque. Les chapitres ultérieurs exposent les principes qui sous-tendent la formulation et la mise en œuvre des stratégies d'océan bleu et expliquent l'application concrète de ces principes, ainsi que des outils analytiques.

Les principes régissant la formulation d'une stratégie Océan Bleu sont au nombre de quatre, abordés tour à tour dans les Chapitres 3 à 6. Le Chapitre 3 identifie les voies menant à la création d'espaces stratégiques transversaux et, donc, à l'atténuation du risque de la recherche. Il vous apprend à vous débarrasser du problème de la concurrence en portant votre regard au-delà des six barrières classiques à la concurrence et à ouvrir de nouveaux espaces commercialement valables. Il s'agit d'explorer d'autres secteurs d'activité, de nouvelles catégories d'acheteurs, des offres de produits ou de services complémentaires, de repenser le contenu fonctionnel et émotionnel du secteur en question et même de se projeter dans l'avenir à partir d'une analyse des tendances actuelles.

Le Chapitre 4 indique les moyens de configurer la fonction planification stratégique de manière à aller au-delà des petites améliorations successives et à innover sur le plan de la création de valeur. Il prend le contre-pied de la méthode habituelle de planification stratégique, souvent dénoncée comme un exercice stérile de calcul qui enferme l'entreprise dans la logique des petites améliorations. Il s'agit d'affronter les *risques liés à la planification*. À l'aide d'un outil de visualisation qui incite à acquérir une vue d'ensemble au lieu de se laisser submerger par les chiffres et le jargon, ce chapitre propose une méthode de planification en quatre étapes.

Le Chapitre 5 montre la voie à suivre pour agrandir au maximum l'océan bleu et la demande nouvelle qui le caractérise. Il remet en cause la pratique courante qui consiste à affiner la segmentation pour mieux répondre à toutes les préférences des clients – et qui conduit à définir des marchés cibles de plus en plus petits. Le but ici est d'agréger la demande : plutôt que de s'intéresser aux différences qui séparent les clients, il convient de s'appuyer sur les grands traits communs aux clients et aux non-clients pour porter au maximum la demande nouvellement libérée. On parvient ainsi à réduire au minimum les *risques liés à l'échelle.*

Le Chapitre 6 présente la configuration d'une stratégie qui permet non seulement d'offrir un saut de valeur à une masse de clients, mais aussi d'élaborer un modèle économique capable de générer et de maintenir une croissance rentable. Il indique surtout les moyens de s'assurer que le modèle économique retenu tire pleinement parti de l'océan bleu qu'il a créé. C'est ainsi qu'on aborde les *risques liés au modèle économique*. Ce chapitre précise par ailleurs l'ordre des étapes à suivre dans la mise en place d'une stratégie pour que l'entreprise et le client en sortent gagnants : utilité, prix, coût et adoption.

Les Chapitres 7 et 8 abordent les principes régissant la mise en œuvre de toute stratégie Océan Bleu. En particulier, le Chapitre 7 introduit un outil que nous appelons le *management par le point de bascule :* c'est grâce à lui que les dirigeants peuvent mobiliser le personnel pour vaincre les plus grands obstacles internes à la mise en œuvre de la stratégie, que ce soient des problèmes de cognition, de ressources, de motivation ou de luttes d'influence. Ce chapitre montre qu'il est parfaitement possible de maîtriser ces *risques internes à l'entreprise*, y compris quand on dispose de peu de temps et de moyens limités.

Principes de formulation	Risques atténués par chaque principe
Redessiner les frontières entre marchés	↓ Risques liés à la recherche
Donner la priorité aux questions globales, pas aux chiffres	↓ Risques liés à la planification
Viser au-delà de la demande existante	↓ Risques liés à l'échelle
Bien réussir le séquencement stratégique	↓ Risques liés au modèle d'affaires
Principes d'exécution	**Risques atténués par chaque principe**
Vaincre les grands obstacles internes	↓ Risques internes à l'entreprise
Intégrer l'exécution à l'élaboration stratégique	↓ Risques liés à la gestion

Figure 1.4 : Les six principes à la base des stratégies Océan Bleu

Le Chapitre 8 insiste sur l'importance d'intégrer la question de l'exécution à l'élaboration même des stratégies ; c'est par ce biais qu'on encourage le personnel à s'approprier la stratégie Océan Bleu, puis à l'appliquer de façon soutenue et approfondie. Nous parlons à cet égard du *management équitable*. Étant donné qu'une stratégie Océan Bleu marque forcément une rupture avec les habitudes, seul le respect d'un tel processus permet de gagner l'indispensable coopération de tous. Ce chapitre aborde donc les *risques liés à la gestion*, celle des mentalités et des comportements.

La Figure 1.4 met en relief les six principes régissant la formulation et l'exécution des stratégies d'océan bleu ainsi que les risques atténués grâce au respect de ces principes.

Le Chapitre 9 aborde les stratégies d'océan bleu sous leur aspect dynamique : peuvent-elles être perpétuées et renouvelées ?

Passons donc au Chapitre 2. C'est là que nous présentons les outils analytiques et les dispositifs conceptuels qui forment le fil conducteur de ce livre.

Chapitre 2

OUTILS ANALYTIQUES ET DISPOSITIFS CONCEPTUELS

Nous œuvrons depuis une dizaine d'années à mettre au point un ensemble d'outils analytiques et de dispositifs conceptuels capables de rendre la formulation et l'exécution des stratégies d'océan bleu aussi systématiques et aussi utilisables que la lutte concurrentielle dans les espaces stratégiques déjà connus. Ce travail comble un vide critique : la réflexion stratégique a déjà donné naissance à une série impressionnante d'outils permettant de prospérer dans les océans rouges, comme les cinq forces de concurrence régissant un secteur d'activité déterminé ou les trois stratégies génériques. Mais elle reste quasi muette sur les outils nécessaires pour s'imposer dans les océans bleus. On exhorte les dirigeants à faire preuve de courage et d'esprit entrepreneurial, à tirer les leçons de leurs échecs, à se mettre à l'écoute des avis divergents. Or ces idées, si stimulantes soient-elles, ne peuvent remplacer les instruments analytiques requis pour naviguer sur des eaux inconnues. En l'absence d'outils de ce type, il n'est pas réaliste d'espérer que les dirigeants répondent à l'appel et fassent sauter les limites de la concurrence existante. Une stratégie Océan Bleu doit être axée sur la réduction des risques, pas sur la prise de risques.

Pour pallier ce déséquilibre, nous avons étudié des entreprises du monde entier et élaboré des méthodologies pratiques. Ensuite, notre travail avec des entreprises soucieuses d'explorer l'inconnu nous a permis d'appliquer et de tester ces méthodologies, les enrichissant et les affinant sans cesse. Le lecteur retrouvera tout au long de ce livre les outils et les concepts présentés ici. Nous allons donc commencer par considérer un secteur d'activité – le vin aux États-Unis – pour illustrer l'application de ces outils et de ces concepts à la création d'océans bleus.

Les États-Unis sont le troisième pays consommateur de vin au monde. Ce secteur, qui pèse 20 milliards de dollars par an, est hautement concurrentiel. Les vins californiens dominent le marché national, avec deux tiers des ventes. Mais ils doivent affronter les importations des pays producteurs historiques – France, Italie, Espagne – et des compétiteurs montants comme le Chili, l'Argentine ou l'Australie, qui ciblent de plus en plus le marché américain. Par ailleurs, depuis que d'autres États – Oregon, Washington, New York – ont augmenté leur production et que des vignobles californiens plus récemment plantés sont arrivés à maturité, l'offre a explosé. Et pourtant, le marché américain est peu ou prou stagnant. Les États-Unis restent bloqués à la trente et unième place mondiale pour la consommation de vin par habitant.

Cette concurrence intense a favorisé une concentration de plus en plus poussée du secteur. Les huit entreprises les plus importantes produisent plus de 75 % de tous les vins américains, le reste étant le fait d'une nuée de quelque 1 600 établissements vinicoles. La suprématie de cette poignée d'acteurs puissants leur donne une présence massive et privilégiée chez les distributeurs et leur permet de consacrer des millions de dollars à la publicité. Parallèlement, le secteur de la distribution se concentre à son tour, ce qui le met en position de force face à la myriade de producteurs. Des batailles épiques sont menées actuellement pour gagner des places sur les linéaires. Rien d'étonnant donc à l'élimination croissante des entreprises vinicoles les plus faibles et les plus mal gérées. Ni d'ailleurs aux pressions constantes qui pèsent sur les prix du secteur.

Bref, concurrence intense, pressions sur les prix, renforcement des distributeurs au détriment des producteurs, atonie de la demande en dépit d'un choix pléthorique : telles sont les caractéristiques du marché du vin aux États-Unis. Si l'on s'en tient au raisonnement stratégique traditionnel, ce secteur n'offre guère d'attraits. Mais le vrai stratège doit plutôt se poser ces questions vitales : comment sortir de ce piège de la lutte acharnée ? Comment faire en sorte que la concurrence ne compte plus ? Comment s'ouvrir pour capter un espace stratégique non disputé ?

Pour répondre à ces questions, nous allons nous tourner vers le *canevas stratégique* : c'est un élément clé de l'innovation-valeur et de la création d'océans bleus.

Le canevas stratégique

Le canevas stratégique est à la fois un diagnostic et un outil d'action. Il remplit deux fonctions. D'abord, il représente l'état actuel de la concurrence dans l'espace stratégique connu. Il indique dans quels domaines vos compétiteurs investissent, les critères autour desquels la concurrence se joue – produits, services, vitesse d'exécution – et les avantages concrets proposés aux clients par les différentes offres en présence. La Figure 2.1 réunit toute cette information sous forme graphique. L'axe horizontal représente la gamme des critères de concurrence et des domaines d'investissement caractéristiques du secteur considéré.

Dans le cas du vin américain, on peut distinguer sept grands critères ou domaines :

- le prix de la bouteille ;
- un conditionnement qui projette une image de raffinement par l'indication d'éventuelles médailles remportées ou l'utili-

sation d'une terminologie œnologique ésotérique pour mettre en valeur l'art et la science de la viticulture ;

- une publicité média qui vise, dans un contexte d'âpre concurrence, à attirer le consommateur et à inciter distributeurs et détaillants à donner une place de choix aux vins d'un établissement particulier ;
- le potentiel de garde ;
- le prestige et la tradition d'un vignoble, d'où le recours, dans l'appellation, à des mots comme *estate* (domaine) ou château et le rappel des origines historiques de l'établissement ;
- la complexité et la subtilité du goût d'un vin (tanins, vieillissement en fûts de chêne...) ;
- l'offre d'un éventail de cépages (Merlot, Chardonnay) et de types de vin pour tenir compte des préférences différentes des consommateurs.

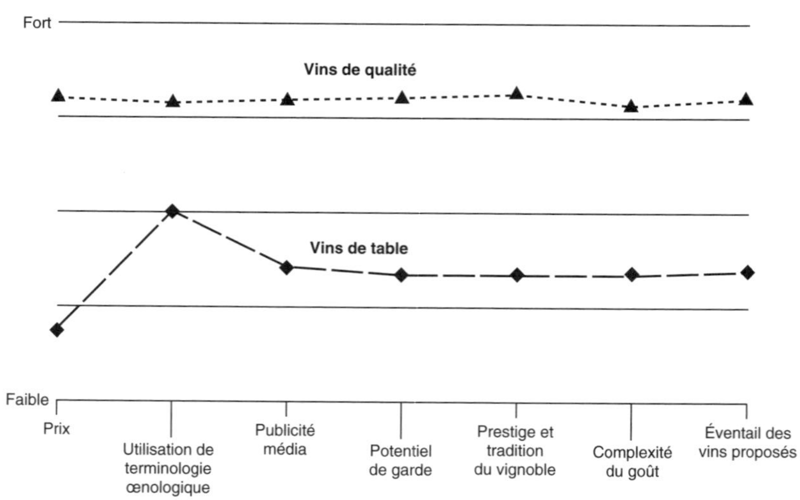

Figure 2.1 : Le canevas stratégique du vin américain, fin des années 1990

Ces éléments sont jugés indispensables à la promotion du vin comme boisson sans équivalent, destinée aux seuls connaisseurs et aux plus grandes occasions.

Voilà donc la structure fondamentale du secteur du vin américain en tant que marché. Passons ensuite à l'axe vertical du canevas stratégique, qui nous renseigne sur les performances de l'offre par rapport aux critères clés de concurrence. L'établissement situé vers le haut de l'échelle est celui qui propose davantage dans un domaine précis – et qui investit donc davantage. Un bon score en matière de prix indique, par exemple, que l'entreprise pratique des prix élevés. Il est donc possible de tracer la courbe des différentes offres par rapport aux critères essentiels et de déterminer ainsi le profil stratégique, ou courbe de valeur, de chaque établissement. La *courbe de valeur*, élément fondamental du canevas stratégique, représente sous une forme schématique la performance relative de l'entreprise par rapport à tous les critères autour desquels la concurrence se joue dans son secteur.

La Figure 2.1 montre ainsi que, si plus de 1 600 établissements participent au secteur vinicole américain, leurs courbes de valeur sont largement convergentes du point de vue de l'acheteur. En dépit de la pléthore de concurrents, les producteurs de vins de qualité ont essentiellement le même profil stratégique. Tous pratiquent des prix forts et se situent vers le haut de l'échelle pour tous les critères clés de concurrence. Ils poursuivent tous une stratégie classique de différenciation… mais ils se différencient tous de manière identique. On trouve le même phénomène de convergence stratégique pour les vins de table : prix faibles, performances modestes dans les domaines clés du secteur. Ce sont des acteurs qui recherchent la domination par les coûts, autre stratégie classique. Par ailleurs, les deux courbes de valeur, vins de qualité et vins de table, ont peu ou prou la même forme. Bref, les deux stratégies en jeu avancent de façon rigoureusement parallèle, mais à deux niveaux différents.

Compte tenu des caractéristiques du secteur, l'entreprise qui veut entamer une trajectoire de croissance forte et rentable n'a pas intérêt à prendre pour référence les performances des meilleurs acteurs puis d'essayer de les surclasser en proposant un petit peu plus pour un petit peu moins. Une telle stratégie de *benchmarking* peut tout au plus faire monter légèrement les ventes ; elle ne favorisera guère un effort de conquête d'espaces stratégiques non disputés. Multiplier les études de marché n'est pas non plus la voie à suivre. Nos recherches révèlent que le client a du mal à imaginer à quoi ressemblerait la création d'un espace stratégique non disputé. En outre, ses recommandations se résument le plus souvent au vieux rêve d'obtenir plus pour moins. Enfin et surtout, ce dont il veut « plus », ce sont généralement les produits et les services déjà proposés sur le marché.

Pour redessiner le canevas stratégique de votre secteur d'activité, il faut commencer par un déplacement des priorités : vous allez désormais oublier vos *rivaux* pour vous concentrer sur les *alternatives*, et vous désintéresser des *clients* pour vous intéresser aux *non-clients*[1]. Vous devez résister à la logique traditionnelle qui consiste à étudier vos concurrents existants puis à choisir entre différenciation et domination par les coûts. Le changement de priorités préconisé ici vous aidera à redéfinir les enjeux habituels de votre secteur et à réinventer des éléments de valeur pour l'acheteur qui dépassent les frontières entre secteurs. Selon la logique stratégique traditionnelle, votre ambition se borne à proposer des solutions meilleures que celles de vos rivaux aux problèmes qui passent depuis toujours pour primordiaux dans votre secteur.

Dans notre exemple du vin américain, les entreprises centrent traditionnellement leur stratégie sur la surenchère en matière de prestige et de qualité comme moyen d'évincer les concurrents situés dans la même gamme de prix. Cela oblige notamment à complexifier sans cesse le produit sur la base des profils de goût identifiés chez les acheteurs et renforcés par le système de classement aux salons professionnels. En effet, producteurs, membres des jurys et connaisseurs sont tous d'accord : la complexité du nez et l'accentuation des caractéristiques propres au terroir, à la saison et à l'aptitude du viticulteur à jouer avec les tanins, les fûts en chêne et le vieillissement sont synonymes de qualité.

Mais Casella Wines, établissement australien, a opté pour une stratégie divergente qui lui a permis de redéfinir les enjeux du secteur à partir de cette question : comment obtenir un vin sympathique et non traditionnel que tout le monde boirait facilement ? Pour commencer, sa direction s'est penchée sur le côté demande de l'équation et a fait une double découverte. D'une part, les offres concurrentes sur le marché américain – bières, alcools forts, cocktails prêts à boire – se vendaient trois fois plus que le vin et, d'autre part, l'immense majorité des consommateurs adultes n'étaient guère attirés par cette boisson jugée prétentieuse et intimidante. De plus, la complexité croissante de son goût – domaine dans lequel les producteurs contemporains s'efforcent d'exceller – était en fait perçue comme un obstacle redoutable. Forts de ce constat, les dirigeants de Casella ont compris qu'il fallait redessiner le profil stratégique du secteur vinicole. Ils ont décidé, pour ce faire, de se tourner vers le deuxième grand outil analytique des océans bleus : la grille des quatre actions créatrices de nouvelles courbes de valeur.

La grille des quatre actions

Nous avons élaboré un outil de redéfinition des éléments de la valeur pour l'acheteur, point de départ d'une nouvelle courbe de valeur : la *grille des quatre actions*. Comme le montre la Figure 2.2, pour sortir de l'arbitrage entre différenciation et domination par les coûts, il faut se poser quatre questions clés sur la logique stratégique et le *modèle économique* de tout secteur d'activité :

- Quels critères acceptés sans réflexion par les acteurs du secteur doivent être *exclus ?*

- Quels critères doivent être *atténués* par rapport au niveau jugé normal dans le secteur ?
- Quels critères doivent être *renforcés* bien au-delà du niveau jugé normal dans le secteur ?
- Quels critères jusque-là négligés par le secteur doivent être *créés ?*

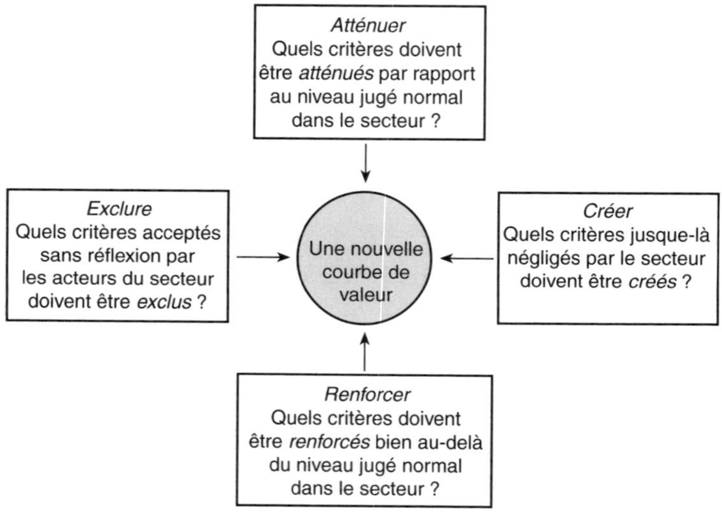

Figure 2.2 : La grille des quatre actions

La première question vous pousse à envisager l'exclusion d'éléments situés depuis longtemps au cœur des efforts compétitifs dans votre secteur. Ces éléments sont souvent acceptés sans la moindre réflexion, alors qu'ils n'apportent plus rien de positif – quand ils n'ont pas carrément un effet négatif sur les résultats des acteurs. Ce changement est parfois dû à l'évolution des exigences des consommateurs, que des entreprises obnubilées par le *benchmarking* ne prennent pas en compte ou n'aperçoivent même pas.

La deuxième question vous incite à identifier les produits ou les services qui ont éventuellement reçu trop d'attention dans la course compétitive. C'est généralement le fait d'entreprises qui en font trop pour le client : elles assument des coûts supplémentaires, sans rien gagner en échange.

La troisième question vous encourage à traquer les compromis que votre secteur impose au client. Enfin, la quatrième vous aide à découvrir des sources entièrement inédites de valeur pour l'acheteur, à créer une demande nouvelle et à bousculer la stratégie de prix pratiquée dans votre secteur.

Les deux premières questions (exclusion et atténuation) vous indiqueront des possibilités pour abaisser vos coûts par rapport à ceux de vos concurrents. Selon nos recherches, rares sont les dirigeants qui s'attachent systématiquement à diminuer ou à abandonner leurs investissements dans les domaines valorisés par leurs rivaux. Résultat : les coûts grimpent en flèche et les modèles économiques deviennent de plus en plus complexes. Les questions trois et quatre vous donneront ensuite des idées pour augmenter la valeur pour le client et créer une demande nouvelle. Prises ensemble, elles vous permettront d'analyser systématiquement les moyens de réinventer les éléments de valeur pour l'acheteur, sans rester prisonnier des habitudes du secteur, et de proposer une expérience d'achat entièrement inédite, tout en maîtrisant l'évolution de vos coûts. Il faut surtout souligner l'importance de l'exclusion et de la création, qui incitent l'entreprise à dépasser les efforts de maximisation sur la seule base des critères de concurrence en vigueur. Elles la poussent à redéfinir elle-même ces critères et, ce faisant, à tourner le dos à la concurrence.

L'application de ces quatre actions au canevas stratégique de tout secteur éclaire d'une lumière nouvelle des vérités anciennes. Pour reprendre le cas du vin américain, Casella a décidé de lancer [yellow tail], vin dont le profil stratégique a marqué une rupture avec les règles compétitives et la création d'un marché nouveau. Au lieu de proposer un vin de plus, l'entreprise australienne a inventé une boisson accessible à tous : buveurs de bière, amateurs de cocktails et autres consommateurs jusque-là indifférents au vin. En l'espace de deux ans, [yellow tail] s'est imposé comme le produit à la croissance la plus spectaculaire dans l'histoire du secteur vinicole en Amérique et en Australie et le vin importé le plus vendu aux États-Unis, même devant les vins français et italiens. En août 2003, c'était déjà le numéro un parmi les vins rouges commercialisés en bouteilles de 75 cl, y compris californiens. Vers le milieu de 2003, les ventes de [yellow tail] avaient atteint les 4,5 millions de caisses en glissement annuel. Bref, dans un contexte de saturation du marché mondial du vin, Casella peinait à suivre la demande.

Mais sa réussite ne s'arrête pas là. Alors que les grosses entreprises vinicoles ont réussi à asseoir leur image de marque à force de décennies de marketing, [yellow tail] les a laissées loin derrière – sans campagnes promotionnelles, sans grande publicité, sans recours massif aux médias. Ce vin a non seulement gagné des clients au détriment de ses rivaux, mais il a contribué à l'expansion du marché. Il y a attiré des non-consommateurs de vin – buveurs de bière ou de cocktails. Les nouveaux consommateurs de vin de table ont commencé à boire plus souvent du vin, les acheteurs de vins ordinaires sont passés à des produits supérieurs et les amateurs des vins de qualité se sont laissés aller aux plaisirs de [yellow tail].

La Figure 2.3 montre jusqu'à quel point l'application de ces quatre actions a marqué une rupture. Elle permet de comparer la stratégie de Casella avec celle que continuent de priser ses 1 600 rivaux et quelques sur le marché américain. On le voit bien : sa courbe de valeur ne ressemble pas du tout aux autres. Articulant les quatre actions – exclusion, atténuation, renforcement, création –, le challenger australien s'est positionné sur un espace stratégique non disputé et a réussi – au bout de deux ans seulement – à changer la face du secteur vinicole américain.

Grâce à son examen des alternatives (bière et cocktails prêts à boire) et à son intérêt pour les non-clients, Casella a introduit trois nouveaux critères dans le secteur – un produit facile à aimer, facile à choisir et doté d'une image d'amusement et d'aventure – et en a atténué ou exclu tous les autres. L'entreprise avait découvert que la masse des consommateurs américains évitait le vin dont le goût complexe le rendait difficile à apprécier. La bière ou les cocktails prêts à boire, eux, avaient une saveur nettement plus sucrée et passaient plus facilement. C'est pourquoi Casella a décidé de produire un vin de type nouveau, à la structure simple, qui a tout de suite conquis un grand nombre de consommateurs de boissons alcoolisées. Moelleux, accessible comme une bière ou un cocktail, le [yellow tail] offre des arômes primaires et francs tout en développant des arômes de fruit très prononcés. Sa douceur fruitée contribue à maintenir la fraîcheur du palais, ce qui incite le consommateur à prendre un autre verre sans hésiter. En un mot, c'est un vin facile à boire qui ne demande pas des années de dégustation pour être apprécié.

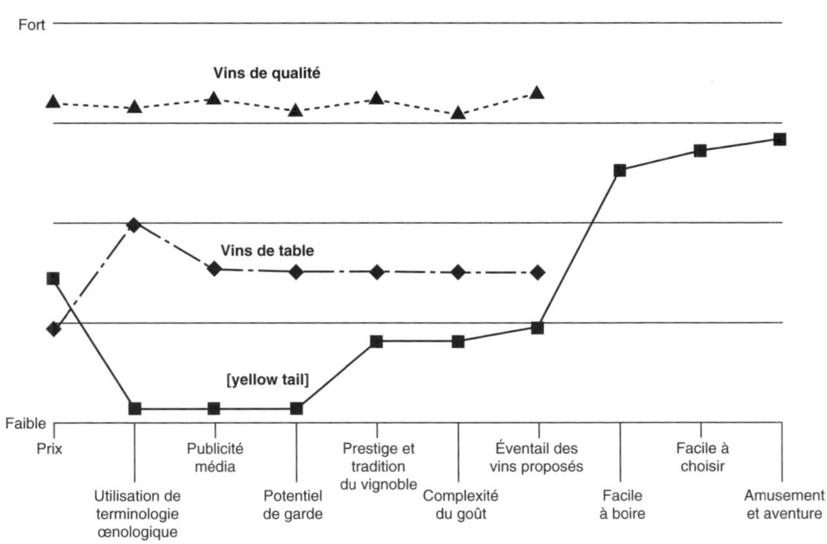

Figure 2.3 : Le canevas stratégique de [*yellow tail*]

Conformément à ce parti pris de simplicité et de douceur fruitée, Casella a radicalement réduit ou même exclu tous les critères situés depuis longtemps au cœur de la concurrence entre établissements vinicoles – tanins, chêne, complexité, vieillissement –, tant dans le domaine des vins de qualité que sur le marché des vins de table. Ayant éliminé la dimension du vieillissement, l'entreprise a pu réduire ses besoins en fonds de roulement et récupérer plus vite sa mise. Des voix se sont élevées dans le secteur pour critiquer la douceur fruitée de [yellow tail], qui nuisait, selon elles, à la qualité du produit et entravait l'appréciation des cépages nobles et du savoir ancestral des producteurs. Le reproche est peut-être fondé, mais il n'empêche : les consommateurs de toutes les catégories raffolent de ce vin.

Autre facteur important, les vastes rayons de vins différents exposés chez les cavistes étaient plutôt source de confusion, voire d'intimidation. Les bouteilles se ressemblaient, et les étiquettes regorgeaient de terminologie œnologique que seuls les passionnés pouvaient comprendre. Même les vendeurs avaient du mal à s'y retrouver et, *a fortiori*, à conseiller les acheteurs perplexes, tant l'éventail proposé donnait le tournis. Enfin, le seul spectacle de ces rayons interminables suffisait déjà à fatiguer et à démotiver les clients. Choisir une bouteille était devenu un exercice difficile dont l'acheteur sortait le plus souvent avec des doutes sur la justesse de son achat.

[yellow tail] a complètement changé la donne en facilitant le choix. Le producteur australien s'est limité à deux vins : un chardonnay – le blanc le plus prisé aux États-Unis – et un syrah rouge. Fini le jargon abscons : les étiquettes tranchent désormais par leur simplicité et leur conception originale et frappante, qui met en scène un kangourou présenté en jaune et orange sur fond noir. Les cartons d'expédition reprennent ces mêmes couleurs vives pour afficher le nom [yellow tail] en grands caractères bien voyants. Ainsi, outre leur fonction évidente, ils jouent le rôle de présentoirs qui attirent le regard du chaland de façon non intimidante.

Mais rien ne montre mieux le génie de Casella en matière de simplification du choix que sa décision de transformer les vendeurs des magasins en ambassadeurs de [yellow tail] : l'entreprise fournit à chacun d'eux une tenue traditionnelle de l'*outback*, ou arrière-pays australien, qui comprend un chapeau et un ciré – à porter au travail. Enthousiasmés par ces vêtements de marque et ayant enfin sur leurs étalages un vin qui ne les intimidait pas, ces vendeurs se sont spontanément mis à recommander chaudement ce nouveau produit. C'était pour eux une expérience amusante.

La réduction de l'offre à deux vins – un blanc et un rouge – a permis de rationaliser le *modèle économique*. Avec moins d'unités de stockage, la rotation des stocks se fait plus rapidement ; du coup, il n'est plus nécessaire d'investir autant dans la gestion des entrepôts. Qui plus est, ce même principe de simplification a été appliqué aussi au conditionnement. Bousculant allègrement les habitudes du secteur, Casella a été le premier producteur à utiliser les mêmes bouteilles pour le blanc et le rouge. Cette pratique a eu pour effet de simplifier la mise en bouteilles et le service des achats de l'entreprise. Parallèlement, elle a doté les étalages d'une simplicité épatante.

Le secteur vinicole s'évertue dans le monde entier à présenter le vin comme une boisson raffinée à la tradition vénérable. Son marché cible aux États-Unis en dit long : cadres et professions libérales ou intellectuelles appartenant aux tranches de revenu supérieures. D'où l'insistance constante sur la qualité et l'ancienneté de tel vignoble, la longue tradition de tel château, les médailles remportées par tel négociant... Les stratégies de développement des grands acteurs sur le marché américain privilégient le plus souvent le haut de gamme, comme en témoignent les dizaines de millions de dollars consacrés à la publicité pour renforcer cette image de marque. Mais Casella a retenu une tout autre leçon de son étude du marché de la bière et des cocktails prêts à boire : cette aura élitiste ne séduit pas la masse des consommateurs, elle les rebute. C'est ainsi que [yellow tail] a rompu avec la tradition en se dotant d'une personnalité qui incarne la culture australienne : hardie et décontractée, ludique et aventureuse. L'accessibilité, voilà le leitmotiv. « L'essence d'un grand pays… l'Australie », proclame Casella, sans évoquer la moindre image classique de châteaux ou de vignes. Tant le parti pris graphique – un nom écrit tout en minuscules et entre crochets – que les couleurs éclatantes et le dessin du kangourou ornant les étiquettes font allusion à l'Australie. Le nom du producteur n'y figure même pas. On imagine presque le vin en train de bondir hors du verre comme un kangourou australien.

Le résultat ? [yellow tail] a créé un espace stratégique transversal qui englobe les consommateurs de boissons alcoolisées. Grâce à ce saut de valeur, Casella a pu positionner son produit au-dessus du niveau des vins ordinaires en le proposant à 7 dollars la bouteille, soit plus du double du prix moyen de ceux-ci. Dès son apparition sur les étalages en juillet 2001, les ventes de [yellow tail] ont démarré en trombe.

La matrice exclure-atténuer-renforcer-créer

Il y a un troisième outil qui est complémentaire aux quatre actions et indispensable à la création d'océans bleus : la *matrice exclure-atténuer-renforcer-créer* (voir la Figure 2.4). L'entreprise qui l'utilise ne se contente plus de se poser les quatre questions de la grille précédente ; elle agit à partir de ses réponses et crée une nouvelle courbe de valeur. Du fait que cette matrice oblige à remplir les quatre quadrants – exclusion, atténuation, renforcement et création –, elle apporte quatre grands avantages :

- elle incite à rechercher simultanément la différenciation et la domination par les coûts, à sortir donc de l'arbitrage entre ces deux stratégies de base ;

Exclure	Renforcer
Terminologie et distinctions œnologiques Potentiel de garde Publicité média	Prix par rapport aux vins ordinaires Participation des détaillants
Atténuer	**Créer**
Complexité du goût Éventail des vins proposés Prestige du vignoble	Facilité de consommation Facilité du choix Amusement et aventure

Figure 2.4 : La matrice exclure-atténuer-renforcer-créer

- elle envoie aussitôt un signal d'avertissement à toutes les entreprises, et elles sont nombreuses, qui se soucient uniquement du renforcement et de la création, au prix d'un perfectionnement excessif des produits et des services ;
- aisément compréhensible par les cadres de tous les niveaux, elle favorise l'investissement de chacun dans sa mise en application ;
- en raison de la difficulté de l'exercice, la matrice pousse l'entreprise à examiner à fond l'ensemble des critères autour desquels la concurrence se joue et à découvrir ainsi toute la gamme des idées reçues qui orientent à son insu ses efforts compétitifs.

La Figure 2.5, qui montre la matrice exclure-atténuer-renforcer-créer pour le Cirque du Soleil, nous fournit un autre exemple concret et parlant de l'application de cet outil. Soulignons tout particulièrement l'éventail des critères situés depuis longtemps au cœur de la lutte compétitive dans le secteur mais qui pourraient très bien être atténués ou exclus. En l'occurrence, le Cirque du Soleil a exclu plusieurs critères typiques des cirques traditionnels – numéros avec animaux, présence de vedettes, offre simultanée d'attractions multiples – qui n'avaient encore jamais été remis en question. Pourtant, le recours aux animaux suscitait une gêne grandissante chez les spectateurs. Sans parler de son coût élevé : outre le prix d'acquisition des animaux, il faut beaucoup dépenser pour les dompter, les faire soigner, les loger, les assurer et les transporter. Même chose en ce qui concerne la présence traditionnelle de grandes vedettes de cirque, qui, dans l'esprit du public moderne, peuvent difficilement rivaliser avec les stars du cinéma. Là aussi, il s'agit d'un élément qui grève le budget mais qui n'enchante plus grand monde. Enfin, fini le fameux cirque à trois pistes : non seulement cette simultanéité était source d'agitation chez des spectateurs condamnés à un incessant va-et-vient visuel ; elle obligeait à engager un plus grand nombre d'artistes, avec les conséquences budgétaires qu'on imagine.

Exclure	**Renforcer**
Présence de vedettes Numéros avec animaux Vente de confiseries Pistes multiples	Piste unique
Atténuer	**Créer**
Amusement et humour Émotions et danger	Spectacle à thème Ambiance raffinée Renouvellement des spectacles Musique et danse de qualité

Figure 2.5 : La matrice exclure-atténuer-renforcer-créer : l'exemple du Cirque du Soleil

Trois caractéristiques d'une bonne stratégie

{yellow tail}, de même que le Cirque du Soleil, a su créer une courbe de valeur sans équivalent et accéder ainsi à un océan bleu. Comme le montre bien le canevas stratégique, cette courbe de valeur a le mérite de la *focalisation* : l'entreprise évite de se disperser entre tous les critères clés de concurrence traditionnels entre établissements vinicoles. Dans sa forme, elle *diverge* de la courbe des autres acteurs du secteur, puisque Casella a choisi d'examiner des voies alternatives au lieu de confronter ses pratiques à celles de ses concurrents directs. Pas de doute quant au slogan qui résumerait le profil stratégique de {yellow tail} : un vin simple et sympa à déguster tous les jours.

Exprimée sous forme de courbe de valeur, une stratégie Océan Bleu comme celle de {yellow tail} réunit donc trois qualités complémentaires : focalisation, divergence et slogan percutant. En leur absence, la stratégie de l'entreprise risque d'être brouillonne, insuffisamment différenciée, difficile à communiquer... et onéreuse. Les quatre actions nécessaires pour créer une nouvelle courbe de valeur doivent bien viser à bâtir le profil stratégique de l'entreprise sur ces trois caractéristiques. Celles-ci seront en quelque sorte la première aune à laquelle il faut évaluer la viabilité commerciale d'une idée d'océan bleu.

Considérons le profil stratégique de Southwest Airlines, qui a su réinventer le transport aérien court courrier grâce à l'innovation-valeur (voir la Figure 2.6). En effet, la compagnie a sorti le client de l'inévitable arbitrage entre l'avion, jugé plus rapide, et la voiture, mode de transport plus souple et plus économique. Pour y parvenir, elle a mis sur pied une offre aux avantages multiples : transport ultra-rapide, départs fréquents aux horaires souples et à des tarifs intéressants. L'atténuation ou l'exclusion de certains critères de concurrence, le renforcement de certains autres et l'introduction de nouveaux critères empruntés au transport en voiture ont permis à Southwest de proposer aux voya-

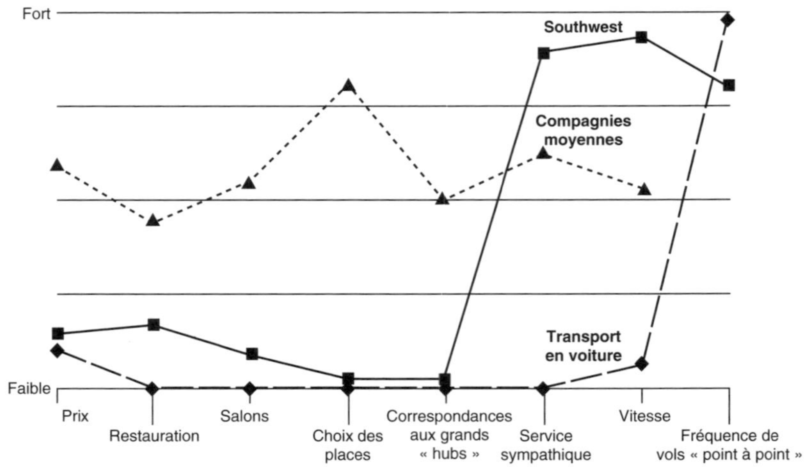

Figure 2.6 : Le canevas stratégique de Southwest Airlines

geurs un niveau d'utilité inouï et d'opérer un saut de valeur sur la base d'un *modèle économique* à coût réduit.

La courbe de valeur de Southwest, telle qu'elle apparaît sur le canevas stratégique, se distingue très nettement de celle de ses concurrents. Son profil stratégique incarne de façon frappante la stratégie Océan Bleu.

Focalisation

Toute stratégie excellente est focalisée, et le profil stratégique, ou courbe de valeur, de l'entreprise doit clairement montrer cette focalisation. On voit d'emblée que Southwest concentre ses efforts sur trois critères seulement : service sympathique, vitesse du transport et fréquence des liaisons « point à point » (au lieu de faire transiter les passagers par les « *hubs* »). C'est grâce à cette focalisation que l'entreprise a pu entrer en concurrence avec le transport en voiture : elle n'avait pas à supporter les frais liés à la restauration, aux salons privatifs ou à la possibilité pour le client de choisir sa place. Les transporteurs de type traditionnel, qui consacrent des sommes importantes à tous les critères habituels du secteur, ont bien du mal à pratiquer des prix aussi modérés que ceux de Southwest. Par leur volonté de gagner sur tous les tableaux, ils ont laissé un concurrent imposer les nouvelles règles du jeu. Modèle économique coûteux s'il en fut.

Divergence

L'entreprise qui élabore sa stratégie de façon purement réactive – pour suivre la concurrence – perd toute capacité de différenciation. Il n'est que de songer aux similitudes entre les repas ou les salons privatifs proposés par la plupart des compagnies. Sur le canevas stratégique, ces acteurs réactifs auraient plutôt le même profil. Et de fait, les concurrents de Southwest se ressemblent tellement à cet égard qu'on est fondé à les représenter par une courbe de valeur unique.

Or ce n'est jamais le cas des entreprises pratiquant une stratégie Océan Bleu : chacune a une courbe particulière. Grâce aux quatre actions – exclusion, atténuation, renforcement, création –, elles se dotent d'un profil qui s'éloigne du profil moyen dans leur secteur d'activité. Pour revenir à notre exemple, Southwest a été le premier transporteur à se spécialiser dans les liaisons point à point entre les villes de taille moyenne. Jusqu'à son entrée en scène, le transport aérien avait toujours fonctionné selon le modèle du réseau en étoile (le fameux système « *hub and spoke* »).

Slogan percutant

Une bonne stratégie se résume par un slogan clair et percutant. « La vitesse de l'avion au prix d'un trajet en voiture, quand cela vous arrange » : tel est, ou pourrait être, le slogan de Southwest. Comment ses concurrents pouvaient-ils répondre à ce défi ? Même l'agence de communication la plus habile aurait du mal à présenter sous forme d'un slogan mémorable l'offre classique : repas à bord, choix des places, salons privatifs, correspondances à partir des « *hubs* », lenteur du voyage... et tarifs élevés. Le slogan doit transmettre un message qui soit non seulement clair, mais aussi conforme à la vérité. Sinon, le client cesse de faire confiance et s'adresse ailleurs. En fait, un bon moyen de tester la valeur et l'efficacité d'une stratégie est de se demander si elle aurait un slogan fort et authentique.

Comme le montre la Figure 2.7, le profil stratégique du Cirque du Soleil remplit lui aussi les trois critères caractéristiques de toute stratégie Océan Bleu : focalisation, divergence et slogan percutant. Ce canevas stratégique permet de comparer visuellement le Cirque du Soleil avec ses grands compétiteurs. On y voit clairement jusqu'à quel point cette entreprise s'est éloignée de la logique régissant traditionnellement son secteur d'activité. La Figure 2.7 révèle notamment que la courbe de valeur de Ringling Brothers and Barnum & Bailey Circus est foncièrement identique à celle des petits cirques régionaux. La principale différence est que ces derniers, compte tenu de leurs moyens plus modestes, ont un peu moins à offrir dans chacune des catégories.

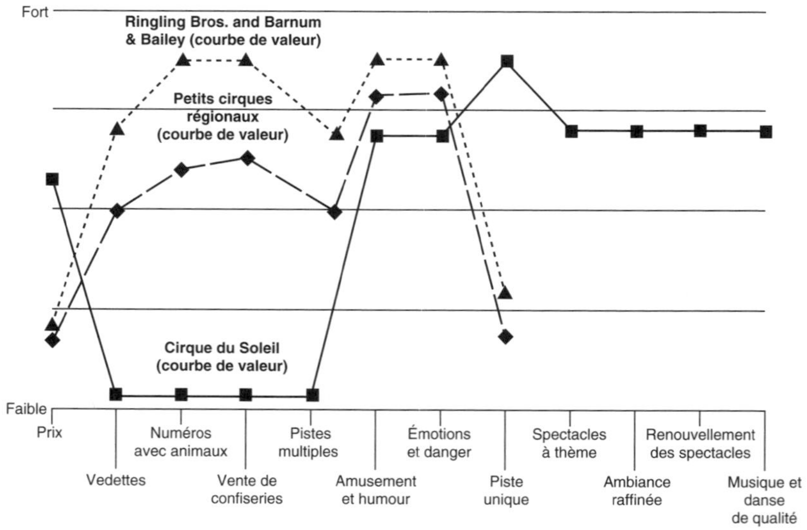

Figure 2.7 : Le canevas stratégique du Cirque du Soleil

Ce n'est pas du tout le cas du Cirque du Soleil, dont la courbe de valeur se détache nettement des autres. Il a ajouté des critères inédits et sans rapport avec le monde du cirque traditionnel – spectacles à thème régulièrement changés, ambiance raffinée, musique et danse de qualité – en puisant dans cet autre univers de spectacle qu'est le théâtre. Ainsi, le canevas stratégique montre à la fois les critères sur lesquels se concentrent traditionnellement les concurrents et les critères nouveaux qui conduisent à la création d'un nouvel espace stratégique et au remodelage du canevas stratégique du secteur d'activité.

Casella, le Cirque du Soleil et Southwest Airlines sont trois entreprises qui ont réussi à créer des océans bleus. Chacune fonctionne dans une branche d'activité et une situation concurrentielle très particulière, mais leurs profils stratégiques montrent tous les trois les mêmes caractéristiques clés : focalisation, divergence et slogan percutant. Ces caractéristiques guident aujourd'hui les entreprises qui visent à se refonder et à opérer une percée, tant pour leurs clients que pour elles-mêmes.

La courbe de valeur : question de lecture

Le canevas stratégique permet à l'entreprise d'apercevoir le futur dans le présent. Mais pour y parvenir, il faut d'abord savoir lire une courbe de valeur. Les courbes de tout secteur d'activité comportent en effet une abondance d'informations sur la situation actuelle et les perspectives des différents compétiteurs.

Une stratégie Océan Bleu

La courbe de valeur apporte tout d'abord une réponse à cette question : l'entreprise mérite-t-elle de vaincre ? Si sa courbe de valeur (ou celle de ses concurrents) remplit les trois critères indispensables à toute stratégie intelligente d'océan bleu – focalisation, divergence et slogan qui correspond aux besoins du marché –, l'entreprise est engagée dans la bonne direction. C'est sur cette base qu'on peut déjà faire un premier test de la validité de la stratégie proposée.

En revanche, l'entreprise ayant une courbe de valeur insuffisamment focalisée risque de devoir supporter des coûts élevés et d'avoir un modèle économique compliqué à mettre en œuvre et à mener à terme. De la même façon, un manque de divergence est plutôt le signe d'une stratégie de suiveur qui ne permet guère de sortir du lot. Enfin, il y a gros à parier qu'une entreprise qui n'a pas de slogan percutant est très centrée sur elle-même ou qu'elle recherche l'innovation pour l'innovation, sans grandes perspectives commerciales et sans capacité de décollage naturelle.

Une entreprise prisonnière de l'océan rouge

Quand une entreprise a une courbe de valeur convergente avec celle de ses rivaux, c'est probablement qu'elle est prisonnière de l'océan rouge de la concurrence. Sa stratégie, qu'elle soit formulée comme telle ou non, tourne sans doute autour de l'idée de l'emporter par la qualité ou par le prix. Cela condamne toutefois l'entreprise à une croissance lente, sauf si elle a la chance de se trouver dans un secteur déjà en plein essor. Car dans ce cas, son développement est dû au hasard, pas à sa stratégie.

La surenchère sans contrepartie

Lorsque la courbe de valeur d'une entreprise montre de belles performances dans tous les domaines, une question se pose : la part de marché et la rentabilité de l'entreprise sont-elles à la mesure des investissements consentis pour atteindre ces performances ? Si ce n'est pas le cas, on peut conclure du canevas stratégique que l'entreprise fait de la surenchère : elle offre trop de ces éléments qui apportent un petit plus aux yeux du client. Pour réussir l'innovation-valeur, il faut identifier les critères à atténuer ou à exclure, et pas seulement ceux qui méritent d'être renforcés ou créés. C'est seulement ainsi qu'on obtient une courbe de valeur divergente.

Une stratégie incohérente

Si une courbe de valeur ressemble à un plat de spaghetti – des zigzags sans rime ni raison, signe d'une offre qui se résume à une suite de « faible-fort-faible-faible-fort-faible-fort » –, on est fondé à penser que l'entreprise n'a pas de stratégie cohérente. Le plus vraisemblable, c'est qu'elle a juxtaposé plusieurs sous-stratégies indépendantes. Peut-être que certaines d'entre elles, prises individuellement, ont leur justification, ne serait-ce que parce qu'elles contribuent à maintenir l'élan de l'activité et à occuper le personnel. Mais elles ne forment pas un tout capable de distinguer l'entreprise de son meilleur concurrent ou d'incarner une vision stratégique claire. C'est souvent la marque d'un groupe dont les divisions ou les fonctions constituent autant de « silos ».

Des contradictions stratégiques

Relève-t-on des contradictions stratégiques ? C'est notamment le cas quand une entreprise fait preuve d'excellence sur un critère alors qu'elle se désintéresse des autres, y compris ceux qui lui servent d'appui. Un exemple : vous investissez massivement pour mettre sur pied un site Internet facile à utiliser, mais vous ne faites rien pour remédier à sa lenteur. Il peut aussi y avoir des incohérences de ce type entre le niveau de l'offre et le prix. Ainsi, une chaîne de stations-service a découvert qu'elle proposait « moins pour plus » : moins de services que son meilleur concurrent, mais à un prix plus élevé. Faut-il s'étonner de l'érosion rapide de sa part de marché ?

Une entreprise centrée sur elle-même

Comment l'entreprise désigne-t-elle les différents critères de concurrence sur le canevas stratégique de son secteur d'activité ? Parle-t-elle, par exemple, de *mégahertz* à la place de *vitesse*, de *liquide à forte thermicité* plutôt que d'*eau chaude* ? Présente-t-elle les critères de concurrence dans un langage que le client pourra comprendre et apprécier, ou dans un jargon de métier ? Les réponses à ces questions donnent déjà une bonne idée de la nature de la stratégie adoptée : on peut procéder de l'extérieur vers l'intérieur, en se mettant à l'écoute de la demande, ou de l'intérieur vers l'extérieur, en donnant la priorité à ses propres exigences opérationnelles. L'analyse du langage utilisé sur le canevas stratégique révèle souvent jusqu'à quel point l'entreprise est loin de créer une nouvelle demande.

Les outils analytiques et les dispositifs conceptuels introduits ici courent comme un fil rouge à travers ce livre ; d'autres outils et concepts viendront les compléter en temps utile. C'est la rencontre entre ces techniques d'analyse et les six principes de formulation et d'exécution des stratégies d'océan bleu qui permet à l'entreprise de laisser ses concurrents sur le bord de la route et de dégager un espace stratégique non disputé.

Nous allons donc aborder le premier principe : la redéfinition des frontières entre marchés. Ensuite, nous examinerons les voies conduisant à la création d'océans bleus, celles qui passent par la réduction des risques et l'exploitation des opportunités.

DEUXIÈME PARTIE

LA FORMULATION D'UNE STRATÉGIE OCÉAN BLEU

Chapitre 3

REDESSINER LES FRONTIÈRES ENTRE MARCHÉS

Le premier principe à la base de toute stratégie Océan Bleu est la nécessité de redessiner les frontières entre marchés pour se libérer de la concurrence. Il répond à un souci de bon nombre d'entreprises : les risques liés à la recherche. Identifier les opportunités les plus prometteuses parmi l'infinité de possibilités existantes, tel est le défi à relever. Et il est de taille, car les décideurs au sommet de l'entreprise ne peuvent s'offrir le luxe de tout miser sur leur intuition… ou sur un coup de dés.

Existe-t-il des régularités, une logique fondamentale qui caractérise tous les efforts pour redessiner les frontières entre marchés ? C'est à cette question que nos recherches devaient permettre de répondre. En cas de réponse positive, nous voulions savoir si cette logique s'appliquait à tous les secteurs d'activité – produits de grande consommation, biens d'équipement, finances, services, informatique, télécommunications, produits pharmaceutiques, B2B – ou si elle était limitée à certains d'entre eux.

Nous avons constaté, au terme de nos recherches, qu'il y a bel et bien des caractéristiques communes. Plus précisément, nous avons pu répertorier six démarches de base utilisées pour modifier les frontières entre marchés : d'où notre concept *des six pistes*. Ces pistes, qui sont applicables dans tous les secteurs d'activité, orientent les entreprises vers des idées commercialement viables et créatrices de nouveaux espaces stratégiques. Aucune d'entre elles ne suppose une vision ou une clairvoyance particulières. Toutes demandent simplement un regard nouveau sur des éléments déjà connus.

Cette approche remet en cause les six postulats qui sous-tendent tant de stratégies aujourd'hui et que la plupart des entreprises adoptent de façon machinale. Ce faisant, elles se condamnent d'avance à une vie de concurrence dans l'océan rouge de leur secteur. Les entreprises qui adhèrent à ces postulats ont tendance à se ressembler à plusieurs égards :

- elles prennent pour argent comptant la définition généralement admise de leur secteur d'activité et cherchent à être les meilleures dans ce cadre ;
- elles acceptent la répartition habituelle de leur secteur en groupes stratégiques (voitures de luxe, modèles économiques, 4×4...) et s'efforcent de se distinguer au sein de leur groupe particulier ;
- elles ciblent toutes le même groupe d'acheteurs, que ce soient les responsables des achats (comme dans le matériel de bureau), les consommateurs (dans le cas de l'habillement) ou les prescripteurs (dans l'industrie pharmaceutique) ;
- elles font des offres convergentes dans le cadre de leur secteur d'activité ;
- elles acceptent le contenu fonctionnel ou émotionnel du secteur ;
- elles ont en tête les mêmes horizons temporels, souvent dictés par la menace compétitive du moment, quand elles formulent leur stratégie.

Plus les entreprises sont nombreuses à souscrire aux idées reçues de leur métier, plus leurs stratégies convergeront.

C'est pour cela qu'il faut faire éclater les définitions héritées du passé. Au lieu de rester à l'intérieur des frontières tracées d'avance, les décideurs doivent regarder au-delà et ailleurs. Ils doivent entamer une réflexion transversale pour explorer les solutions alternatives présentes sur le marché, les différents groupes stratégiques du secteur, la chaîne des acheteurs-utilisateurs, les produits ou services complémentaires, le contenu fonctionnel et émotionnel de leur secteur, voire le temps, par projection des grandes tendances. C'est ainsi que l'entreprise peut trouver les éléments nécessaires à une refonte des réalités du marché. Considérons une à une les six pistes évoquées.

Piste n° 1 : explorer les solutions alternatives présentes sur le marché

Dans le sens le plus large, toute entreprise se trouve en concurrence non seulement avec les autres acteurs de son secteur d'activité, mais aussi avec les entreprises qui proposent des produits ou des services que nous appelons *alternatifs*. Il ne s'agit pas de simples produits de substitution, ceux qui offrent sous une forme différente la même fonctionnalité ou la même utilité de base que ceux qu'ils remplacent. Dans le cas d'un produit *alternatif*, tant la forme que les fonctionnalités sont différentes, mais le but est de satisfaire le même besoin.

Un exemple illustrera notre propos. Pour y voir clair dans ses finances personnelles, on peut acheter et installer un logiciel adapté à cette tâche, faire appel à un comptable ou s'y atteler avec crayon et papier. Le logiciel, le comptable et le crayon peuvent dans une grande mesure se substituer les uns aux autres. De forme très différente, ils remplissent néanmoins le même office : ils aident le particulier à gérer ses finances.

Il est en revanche des produits ou des services qui, tout en ayant des formes et des fonctions différentes, permettent de satisfaire les mêmes besoins. Un restaurant, on le sait, partage peu de caractéristiques physiques avec un cinéma et remplit une tout autre fonction : c'est un lieu de convivialité et de gastronomie. Rien à voir donc avec l'expérience qu'on a dans une salle obscure. Mais en dépit de ces différences, on va au restaurant et au cinéma pour la même raison : pour passer une soirée distrayante en ville. On n'a pas à choisir dans ce cas entre des services de substitution, mais entre des services alternatifs.

À chaque décision d'achat, et qu'il le fasse explicitement ou pas, l'acheteur confronte des choix alternatifs. Ai-je envie de me faire plaisir pendant deux heures ? Si oui, de quelle façon ? Est-ce que je préfère voir un film, avoir un massage ou lire un bon livre dans un café sympathique ? Qu'on soit consommateur ou directeur des achats d'une entreprise, on se livre à la même évaluation intuitive.

Or, curieusement, on a tendance à abandonner cette pensée intuitive dès qu'on se trouve de l'autre côté de la transaction. Rares sont les vendeurs qui s'interrogent consciemment sur les arbitrages qu'envisagent leurs clients entre secteurs alternatifs. Un changement de prix, de modèle, même de campagne publicitaire peut provoquer une puissante réaction chez les concurrents directs de l'entreprise ayant pris cette initiative, alors que les bouleversements que connaissent d'autres secteurs passent généralement inaperçus. Publications spécialisées, salons professionnels et rapports d'évaluation concourent tous à renforcer les murs dressés entre secteurs d'activité. Et pourtant, les espaces situés entre secteurs alternatifs offrent souvent des occasions d'innover en matière de création de valeur.

C'est exactement ce qu'a fait NetJets, qui a inventé le système des avions d'affaires en propriété partagée. En moins de vingt ans, cette société a atteint des dimensions supérieures à celles de maintes compagnies aériennes, avec à son actif plus de 500 appareils et plus de 250 000 vols vers plus de 140 pays. Rachetée par Berkshire Hathaway en 1998, elle affiche actuellement un chiffre d'affaires de plusieurs milliards de dollars qui a progressé de 30 à 35 % par an entre 1993 et 2000. Le succès de NetJets a souvent été expliqué par sa souplesse, sa capacité à réduire la durée des voyages et les tracas de l'expérience, sa grande fiabilité et sa stratégie de prix. Mais en réalité, on a surtout affaire à une entreprise qui a su redessiner les frontières entre marchés et chercher son inspiration dans d'autres secteurs d'activité.

Le marché le plus intéressant pour le transport aérien est celui du voyage d'affaires. NetJets a conclu de son analyse que l'entreprise désireuse de faire voyager ses cadres en avion a le choix entre deux grandes solutions : soit elle leur paie une place en première ou en classe affaires auprès d'une compagnie aérienne, soit elle achète des appareils pour assurer elle-même leurs déplacements. La question stratégique est donc la suivante : qu'est-ce qui incite l'entreprise à préférer l'une plutôt que l'autre solution ? Les stratèges de NetJets se sont concentrés sur les facteurs clés qui poussent l'entreprise à choisir au cas par cas et ont atténué ou exclu tout le reste, et c'est ainsi qu'ils ont créé une stratégie Océan Bleu.

Vous êtes-vous déjà demandé pourquoi tant d'entreprises préfèrent faire appel aux compagnies aériennes ? Sûrement pas par affection pour les longues files d'attente et les contrôles interminables, la course folle pour avoir les correspondances, les haltes d'une seule nuit ou les aéroports congestionnés. Si elles le font, c'est pour une seule raison : le coût. D'une part, ce choix leur épargne les lourds investissements fixes qu'il faut consentir dès le départ pour acquérir un *jet*. D'autre part, comme elles n'achètent chaque année que le nombre de billets dont elles ont besoin, elles parviennent à limiter leurs coûts variables et à éviter le risque d'une sous-exploitation des appareils, problème très fréquent dans les sociétés ayant acheté des avions.

Le client de NetJets se voit donc attribuer une part de propriété équivalente à un seizième de l'avion partagé avec quinze autres propriétaires. Cela lui donne le droit à cinquante heures de vol par an. Pour 375 000 dollars (prix de départ, sans compter le pilote, l'entretien et d'autres frais mensuels), il devient copropriétaire d'un appareil qui vaut 6 millions de dollars[1] et accède à la facilité d'un *jet* privé pour le prix d'un billet acheté auprès d'une compagnie aérienne. La National Business Aviation Association, organisme américain, a comparé le voyage en première classe avec la propriété d'un *jet*. Sa conclusion : quand on prend en compte les coûts directs et indirects – hôtellerie, restauration, frais de déplacement et temps de trajet –, on obtient un coût nettement plus élevé pour le recours aux compagnies aériennes. Selon l'analyse coûts-avantages que l'association a réalisée pour quatre passagers, le coût réel d'un voyage hypothétique de Newark, dans le New Jersey, à Austin, au Texas, serait de 19 400 dollars s'ils passaient par une compagnie aérienne, contre 10 100 à bord d'un avion détenu par leur société[2]. Pour sa part, NetJets échappe aux énormes coûts fixes que les compagnies aériennes ne peuvent amortir qu'en cherchant à remplir des appareils de plus en plus grands. La taille plus modeste de ses avions, l'utilisation d'aéroports régionaux de moindre envergure et ses effectifs limités permettent à NetJets de réduire ses coûts au minimum.

Pour mieux expliquer le reste de sa formule, inversons notre question précédente : pourquoi une entreprise choisirait-elle au contraire d'acquérir un *jet ?* Certainement pas pour le plaisir de consacrer plusieurs millions de dollars à l'achat. Pas non plus parce qu'elle aime l'idée de devoir mettre sur pied un service ayant pour seule fonction de programmer les vols et d'assurer l'intendance. Et évidemment pas parce qu'elle aurait spécialement envie de supporter les frais liés aux vols à vide que fait son appareil chaque fois qu'il part de sa base pour la destination où il est requis. Non : si une société opte pour l'acquisition d'un avion, c'est pour réduire radicalement la durée totale des déplacements, pour éviter le stress des aéroports congestionnés, pour faciliter les voyages directs entre deux villes précises et pour améliorer les chances d'avoir des cadres énergiques et prêts à travailler dès leur atterrissage. NetJets a décidé d'exploiter pleinement ces différents atouts. Alors que 70 % des vols assurés par les compagnies aériennes desservent seulement trente aéroports aux États-Unis, NetJets permet d'utiliser plus de 5 500 aéroports sur tout le territoire, dont beaucoup sont situés à proximité des grands centres d'activité industrielle et commerciale. Sur les vols internationaux, l'avion vous dépose même sur le site du client.

Grâce aux vols directs et à l'augmentation exponentielle du nombre d'aéroports utilisables, le problème des correspondances est résolu : des déplacements qui auraient sinon obligé à passer une nuit à l'hôtel dans une ville d'escale peuvent désormais s'effectuer en une seule journée. Le temps qui s'écoule entre votre arrivée à l'aéroport en voiture et le décollage se mesure en minutes plutôt qu'en heures. Ainsi, il faut normalement compter 10,5 heures, tout compris, pour aller de Washington DC à Sacramento, en Californie, mais cela ne prend que 5,2 heures à bord d'un avion de NetJets. Et au lieu de 6 heures, vous n'auriez plus besoin que de 2,1 heures pour voyager de Palm Springs, en Californie, au cap San Lucas, lieu de villégiature à l'extrême sud de la basse Californie[3].

Mais l'aspect peut-être le plus attrayant de ce système est que votre *jet* est à tout moment disponible dans un délai de quatre heures. Si jamais il est pris ailleurs, NetJets s'engage à en affréter un autre pour vous. Dernier avantage, et c'est loin d'être négligeable : NetJets réduit de façon spectaculaire les problèmes de sécurité et propose un service en vol personnalisé, comme le fait de trouver vos plats préférés à bord.

NetJets a créé ainsi un océan bleu qui vaut des milliards de dollars. Comme le montre la Figure 3.1, l'entreprise a su conjuguer le meilleur de l'exploitation d'un avion privé (facilité, confort, faiblesse des coûts fixes) et les avantages du recours aux compagnies aériennes (faiblesse des coûts variables), alors qu'elle a atténué ou exclu tout le reste. Et la concurrence ? Selon NetJets, cinquante-sept sociétés ont adopté le système de la propriété partagée au cours de ces sept dernières années… et toutes ont déposé leur bilan.

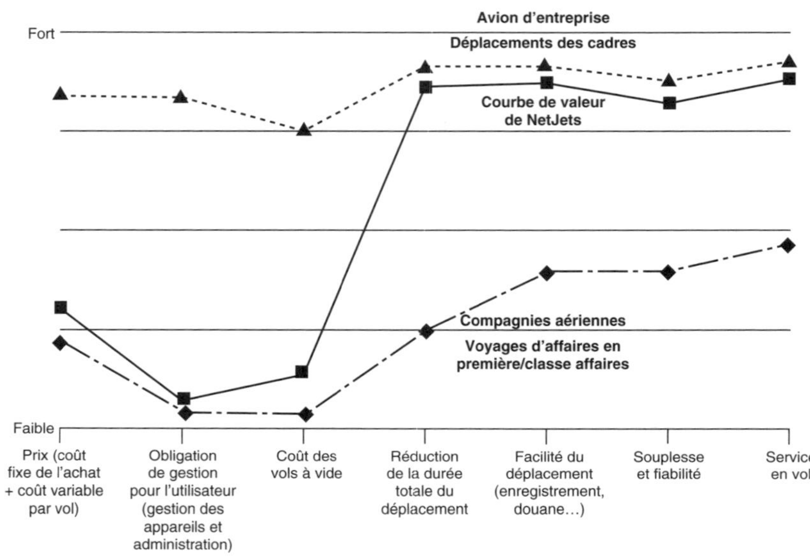

Figure 3.1 : Le canevas stratégique de NetJets

C'est également notre piste n° 1 qui explique la plus belle réussite que le secteur des télécommunications japonais ait connue depuis les années 1980. Il s'agit d'i-mode, lancé en 1999 par NTT DoCoMo. Ce service a totalement transformé la manière de communiquer et d'accéder aux informations au Japon. La révélation, pour NTT DoCoMo, est venue d'une analyse des raisons qui poussent le client à alterner entre des solutions aussi différentes que la téléphonie mobile et Internet. La déréglementation des télécommunications avait incité de nouveaux acteurs à tenter leur chance sur le marché. De ce fait, la concurrence sur les prix et la course à l'innovation technologique devenaient de plus en plus la norme. Les coûts grimpaient, alors que le revenu moyen par utilisateur baissait. Pour sortir de cet océan rouge, NTT DoCoMo a créé l'océan bleu de la transmission mobile, non seulement de la voix, mais aussi du texte, de l'information et des images.

Quels sont les avantages spécifiques d'Internet sur la téléphonie mobile, et inversement ? Voilà ce que ses stratèges se sont demandé. Si Internet offrait un flux infini d'informations et de services, les *killer apps*, ces applications phares capables de tout écraser sur leur chemin, étaient le courrier électronique, les informations courantes (actualités, météo, annuaires téléphoniques) et les outils de divertissement (dont les jeux en ligne, les événements et la musique). Parmi les grands inconvénients d'Internet, il y avait le prix élevé du matériel informatique, la surcharge d'informations, le désagrément de devoir se connecter par ligne commutée et la peur de communiquer des données confidentielles par voie électronique. Les atouts majeurs du téléphone mobile étaient en revanche la mobilité, la transmission vocale et la facilité d'utilisation.

NTT DoCoMo a cassé l'arbitrage habituel entre ces deux alternatives, non pas par l'innovation technologique, mais en examinant à fond les avantages décisifs d'Internet sur le téléphone mobile et vice versa et en atténuant ou excluant tout le reste. Son interface conviviale ne comporte qu'un seul bouton, le bouton i-mode (i pour interactif, Internet, information et le pronom personnel *I* en anglais), qu'il suffit de presser pour accéder immédiatement à la poignée de *killer apps* d'Internet. Mais au lieu de vous submerger d'un flot ininterrompu d'informations, comme sur la Toile, ce bouton fonctionne à la manière du service de conciergerie d'un hôtel, qui n'établit des connexions qu'avec quelques sites – sélectionnés et agréés d'avance – des applications les plus appréciées. D'où une grande simplicité de navigation. Et même si un terminal i-mode coûte 25 % de plus qu'un portable ordinaire, son prix est infiniment plus faible que celui d'un PC, sans parler de la différence en matière de mobilité.

En outre, NTT DoCoMo applique un mode de facturation simple : tous les services Internet utilisés par le biais d'i-mode figurent sur la même facture mensuelle. Cela réduit considérablement le nombre de factures envoyées à chaque client et rend superflue la communication du numéro de carte de crédit, comme c'est le cas sur la Toile. Et du fait que le service i-mode est automatiquement activé dès que le portable est allumé, l'utilisateur reste connecté en permanence et n'a plus besoin d'ouvrir à chaque fois une nouvelle session.

L'i-mode a donc obtenu une courbe de valeur que ni le téléphone mobile classique ni le PC ne pouvait égaler. À la fin de 2003, il comptait 40,1 millions d'abonnés ; le chiffre d'affaires généré par la transmission de données, d'images et de texte a bondi de 295 millions de yens (2,17 millions d'euros) en 1999 à 886,3 milliards de yens (6,52 milliards d'euros) en 2003. Ce nouveau service n'a pas seulement conquis les clients potentiels des concurrents. Il a aussi élargi le marché en attirant des jeunes et des personnes âgées et en transformant des utilisateurs des seuls services vocaux en utilisateurs de la transmission voix-données.

Curieusement, les acteurs européens et américains qui se sont rués sur ce même potentiel en Occident ont jusqu'ici échoué. Comment se fait-il ? Nos recherches donnent à penser qu'ils ont été obnubilés par leur volonté d'utiliser la technologie la plus avancée, WAP (*wireless application protocol*), au lieu de proposer un service sans équivalent. Résultat : des offres excessivement compliquées qui passent à côté des points de convergence prisés par la masse des clients.

Bien d'autres réussites récentes montrent cette même tendance à créer de nouveaux marchés à partir d'une réflexion transversale. The Home Depot propose ses produits à des prix nettement plus faibles que chez le quincaillier tout en faisant bénéficier le client de l'expertise d'un entrepreneur professionnel. La chaîne de magasins a conjugué les avantages propres à l'un et à l'autre métier, tout le reste étant atténué ou exclu. C'est ainsi qu'elle a pu transformer une énorme demande latente en demande réelle : grâce à elle, de nombreux propriétaires se sont mis au bricolage. Dans le même ordre d'idées, Southwest Airlines, qui a centré son attention sur le rôle alternatif de l'automobile et sur la nécessité d'obtenir la rapidité du transport aérien au prix du déplacement en voiture, a créé le nouveau marché des vols court courrier. Enfin, les décideurs d'Intuit ont identifié le crayon comme principale alternative aux logiciels de finances personnelles, et c'est sur cette base qu'ils ont mis au point Quicken, logiciel intuitif et ludique.

Quels sont les secteurs alternatifs dans votre cas ? Pourquoi les clients optent-ils tantôt pour une solution, tantôt pour une autre ? C'est en vous penchant sur les raisons de leurs choix et en atténuant ou excluant tout le reste que vous pourrez créer un nouvel espace stratégique.

Piste n° 2 : explorer les différents groupes stratégiques du secteur

De la même façon qu'il convient de considérer des secteurs d'activité alternatifs, il faut porter un regard transversal sur d'autres *groupes stratégiques*. Cette expression désigne chaque ensemble d'entreprises d'un même secteur qui suivent une stratégie similaire. Dans la plupart des secteurs, un nombre restreint de ces catégories incarnent les différences fondamentales en matière de stratégie.

On peut généralement classer ces groupes stratégiques selon deux grands axes : prix et performance. Toute augmentation de prix a tendance à entraîner dans son sillage un saut dans l'une ou l'autre dimension de la performance. La plupart des entreprises se contentent de chercher à améliorer leur position concurrentielle au sein de leur groupe. Daimler, BMW et Jaguar s'attachent chacun à devancer les autres sur le marché des voitures de luxe, et les constructeurs de petites cylindrées font de même au sein de leur groupe stratégique. Mais les acteurs d'un groupe s'intéressent rarement à la situation des acteurs de l'autre, puisque du point de vue de l'offre, ils n'ont pas l'impression de jouer sur le même terrain.

Pour créer des océans bleus, il est impératif de se libérer de ces œillères et de comprendre les facteurs qui incitent les clients à changer de groupe, en sens ascendant ou en sens descendant.

Considérons l'expérience de Curves, société texane spécialisée dans la remise en forme pour femmes. Depuis son adoption du franchisage en 1995, elle a connu une croissance époustouflante : plus de 2 millions d'adhérentes réparties entre plus de 6 000 sites et un chiffre d'affaires qui dépasse le milliard de dollars. Toutes les quatre heures en moyenne, un nouvel établissement Curves s'ouvre quelque part dans le monde.

Plus étonnant encore, l'entreprise doit cet essor fulgurant presque entièrement au bouche à oreille et aux recommandations d'adhérentes. Pourtant, au démarrage, on ne manquait pas de souligner les risques encourus : elle visait un marché déjà saturé et ciblait une clientèle qui ne voudrait pas d'elle, son offre paraissait carrément insipide à côté de celle de ses concurrents… Mais en réalité, Curves a déclenché une explosion de la demande dans le secteur américain du fitness et a révélé l'existence d'un vaste marché inexploité, celui des femmes qui s'acharnent – vainement – à rester en forme. Comment l'entreprise a-t-elle gagné ce pari ? En s'appuyant sur les avantages décisifs de deux groupes stratégiques du secteur – les clubs de remise en forme traditionnels et les programmes d'exercices physiques à la maison – et en atténuant ou excluant tout le reste.

À une extrémité, le marché croule sous le poids des gymnases traditionnels qui s'adressent aux deux sexes et qui proposent un éventail complet d'activités sportives et d'entraînement. Situés le plus souvent dans les quartiers huppés des grandes villes, ils s'efforcent d'attirer le gratin des fanas du fitness grâce à leurs équipements « dernier cri ». On y trouve habituellement une large gamme d'appareils d'aérobic et de musculation, une buvette servant des jus de fruits, de nombreux moniteurs et des vestiaires dotés de douches et d'un sauna, le but étant d'encourager les clients à se servir de leur club comme lieu de sociabilité. Les adhérents, qui ont bravé les aléas de la circulation pour s'y rendre, restent au minimum une heure, et le plus souvent davantage. L'adhésion coûte dans les 100 dollars par mois : pour conserver le caractère exclusif du lieu, on pratique la politique du prix fort. Il n'est donc pas étonnant que les clients de ces clubs traditionnels ne représentent que 12 % de la population américaine ou qu'ils vivent majoritairement dans les grands centres urbains. Le coût de l'investissement pour un club offrant toute la gamme des services va de 500 000 dollars à plus d'un million, selon le quartier d'implantation.

À l'autre extrémité se trouve la catégorie des programmes d'exercices : cassettes vidéo, livres et magazines. Ces programmes, d'un coût infime par rapport à l'inscription à un club, sont à faire à la maison et permettent de se passer partiellement ou totalement de matériel. L'encadrement de la cliente est minimal : il se résume le plus souvent aux démonstrations données par la vedette de la cassette ou aux explications et aux illustrations présentées dans le magazine.

La question pertinente est la suivante : qu'est-ce qui pousse certaines femmes à abandonner cette solution économique au profit de la solution haut de gamme, et inversement ? Ce n'est probablement pas l'attrait des multiples appareils spécialisés, de la buvette, de la piscine, des vestiaires avec sauna ou de l'occasion de rencontrer des hommes qui les décideraient à s'inscrire à un club de fitness. À moins d'être une sportive confirmée, la femme moyenne ne tient même pas à croiser des hommes au cours de son entraînement, de peur que son body et son collant ne révèlent quelques bourrelets. Elle n'est pas non plus enchantée à l'idée de devoir attendre son tour derrière un appareil, puis régler la charge et l'inclinaison. Sans parler du problème du temps, cette denrée si rare pour tant de femmes aujourd'hui : peu d'entre elles peuvent s'offrir le luxe de passer une ou deux heures au club, plusieurs fois par semaine. Enfin, le stress de la circulation et les difficultés du stationnement en centre-ville ont également un effet dissuasif.

Il s'avère que les femmes qui mettent de côté leurs cassettes d'exercices pour fréquenter un club de fitness le font surtout pour une raison : à la maison, il n'y a rien de plus facile que de trouver un prétexte pour ne pas s'y atteler. Il est difficile de rester discipliné chez soi si on n'est pas déjà un fervent sportif, alors que l'entraînement dans un cadre collectif, même quand on est tout seul, est très motivant. À l'inverse, les femmes qui préfèrent suivre un programme d'exercices à la maison sont animées avant tout par un souci de rapidité, de coût et d'intimité.

Curves a su exploiter les forces de ces deux groupes stratégiques et atténuer ou exclure tout le reste (voir la Figure 3.2). Tous les aspects du club de fitness traditionnel qui présentent peu d'intérêt pour la plupart des femmes ont disparu : la profusion des appareils sophistiqués, la restauration, le sauna, la piscine, voire les vestiaires, remplacés par quelques espaces isolés par des rideaux.

Curves offre par ailleurs une expérience totalement différente de celle qu'on aurait dans un club traditionnel. On pénètre d'emblée dans la salle d'entraînement où les appareils (généralement une dizaine) sont disposés non plus en rang face à un moniteur de télévision, comme c'est le cas ailleurs, mais en rond afin de faciliter les échanges entre adhérents et de créer une ambiance chaleureuse. Le circuit d'entraînement QuickFit fonctionne avec des appareils hydrauliques qui n'ont pas besoin d'être réglés, qui sont sûrs, simples à utiliser et rassurants. Conçus spécifiquement pour les femmes, ces appareils réduisent les risques traumatiques et développent la force et la masse musculaire. En outre, les adhérentes peuvent discuter et s'encourager mutuellement pendant leur entraînement, le tout dans une ambiance conviviale et bienveillante qu'on trouverait difficilement dans un club traditionnel. Peu de miroirs sur les murs, et pas du tout d'hommes qui vous observent. Les adhérentes parviennent en trente minutes à faire le tour des appareils et des tapis dont est constitué le circuit. Grâce au choix de Curves de se limiter à l'essentiel, le prix n'est plus que de 30 dollars environ par mois, ce qui permet d'attirer la grande masse des clientes potentielles. Le slogan de Curves pourrait bien être : « Un vrai entraînement pour rester en forme, pour le prix d'un café par jour. »

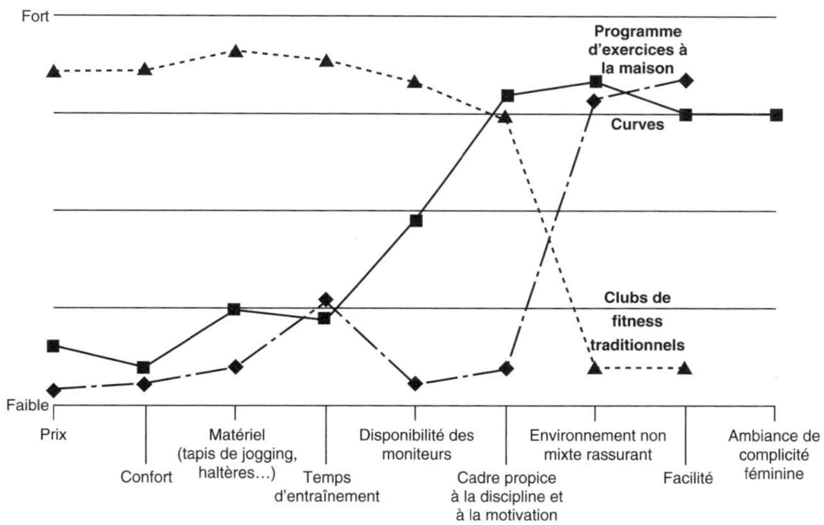

Figure 3.2 : Le canevas stratégique de Curves

Curves offre une valeur supérieure à un prix inférieur à la moyenne (voir la Figure 3.2). Contrairement aux frais de démarrage d'un club de remise en forme traditionnel – de 500 000 à 1 million de dollars –, ceux d'un gymnase Curves se situent dans une fourchette comprise entre 25 000 et 30 000 dollars (sans compter le droit d'entrée de 20 000 dollars), grâce à l'exclusion d'un large éventail d'éléments. Les coûts variables sont aussi nettement plus faibles. L'exploitation d'un tel établissement demande beaucoup moins de personnel et d'entretien, et le loyer est également plus modéré en raison de la superficie plus réduite : 140 m^2 dans des banlieues peu chères, contre 3 200 m^2 à

9 300 m^2 dans les quartiers recherchés du centre-ville. Grâce à ce modèle économique à coût réduit, l'ouverture d'une franchise Curves devient abordable, et ce n'est pas un hasard que le nombre de ces établissements ait explosé. La plupart d'entre eux atteignent le seuil de rentabilité au bout de quelques mois seulement, soit dès qu'ils ont recruté une centaine d'adhérents. Quant aux franchises déjà établies, elles se revendent sur le marché secondaire à des prix allant de 100 000 à 150 000 dollars.

Le résultat est qu'on trouve désormais des clubs Curves partout aux États-Unis, quelle que soit la taille de la commune. L'entreprise n'est pas en concurrence directe avec d'autres systèmes de remise en forme : elle a suscité une demande nouvelle. À présent, face à la perspective d'une saturation prochaine du marché nord-américain, sa direction projette de s'implanter en Europe. L'expansion de Curves est déjà bien engagée en Amérique latine et en Espagne. Si bien que selon les prévisions de la direction, le nombre de ses centres pourrait s'élever à 8 500 avant fin 2004.

Curves est loin d'être la seule entreprise à avoir tiré parti d'une réflexion transversale englobant plusieurs groupes stratégiques. Il n'est que de penser à Ralph Lauren, qui a créé « la mode sans la mode ». Sa griffe, l'élégance de ses magasins et la qualité luxueuse de ses tissus répondent à l'attente des férus de la haute couture. En même temps, l'allure classique remise au goût du jour et le prix des vêtements rappellent les meilleures lignes classiques comme Brooks Brothers ou Burberry. Le couturier a eu l'intelligence de prendre les aspects les plus séduisants de ces deux univers et d'atténuer ou d'exclure tout le reste : Polo Ralph Lauren a réussi non seulement à conquérir sa part de l'un et l'autre segment de marché, mais aussi à attirer une clientèle entièrement nouvelle.

Même constat dans le marché de la voiture de luxe, où la Lexus de Toyota a créé un océan bleu en offrant la qualité des modèles haut de gamme de Mercedes, BMW et autres Jaguar, mais à un prix plutôt voisin de celui d'une des Cadillac ou des Lincoln les moins chères. Ou songez encore au Walkman : une réflexion stratégique assez large pour embrasser à la fois la haute-fidélité du ghetto-blaster et la mobilité et le prix abordable du transistor a permis à Sony d'inventer le marché du magnétophone portable à la fin des années 1970. Le Walkman a gagné des parts de marché au détriment de ces deux groupes stratégiques. Mais il a surtout opéré un saut de valeur en attirant de nouveaux clients comme les joggers ou les salariés sur le chemin du travail.

Champion Enterprises, société du Michigan, a identifié une ouverture semblable grâce à son analyse de deux groupes stratégiques du bâtiment : la maison préfabriquée et la maison de construction traditionnelle. Les maisons préfabriquées se construisent vite et sont bon marché, mais elles souffrent d'une uniformité lamentable et d'une réputation de piètre qualité. De leur côté, les maisons de construction traditionnelle, qui offrent la possibilité d'une certaine individualité et bénéficient d'une image de qualité, prennent plus longtemps à construire et coûtent nettement plus cher que les préfabriqués.

Champion a réussi la prouesse de réunir les grands avantages de ces deux groupes stratégiques. Ses maisons préfabriquées se construisent rapidement et profitent pleinement des énormes économies d'échelle et de la réduction des coûts qu'autorise ce mode de construction. Mais Champion permet également à l'acheteur d'ajouter des éléments plus nobles – cheminée, Velux, voire plafonds voûtés – pour donner une touche personnelle à leur habitat. En un mot, l'entreprise a réinventé la maison préfabriquée. Du coup, de plus en plus de familles au revenu relativement modeste se montrent intéressées par l'achat d'une maison préfabriquée plutôt que par la location ou l'achat d'un appartement, et même les couches plus aisées de la population font leur apparition sur ce marché.

Quels sont les groupes stratégiques de votre secteur d'activité ? Qu'est-ce qui pousse les clients à changer de groupe, en sens ascendant ou en sens descendant ?

Piste n° 3 : explorer la chaîne des acheteurs-utilisateurs

Les entreprises de chaque secteur d'activité ou presque se retrouvent largement sur une définition commune de l'acheteur à cibler. Or en réalité, il existe une chaîne de personnes qui participent directement ou indirectement à la décision d'achat. Les *acheteurs*, ceux qui effectuent le paiement, ne coïncident pas nécessairement avec les *utilisateurs ;* par ailleurs, il faut parfois tenir compte du rôle des *prescripteurs*. Et si ces trois groupes se chevauchent en général, ils peuvent aussi être bien distincts. Quand c'est le cas, ils ont souvent des conceptions très différentes de ce qui compte le plus. Le directeur des achats d'une grande entreprise portera ainsi une plus grande attention au coût que l'utilisateur au sein de cette entité, qui, lui, s'intéressera plutôt à la facilité d'utilisation du produit. De même, le détaillant appréciera le réapprovisionnement en flux tendu ou le système innovant de crédit commercial proposés par tel fournisseur, alors que le consommateur n'attachera guère d'importance à ces facteurs, même s'ils ont un impact considérable sur lui.

Les entreprises d'un même secteur ciblent souvent des segments de marché différents : acheteurs de gros volumes ou acheteurs de petites quantités, par exemple. Mais le secteur dans son ensemble se concentre le plus souvent sur un seul groupe d'acheteurs. L'industrie pharmaceutique vise avant tout ces prescripteurs que sont les médecins. Les fabricants de matériel de bureau s'adressent quant à eux aux services des achats des grands groupes. Enfin, l'habillement vend surtout aux consommateurs. Derrière ces choix se trouve souvent une puissante logique économique, certes, mais dans bien des cas, elle exprime avant tout l'acceptation non critique des pratiques consacrées du secteur.

C'est quand on remet en question des idées reçues de ce type qu'on a des chances de découvrir un nouvel océan bleu. Un regard transversal sur les multiples groupes d'acheteurs en présence conduit parfois à changer de cible et, donc, à modifier la courbe de valeur de l'entreprise.

Considérons le cas de Novo Nordisk, laboratoire danois qui a bouleversé le marché de l'insuline (utilisée dans le traitement du diabète). Depuis toujours, les fabricants de ce produit, de même qu'une grosse partie de l'industrie pharmaceutique dans son ensemble, concentrent leur attention sur les prescripteurs clés : les médecins. La capacité de ces derniers à orienter les décisions d'achat des diabétiques a évidemment conforté ce choix stratégique. Du coup, les laboratoires ne ménageaient pas leurs efforts pour assurer la production de l'insuline la plus pure possible en réponse aux exigences des praticiens. Le problème, c'est que, vers le début des années 1980, les techniques de purification avaient déjà fait plusieurs grands bonds en avant. Novo Nordisk avait déjà lancé l'insuline « monocomposée humaine », premier produit de synthèse identique à l'insuline humaine. On ne pouvait donc espérer que des progrès modestes tant que la pureté restait le grand paramètre conditionnant la concurrence sur ce marché. Dans ce contexte, la convergence des grandes pointures du secteur avançait à pas de géant.

Mais les décideurs du laboratoire danois ont compris qu'ils pouvaient tourner le dos à leurs concurrents s'ils cessaient de donner la priorité aux médecins et commençaient à cibler les utilisateurs : les diabétiques eux-mêmes. Ils ont découvert à partir de là que le conditionnement du produit en ampoules, qui était la norme, posait de sérieux problèmes d'administration. Le patient devait assumer la tâche complexe et désagréable qui consiste à manipuler seringues, aiguilles et insuline puis à bien s'injecter la dose prescrite. Par ailleurs, beaucoup de diabétiques étaient mal à l'aise avec l'injection sous-cutanée, associée dans leur esprit à la stigmatisation sociale. Ils ne tenaient surtout pas à s'y livrer en dehors de chez eux, alors que nombre d'entre eux étaient contraints à se faire plusieurs piqûres par jour.

Tout cela a poussé Novo Nordisk à sortir NovoPen en 1985. C'était la première solution conçue pour faciliter la vie du patient en débarrassant la prise d'insuline de son côté gênant. Le NovoPen ressemblait à un stylo à plume ; muni d'une cartouche, il permettait au patient de transporter en un ensemble unique l'équivalent d'une semaine à peu près de doses d'insuline. Il comportait un mécanisme à déclic grâce auquel même l'utilisateur malvoyant pouvait régler les dosages et se les administrer tout seul. Bref, le NovoPen offrait une grande facilité d'utilisation et de transport – et cela, sans la gêne et le tracas des seringues et des aiguilles.

Pour dominer cet espace stratégique nouvellement créé, Novo Nordisk a continué sur sa lancée. En 1989, l'entreprise a introduit NovoLet, stylo à cartouche préremplie et doté d'un doseur encore plus simple d'utilisation. Il fut suivi en 1999 par Innovo, système à base de cartouche et de mémoire électronique intégrée, conçu pour faciliter la gestion du traitement par le diabétique lui-même. Il affichait la dose de la dernière injection et le temps écoulé depuis, information vitale pour réduire les risques et éliminer l'inquiétude d'avoir oublié une injection.

La stratégie de Novo Nordisk a redessiné le paysage pharmaceutique et redéfini la vocation de l'entreprise : auparavant fournisseur d'insuline, elle joue désormais le rôle de société spécialisée dans le traitement du diabète. NovoPen et ses successeurs ont pris le marché d'assaut. Les stylos et les doseurs préremplis occupent une place dominante en Europe et au Japon, où on conseille aux patients de prendre plusieurs doses par jour. Par ailleurs, si le laboratoire danois détient plus de 60 % du marché européen et 80 % du marché japonais, 70 % de son chiffre d'affaires global provient du traitement général des diabétiques. Activité dont le développement s'explique en grande partie par le choix de Novo Nordisk de se placer du point de vue de l'utilisateur.

Bloomberg offre un exemple supplémentaire de la même tendance. En à peine plus de dix ans, c'est devenu l'un des acteurs les plus importants et les plus rentables de l'information financière dans le monde entier. Avant son entrée en scène au début des années 1980, Reuters et Telerate dominaient le secteur de l'information financière sur Internet, qui fournit en temps réel les nouvelles et les cotations du jour aux courtiers et à la communauté des investisseurs. La cible traditionnelle de cette activité était les acheteurs, en l'occurrence, les directeurs informatiques, toujours à la recherche de systèmes standardisés capables de leur faciliter la tâche.

Ce fonctionnement laissait Bloomberg perplexe : ce sont après tout les opérateurs et les analystes, et non pas les directeurs informatiques, qui font gagner ou perdre des millions de dollars par jour à ceux qui les engagent. Et ce sont les disparités en matière d'information qui permettent de saisir les bonnes occasions. Sur des marchés très actifs, opérateurs et analystes doivent prendre leurs décisions à toute vitesse ; chaque seconde compte.

C'est pourquoi Bloomberg a mis au point un système qui donne le meilleur rapport qualité-prix aux opérateurs et qui repose sur des terminaux d'utilisation facile et des claviers dont les touches portent des termes financiers courants. Chaque ensemble comporte également deux moniteurs à écran plat pour permettre aux opérateurs de voir toute l'information dont ils ont besoin sans devoir ouvrir et fermer des fenêtres multiples. Et comme ces derniers sont obligés d'analyser l'information avant d'agir, Bloomberg a intégré à son offre des capacités d'analyse qu'on active en appuyant simplement sur une touche. Auparavant, il fallait télécharger des fichiers et se servir d'une calculette, d'un crayon et de papier pour effectuer des calculs financiers critiques. Mais le système de Bloomberg permet de générer rapidement des scénarios pour calculer la rentabilité relative de plusieurs placements possibles ou de réaliser des analyses longitudinales de données historiques.

Ce souci de l'utilisateur a par ailleurs ouvert les yeux de Bloomberg sur le paradoxe de la vie que mènent les opérateurs et les analystes financiers : ils gagnent énormément d'argent mais n'ont guère le temps d'en profiter, tant ils sont accaparés par leur travail. Sachant qu'il y a souvent des accalmies à la Bourse, Bloomberg a décidé d'ajouter des services d'information ou d'achat pour faciliter la vie aux opérateurs. Ceux-ci peuvent utiliser le système pour acheter des fleurs, des vêtements ou des bijoux, préparer des voyages, se renseigner sur des vins fins ou consulter des offres immobilières.

Grâce à ce déplacement en amont – de l'acheteur vers l'utilisateur –, Bloomberg a obtenu une courbe de valeur radicalement différente de toutes celles que le secteur de l'information financière avait vues jusqu'alors. Les opérateurs et les analystes ont pesé de tout leur poids au sein de leur entreprise pour contraindre les responsables informatiques à acquérir des terminaux Bloomberg.

Nombre de secteurs d'activité recèlent des possibilités semblables. Le simple fait de s'interroger sur les idées reçues concernant la clientèle à cibler révèle parfois des manières inédites de libérer des opportunités inexploitées. Songez à Canon, qui a créé le marché nouveau du photocopieur personnel, tout simplement en s'intéressant aux utilisateurs au lieu de s'adresser aux services des achats. Ou à SAP, qui a recentré son attention sur le directeur des achats, alors que le secteur des applicatifs de gestion avait toujours privilégié l'utilisateur fonctionnel. Le résultat a été la création d'une activité spectaculairement rentable de logiciels intégrés de gestion fonctionnant en temps réel.

Quelle est la chaîne des acheteurs dans votre secteur d'activité ? Quel groupe d'acheteurs les entreprises de votre secteur ciblent-elles en priorité ? Comment pourriez-vous libérer un potentiel inexploité si vous changiez de groupe cible ?

Piste n° 4 : explorer les produits et services complémentaires

Très peu de produits ou de services existent dans un vide : d'autres produits ou services ont le plus souvent une incidence sur leur valeur. Pourtant, les rivaux sur un marché donné ont tendance à faire des offres convergentes dans le cadre prédéterminé de leur secteur d'activité. Prenons l'exemple des salles de cinéma. Cela vaut-il la peine d'aller voir un film ? Votre réponse à cette question dépendra en partie de considérations comme la possibilité de trouver facilement une baby-sitter ou même une place de stationnement. Mais ces services complémentaires se situent au-delà des limites du secteur du cinéma tel qu'il est traditionnellement défini. Peu d'exploitants de salles se soucient du problème de la garde des enfants ou de son coût. Or ils ont tort, car ce facteur a un impact sur la demande pour leur service. Pourquoi ne pas imaginer une salle de cinéma dotée d'un service de baby-sitting ?

Des produits ou des services complémentaires recèlent souvent une valeur inexploitée. La tâche primordiale est donc de définir la solution d'ensemble que recherche le client. Un moyen simple d'y parvenir consiste à réfléchir à tout ce qui se passe avant, pendant et après l'utilisation de votre produit. Par exemple, il faut régler le problème de la garde des enfants et garer la voiture avant de pouvoir aller à une séance de cinéma. De même, un ordinateur ne fonctionne pas sans logiciels d'exploitation et applicatifs. Et si le transport terrestre à destination et en provenance des aéroports n'est pas *a priori* du ressort des compagnies aériennes, il fait incontestablement partie des problèmes que le passager doit régler.

Considérons l'expérience de NABI, constructeur hongrois d'autobus qui a suivi notre piste n° 4 face au gigantesque secteur des transports en commun aux États-Unis. Les plus gros clients sont les sociétés des transports urbains ou interurbains détenues et exploitées par les grandes municipalités ou les comtés.

Conformément aux normes en vigueur dans ce secteur, les constructeurs désireux de répondre à un appel d'offres cherchaient habituellement à remporter le marché en faisant le devis le plus attractif pour le client. Résultat : les modèles n'évoluaient pas, les délais de livraison étaient rarement respectés, la qualité était faible et le prix de la moindre option était prohibitif en raison de l'obsession des économies qui régnait dans le secteur. Les dirigeants de NABI ont bien saisi l'absurdité de cette situation. Pourquoi les sociétés des transports ne s'intéressaient-elles qu'au seul prix d'acquisition des véhicules, alors qu'elles les gardaient en circulation pendant douze ans en moyenne ? Cette question a permis de voir des aspects du métier qui avaient totalement échappé au reste du secteur des transports en commun.

NABI a découvert que le poste le plus onéreux pour les municipalités n'était pas le prix d'achat en soi, critère qui concentrait tous les efforts des concurrents, mais les frais d'exploitation et d'entretien durant tout le cycle de vie du bus. La consommation de carburant, les réparations à la suite d'accidents, l'usure des pièces, qu'il fallait remplacer fréquemment à cause du poids du véhicule, les travaux préventifs de carrosserie pour éviter la rouille : tout cela grevait considérablement le budget des sociétés des transports. Et avec la généralisation de normes antipollution plus contraignantes, le non-respect de l'environnement commençait aussi à avoir un prix. Mais malgré le fait que ces frais dépassaient de loin le prix d'acquisition, les acteurs du secteur n'avaient pas songé à l'activité complémentaire de l'entretien.

En somme, proposer des produits à faible valeur ajoutée et privilégier la domination par les coûts n'était pas une fatalité : c'étaient les constructeurs eux-mêmes, avec leur souci de vendre moins cher que la concurrence, qui s'étaient enfermés dans cette logique. À partir de sa réflexion sur la solution globale à fournir, NABI a mis au point un véhicule de type inédit pour le secteur. Un bus est normalement fabriqué en acier, métal lourd, sujet à la corrosion et difficile à réparer en cas d'accident, puisque des panneaux entiers doivent être remplacés. NABI a donc opté pour la fibre de verre, choix qui lui a permis de faire d'une pierre deux coups – ou plutôt cinq. La carrosserie en fibre de verre ne se corrode pas, ce qui diminue de façon spectaculaire les coûts d'entretien préventif. Elle se répare plus vite, moins cher et plus aisément puisqu'il n'est pas besoin de remplacer des panneaux entiers en cas de heurts ; les endroits endommagés sont tout simplement découpés et remplacés par de la fibre de verre facilement soudée en place. En outre, la légèreté de la fibre de verre (un gain de 30 à 35 % par rapport à l'acier) réduit fortement la consommation de carburant et les émissions de gaz d'échappement, évolution très positive du point de vue écologique. Enfin, elle permet à NABI d'utiliser non seulement un moteur moins puissant, mais aussi moins d'essieux, ce qui se traduit par une baisse des coûts de fabrication et un gain de place à l'intérieur du bus.

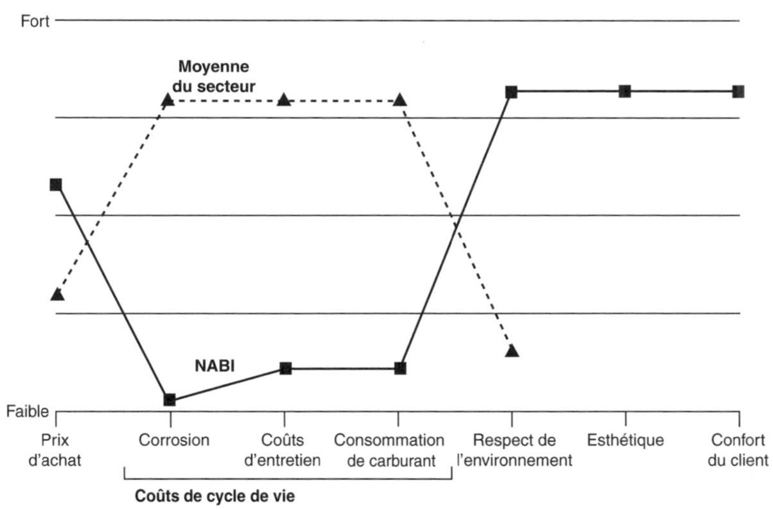

Figure 3.3 : Le canevas stratégique des transports en bus aux États-Unis (vers 2001)

NABI a obtenu de la sorte une courbe de valeur très divergente par rapport à la moyenne de son secteur. Comme le montre la Figure 3.3, la décision de construire ces bus en fibre de verre a permis de réduire ou de supprimer des coûts liés à la prévention de la corrosion, à l'entretien et à la consommation de carburant. C'est ainsi que, malgré le niveau élevé de ses prix par rapport à ceux de la concurrence, le constructeur hongrois a pu proposer des véhicules à un coût nettement plus faible sur leur durée de vie. Grâce à la réduction des émissions, il a dépassé de loin les performances de ses rivaux en matière de respect de l'environnement. Et le fait de facturer plus cher chaque véhicule lui a permis d'ajouter des avantages auparavant inconnus dans le secteur comme une meilleure esthétique ou un plus grand confort (plancher bas pour faciliter la montée des passagers, augmentation du nombre de places assises, etc.). Le résultat a été une hausse de la demande chez les usagers et, donc, des recettes des sociétés des transports en commun. Parallèlement, les municipalités ont acquis une nouvelle vision des coûts et des revenus de ce service, car NABI offrait un produit d'une qualité exceptionnelle – tant aux sociétés des transports qu'aux usagers – à un coût modéré dans la durée.

L'enthousiasme des municipalités et des voyageurs pour les nouveaux bus n'a donc rien d'étonnant. Depuis son arrivée sur le marché américain en 1993, NABI en a déjà raflé 20 % et se trouve bien positionné pour conquérir la première place du point de vue des parts de marché, de la croissance et de la rentabilité. Ce constructeur, venu pourtant de si loin, a réussi à doubler ses concurrents en créant une formule dont tout le monde sort gagnant. Avec un carnet de commandes de plus d'un milliard de dollars, il a été classé en octobre 2002 parmi les trente entreprises aux performances les plus impressionnantes au monde par l'Economist Intelligence Unit (Centre d'études économiques de l'hebdomadaire d'affaires britannique *The Economist*).

Autre exemple parlant, la fabrication des bouilloires au Royaume-Uni : en dépit de l'importance de cet article pour la culture britannique, ce secteur se caractérisait par un marché atone et l'érosion des marges bénéficiaires… jusqu'à l'entrée en scène de Philips. À partir d'une réflexion sur les produits et les services complémentaires, l'électronicien d'Eindhoven a découvert que le plus gros problème pour l'amateur de thé n'avait rien à voir avec le récipient, mais avec l'eau que l'on mettait dedans. Les inévitables dépôts de calcaire s'accumulaient peu à peu dans la bouilloire au point de finir dans le thé. Comment le consommateur britannique réagissait-il ? Avant la dégustation, et avec son flegme légendaire, il s'armait d'une petite cuiller et partait à la pêche aux dépôts dans sa tasse. Pour les fabricants de bouilloire, le problème n'existait donc pas. Les mécontents n'avaient qu'à s'adresser à la compagnie des eaux.

En prenant en considération les désagréments subis par le client, les stratèges de Philips se sont emparés de cette occasion négligée. Résultat : une nouvelle bouilloire munie d'un filtre qui retient les dépôts de calcaire au moment où le thé est versé. Finie la pellicule peu ragoûtante qui flottait toujours sur votre thé. Les consommateurs britanniques se sont précipités massivement pour remplacer leurs vieilles bouilloires, et tout le secteur d'activité a redémarré en trombe.

La liste des entreprises ayant suivi le chemin vers la création d'un océan bleu est longue. Borders et Barnes & Noble (B&N) ont redéfini la nature des services proposés dans leurs mégalibrairies. Alors qu'ils se bornaient auparavant à vendre des livres, ils conçoivent aujourd'hui leur métier comme l'offre d'un lieu centré sur le plaisir de la lecture et de la curiosité intellectuelle : on y trouve des espaces repos, un espace café et un personnel cultivé. Cette stratégie a catapulté ces deux chaînes au premier rang des librairies américaines, avec au total plus de 1 070 magasins à grande surface sur le territoire. De même, chaque mégastore de Virgin vend des CD, des DVD et cassettes vidéo, des jeux vidéo et du matériel audio pour répondre à la gamme de demandes la plus large possible. Dyson propose pour sa part des aspirateurs qui dispensent l'utilisateur du remplacement coûteux et fastidieux des sacs. Enfin, les centres Salick gérés par Zeneca réunissent sous un même toit l'ensemble des traitements du cancer pour éviter au patient d'aller successivement dans différents lieux spécialisés et de prendre à chaque fois un nouveau rendez-vous.

Dans quel cadre votre produit est-il utilisé ? Que se passe-t-il avant, pendant et après son utilisation ? Avez-vous identifié les sources de désagrément ? Pourriez-vous les supprimer au moyen d'une offre de produits ou de services complémentaires ?

Piste n° 5 : explorer le contenu fonctionnel ou émotionnel du secteur

Les concurrents d'un même secteur d'activité ont tendance à s'accorder non seulement sur la définition des produits et des services à proposer, mais aussi sur deux axes possibles à privilégier dans la communication. Dans certains secteurs, l'accent est mis sur le prix et l'attrait fonctionnel ou utilitaire de l'offre : c'est l'orientation rationnelle. Dans d'autres, les acteurs font plutôt jouer le ressort de l'émotionnel.

Mais le choix d'un mode de communication est rarement aussi tranché dans la pratique. Il découle le plus souvent des stratégies longtemps suivies par l'entreprise, qui ont façonné, à un niveau subliminal, les attentes des consommateurs. À partir de là, vendeurs et acheteurs s'influencent réciproquement dans un cycle qui se renforce avec le temps. L'orientation des secteurs d'activité qui donnent traditionnellement la priorité à la dimension fonctionnelle devient de plus en plus fonctionnelle, et on constate une évolution symétrique dans les secteurs où prime l'émotionnel. Faut-il s'étonner que les études de marketing apportent si rarement du nouveau sur la motivation du consommateur ? Chaque secteur a déjà conditionné ses clients. Quand ils sont interrogés, ils renvoient l'écho attendu : encore la même chose, mais moins cher.

La remise en question du contenu fonctionnel ou émotionnel du secteur d'activité permet souvent de découvrir de nouveaux espaces stratégiques. Nous avons fait deux constatations à cet égard. Les secteurs « émotionnels » ont tendance à multiplier les petits plus qui font augmenter le prix mais qui n'améliorent en aucune façon le fonctionnement du produit. Il suffit parfois de supprimer ces éléments superflus pour obtenir un modèle économique plus simple, à moindres coûts et moins cher que les clients accueilleraient très favorablement. À l'inverse, les secteurs d'orientation plutôt fonctionnelle peuvent enrichir des produits en apparence banals en y injectant une dose d'émotionnel et relancer ainsi la demande.

Deux exemples bien connus : Swatch, qui a transformé le secteur des montres bas de gamme en univers de mode à forte charge affective, et The Body Shop, qui a fait l'inverse en ramenant la vente des produits de beauté à une activité fonctionnelle et terre à terre. Mais il est tout aussi instructif d'analyser l'expérience de QB (Quick Beauty) House, entreprise qui a bouleversé le secteur de la coiffure au Japon et qui connaît un développement accéléré ailleurs en Asie. Ayant démarré en 1996 avec un seul salon de coiffure à Tokyo, QB House en comptait plus de 200 en 2003. Le nombre de ses clients par an est passé de 57 000 dans sa première année d'existence à 3,5 millions en 2002. Déjà en pleine expansion à Singapour et en Malaisie, l'entreprise se fait fort de posséder 1000 salons à travers l'Asie en l'an 2013.

Au cœur de sa stratégie se trouve la transformation du secteur de la coiffure en Asie, passé d'un monde très émotionnel à une activité fonctionnelle. Une coupe de cheveux pour un homme prend en moyenne une heure au Japon. Pourquoi ? Parce que le personnel du salon se livre à une longue suite de gestes conçus pour souligner le caractère rituel de l'expérience. Les serviettes chaudes abondent, les épaules du client sont massées, du thé et du café sont servis et le coiffeur suit à son tour tout un rituel qui comprend des soins poussés de cheveux et de peau, le brushing et même le rasage. De ce fait, le temps consacré à la coupe des cheveux ne représente qu'une faible partie du total. Et il ne faut pas oublier que la file d'attente des autres clients s'allonge en conséquence. Prix de la prestation : de 3 000 à 5 000 yens (soit de 27 à 45 dollars).

QB House a bouleversé la donne. Ses stratèges se sont rendu compte que nombre de clients, surtout ceux qui ont un emploi du temps très chargé, ne souhaitent pas passer une heure chez le coiffeur. Ils ont donc mis fin à tous ces petits plus à forte valeur affective – serviettes chaudes, massages, thé et café – et réduit radicalement les soins spéciaux pour recentrer l'activité du salon sur la coupe des cheveux. Mais ils ne se sont pas arrêtés là. QB House a abrégé la longue étape de lavage-séchage à l'aide de son nouveau système « *air-wash* » : un petit aspirateur suspendu au plafond permet d'aspirer rapidement tous les cheveux coupés, sans même mouiller les cheveux du client. Grâce à toutes ces modifications, un passage chez le coiffeur ne prend plus une heure, mais dix minutes. Mieux encore, il y a devant chaque salon QB un dispositif de « feux de signalisation » qui indique la disponibilité des coiffeurs : plus d'incertitude, plus de service des réservations.

QB House a réussi de la sorte à ramener le prix d'une coupe de cheveux à 1 000 yens (9 dollars), soit le tiers du tarif de base ailleurs, et à relever de près de 50 % le chiffre d'affaires par coiffeur ; par ailleurs, ses salons exigent moins de personnel et une superficie plus réduite par coiffeur employé. L'entreprise peut également se vanter d'assurer un service plus hygiénique. Elle a introduit non seulement un dispositif complet de propreté pour chaque siège, mais aussi une politique d'usage selon laquelle on attribue une serviette et un peigne nouveaux à chaque client (voir la Figure 3.4).

Cemex, le troisième cimentier au monde, est une autre entreprise qui a créé un océan bleu en changeant l'orientation de son secteur d'activité, mais dans le sens inverse. Au Mexique, le

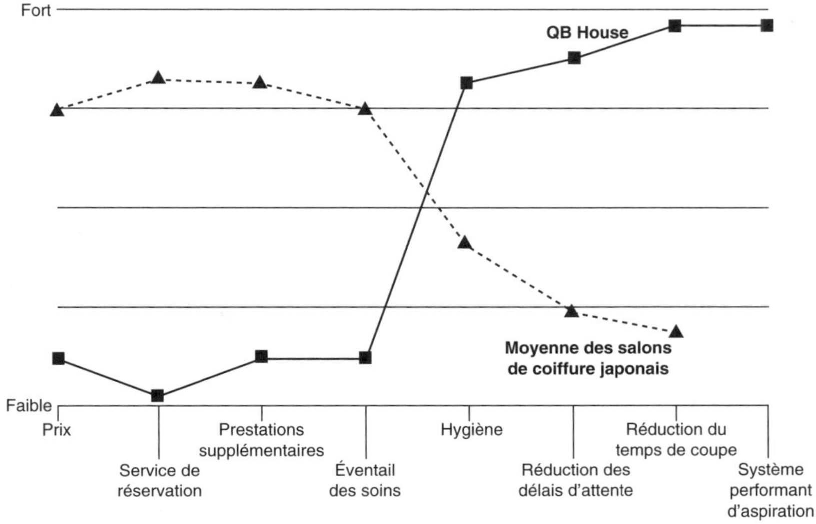

Figure 3.4 : Le canevas stratégique de QB House

ciment vendu en gros sacs aux bricoleurs représente plus de 85 % du débit total[4]. C'était toutefois un marché peu attrayant – un marché sur lequel les clients étaient nettement moins nombreux que les non-clients. La plupart des familles pauvres étaient certes propriétaires de leur terrain, et le ciment, en tant que matériau, restait relativement abordable. Mais la population mexicaine vivait dans des conditions de surpeuplement chronique. Rares étaient les familles qui agrandissaient leur logement, et même celles-là mettaient en moyenne de quatre à sept ans pour finir une seule pièce supplémentaire. Pourquoi ? Parce que chaque famille consacrait l'essentiel de ses économies aux festivités de village, aux *quinceañeras* (fêtes des quinze ans de leurs filles), aux baptêmes et aux noces. Financer ces événements marquants, c'était avoir une chance de se distinguer localement, alors que ne pas y contribuer passait pour un signe d'arrogance et de manque de respect pour la communauté.

La plupart des ménages modestes du pays épargnaient donc trop peu et trop irrégulièrement pour pouvoir s'offrir des matériaux de construction, même si une maison en ciment occupait une place primordiale dans le rêve mexicain. Selon les estimations de Cemex, ce marché pouvait valoir, au bas mot, de 500 millions à 600 millions de dollars si cette demande latente était exploitée[5].

Cemex a trouvé la solution en 1998 avec le lancement de son programme *Patrimonio Hoy*, qui a fait passer le ciment du statut de produit fonctionnel à celui de don rêvé. Acheter du ciment, c'est faire un grand pas vers la construction de pièces remplies d'amour, de rires et de bonheur partagés : y a-t-il plus beau cadeau au monde ? À la base du nouveau programme était la *tanda* (ou « tontine » en français), système d'épargne collective traditionnel au Mexique. Plusieurs individus – mettons dix – donnent chacun 100 pesos par semaine pendant dix semaines. La première semaine, on procède à un tirage au sort pour déterminer qui « gagne » les 1 000 pesos (93 dollars) dans chacune des dix semaines. Un participant ne peut gagner cette somme qu'une seule fois, mais c'est une somme suffisante pour lui permettre de faire un achat important.

Dans la *tanda* traditionnelle, la famille gagnante utilisait son pactole pour organiser une fête ou une célébration religieuse comme un baptême ou un mariage. Dans le programme *Patrimonio Hoy*, le gros lot de la *supertanda* sert à financer la construction en ciment de nouvelles pièces. On peut le considérer comme une sorte de liste de mariage, sauf qu'au lieu de donner de l'argenterie, on exprime son amour en offrant du ciment.

La tontine mise en place par Cemex compte à peu près soixante-dix personnes qui versent en moyenne 120 pesos par semaine durant soixante-dix semaines. Mais le gagnant de la semaine ne touche pas la somme en argent liquide ; il reçoit à la place l'équivalent en matériaux de construction nécessaires pour finir une pièce nouvelle. Cemex offre la livraison au domicile du gagnant, assure des stages de maçonnerie et expédie sur place un conseiller technique qui a pour mission de rester en relation avec les participants jusqu'à l'achèvement de leur projet.

Les autres cimentiers vendent des sacs de ciment ; Cemex, lui, vend un rêve fondé sur un modèle économique qui conjugue financement innovant et savoir-faire professionnel. Mais l'entreprise a été encore plus loin : elle organise de petites festivités pour le village chaque fois qu'une pièce est terminée. Ce faisant, elle multiplie le bonheur des gagnants et renforce la tradition de la *tanda*.

Depuis le lancement de ce programme à forte composante affective, la demande de ciment est montée en flèche. La masse des familles qui ajoutent une pièce à leur maison a augmenté de 20 % environ, et d'autres familles envisagent de construire deux ou trois pièces de plus que prévu au départ. Sur un marché peu dynamique et marqué par la pression de vendre moins cher que le concurrent, Cemex affiche désormais une croissance de 15 % par mois et a pu relever ses prix (de 3,5 pesos à peu près). L'entreprise a déjà réussi à tripler la consommation de ciment par les bricoleurs du pays : alors qu'elle était de 1 040 kg tous les quatre ans, il suffit aujourd'hui de quinze mois pour vendre le même volume. La prévisibilité des volumes écoulés par le biais des *supertandas* a par ailleurs un effet bénéfique sur les coûts de Cemex, puisqu'elle permet de réduire les coûts de stockage, de maintenir une production régulière et d'abaisser le coût du capital grâce à des ventes assurées. Et le non-paiement des contributions à la *supertanda* est un phénomène extrêmement rare en raison de la pression sociale sur les participants. En un mot, Cemex a créé un océan bleu – le ciment à forte valeur affective – qui concilie différenciation et domination par les coûts.

C'est selon une logique analogue que Pfizer a redéfini son métier grâce au Viagra, produit au succès prodigieux : le traitement médical du dysfonctionnement érectile a cédé la place à l'idée de vivre le plus pleinement possible. Songeons également au renversement opéré par Starbucks sur le marché du café : au lieu de chercher à vendre ce produit en grandes quantités, la chaîne a misé sur l'instauration d'une ambiance conviviale propice à la dégustation.

On assiste actuellement à une véritable explosion de créativité de ce type dans toute une série de services, mais en sens inverse : l'orientation auparavant affective faiblit au profit d'une approche fonctionnelle. Des activités dans lesquelles le relationnel est primordial – la banque, les assurances, la gestion de portefeuille – s'appuient depuis toujours sur le lien personnel entre courtier et client. Le temps de l'évolution est venu. Chez l'assureur britannique Direct Line Group, par exemple, il n'y a plus de courtiers au sens traditionnel. Les clients, a raisonné la direction, n'auraient plus besoin d'un courtier pour leur tenir la main et les réconforter, comme c'était la norme, si l'entreprise fonctionnait mieux, notamment en réglant plus vite les déclarations de sinistre et en supprimant une grosse partie de sa paperasserie compliquée. Ainsi, à la place du système classique de courtiers et d'agences régionales, Direct Line Group utilise l'informatique pour améliorer le traitement des déclarations de sinistre et fait bénéficier les assurés des économies qu'elle permet en réduisant les primes. Aux États-Unis, The Vanguard Group (fonds indiciels) et Charles Schwab (courtage de titres) sont en train d'opérer un renouvellement semblable dans la gestion de portefeuille : ils transforment des métiers fondés sur le relationnel – et donc à fort contenu émotionnel – en activités fonctionnelles où priment les performances et la maîtrise des frais.

Qu'en est-il de votre secteur d'activité ? Les efforts compétitifs tournent-ils autour du fonctionnel ou de l'émotionnel ? Si c'est l'émotionnel, quels éléments pourriez-vous éliminer pour accentuer le côté fonctionnel de votre offre ? Ou, dans le cas contraire, quels éléments pourriez-vous ajouter pour en augmenter la charge affective ?

Piste n° 6 : explorer le temps par projection des grandes tendances

Aucun secteur d'activité n'échappe à l'influence de tendances extérieures : il n'est que de songer à l'essor fulgurant d'Internet ou au mouvement mondial de protection de l'environnement. Mais il suffit parfois de porter un regard intelligent sur ces tendances pour découvrir des occasions de créer de nouveaux espaces stratégiques.

La plupart des entreprises s'adaptent progressivement et plutôt passivement au cours des événements. Qu'ils se trouvent face à de nouvelles technologies ou à la modification du cadre réglementaire, les dirigeants se bornent le plus souvent à faire des projections. Dans quel sens telle technologie ira-t-elle ? Selon quelles modalités sera-t-elle adoptée ? Aura-t-elle un caractère évolutif ? Voilà le type de questions qu'ils se posent. Ensuite, ils règlent l'allure de leur action de manière à suivre la tendance identifiée.

Or une nouvelle vision des potentialités en présence naît rarement de projections de ce genre. Elle se dessine plutôt à partir d'une réflexion concernant les effets possibles de la tendance du moment sur la valeur proposée au client et le modèle économique de l'entreprise. En changeant exprès d'horizon temporel – passant de la valeur offerte aujourd'hui à celle qui pourrait être offerte demain –, les dirigeants peuvent activement préparer leur futur et se positionner pour créer un océan bleu. Cet exercice, qui consiste à imaginer l'avenir, est peut-être le plus difficile de tous ceux que nous avons abordés jusqu'ici, mais il convient néanmoins d'y appliquer la même méthode disciplinée. Il ne s'agit pas de vouloir prédire le futur, car nul n'en est capable. Le but est, plus modestement, d'extraire du sens des tendances déjà observables.

L'analyse des changements dans la durée repose sur trois principes fondamentaux : pour constituer la base de votre nouvelle stratégie, une tendance doit avoir une importance décisive pour votre métier, elle doit être irréversible et elle doit suivre une trajectoire claire. On décèle souvent plusieurs tendances en même temps : rupture technologique, développement d'un nouveau mode de vie, mutations réglementaires ou sociales... Mais seules une ou deux d'entre elles auront un impact déterminant sur une activité économique donnée. Par ailleurs, il arrive qu'on repère une nouvelle tendance sans pouvoir prévoir où elle mène.

En 1998, par exemple, la crise asiatique, qui prenait de plus en plus d'ampleur, allait certainement se répercuter sur le domaine des services financiers. Mais on ne pouvait pronostiquer son issue, et c'est pourquoi il eût été très téméraire de vouloir en déduire une stratégie Océan Bleu. En revanche, l'évolution de l'euro suit depuis quelques années une trajectoire constante qui lui permet de supplanter progressivement les différentes monnaies nationales d'Europe. Voilà donc une tendance décisive, irréversible et claire sur laquelle on pourrait très bien bâtir de nouvelles stratégies financières à mesure que l'Union européenne s'élargit.

Une fois qu'une tendance de ce type a été repérée, on se projettera dans le temps en se demandant à quoi ressemblerait le marché si cette tendance était poussée à son ultime conséquence. Puis on remontera en arrière à partir d'une vision de la stratégie future pour identifier les éléments à changer aujourd'hui si on veut aboutir à un océan bleu.

Apple a bien observé le déluge d'échanges illégaux de fichiers de musique qui s'est déchaîné dès la fin des années 1990. Des logiciels adaptés à cette activité – Napster, Kazaa, LimeWire – avaient engendré un réseau mondial d'internautes fans de musique qui partageaient leurs musiques préférées en toute liberté... et en toute illégalité. Tant et si bien que, en 2003, plus de 2 milliards de fichiers de musique étaient échangés par mois. Ainsi, pendant que l'industrie du disque mettait toute son énergie à lutter contre la cannibalisation des CD en tant que supports, la vague des téléchargements sauvages continuait de grossir.

Comme tout le monde pouvait accéder à la technologie requise pour télécharger gratuitement de la musique au lieu d'acheter un CD au prix moyen de 19 dollars, la tendance à la transmission numérique ne faisait pas de doute. Elle était aussi relayée par l'explosion de la demande pour les lecteurs MP3, qui permettent d'écouter des enregistrements numériques partout – et dont l'iPod d'Apple est un exemple particulièrement réussi. Qu'a donc fait l'entreprise fondée par Steve Jobs pour tirer parti de cette tendance ? En 2003, elle a lancé le magasin de musique en ligne iTunes, dessinant ainsi une trajectoire claire.

Avec l'accord de cinq poids lourds de l'industrie du disque – BMG, EMI, Sony, Universal et Warner Brothers –, elle proposait désormais un système légal, simple et souple de téléchargement de musique. Ses clients mélomanes étaient libres de consulter 200 000 chansons, d'écouter des *samples* de trente secondes et de télécharger une piste pour 0,99 dollar ou un disque entier pour 9,99 dollars. Grâce à cette possibilité de prendre un seul titre, au choix stratégique d'un prix bien plus raisonnable, iTunes a fait disparaître une source majeure de contrariété : l'obligation d'acheter tout un CD même quand on ne s'intéresse qu'à une ou deux des chansons.

Le magasin en ligne d'Apple a par ailleurs réussi à damer le pion aux services de téléchargement gratuit grâce à une qualité de son supérieure et à des fonctions intuitives de navigation et de recherche. Avant d'effectuer un téléchargement sauvage, il faut parcourir la Toile pour retrouver le titre, le disque ou l'artiste en question. Si c'est un CD complet qui vous intéresse, vous êtes obligés de connaître le nom de toutes les chansons qu'il contient, et cela dans le bon ordre, car elles sont rarement regroupées à une seule adresse. La qualité du son laisse également à désirer : la plupart des utilisateurs gravent leurs CD à un faible débit binaire pour économiser de la place sur le disque. Enfin, l'offre des morceaux téléchargeables correspond essentiellement aux goûts musicaux des adolescents, et c'est pourquoi le choix s'avère en fin de compte assez limité, en dépit des milliards de titres théoriquement disponibles.

Quel contraste avec les fonctions de recherche et de navigation proposées par Apple, et largement reconnues comme les meilleures de la place ! En outre, les compilateurs travaillant pour iTunes intègrent souvent des bonus qu'on trouve habituellement chez le disquaire : le hit-parade, les plus belles chansons d'amour, les titres préférés des célébrités... Et du fait qu'iTunes encode les enregistrements au format AAC, la qualité sonore reste bien supérieure à celle du format MP3, y compris quand la musique a été enregistrée à un très haut débit.

Vu l'engouement des internautes pour iTunes, les artistes et les maisons de disques y trouvent eux aussi leur compte. Ils touchent 65 % du prix d'achat des titres téléchargés numériquement, ce qui veut dire qu'ils bénéficient enfin de la vogue des téléchargements de musique. Ce n'est pas tout. Pour améliorer la protection des droits des éditeurs de disques, Apple a mis au point un mode de protection du copyright qui ne dérange pas l'utilisateur – désormais habitué à la liberté numérique typique de l'après-Napster – mais qui a pu répondre aux exigences de l'industrie. Son magasin en ligne autorise jusqu'à sept enregistrements d'un titre sur un iPod ou sur CD : c'est assez pour contenter le mélomane, mais trop peu pour permettre le piratage à grande échelle, qui est le véritable souci des maisons de disques.

Aujourd'hui, iTunes propose un catalogue de plus de 700 000 titres ; durant sa première année d'existence, le magasin en a vendu plus de 70 millions, avec un taux moyen de 2,5 millions de téléchargements par semaine. Nielsen//Net Ratings le crédite pour sa part de 70 % du marché des téléchargements légaux de musique. Non seulement Apple est en train de créer un océan bleu dans le domaine de l'enregistrement numérique, mais il rend encore plus attractif son lecteur iPod, qui avait déjà le vent en poupe. À mesure que d'autres magasins en ligne sautent dans le train en marche, le défi, pour Apple, sera de rester concentré sur le marché grand public, qui évolue sans cesse, et d'éviter les pièges du *benchmarking* compétitif ou de la focalisation de la seule clientèle haut de gamme.

On constate la même clairvoyance chez Cisco Systems, qui a su créer un nouvel espace stratégique en projetant dans le futur une tendance nette et irréversible : le besoin grandissant de services d'échange de données rapide. Ayant bien étudié la situation du moment, les stratèges de Cisco ont conclu que notre société souffrait de la lenteur de transmission des données et de l'incompatibilité des différents réseaux informatiques. La demande était pourtant en pleine explosion, comme le montrait, entre autres, le doublement du nombre d'internautes à peu près tous les cent jours. On voyait bien, chez Cisco, que le problème ne pouvait que s'aggraver. L'entreprise a donc décidé de mettre au point des routeurs, commutateurs et autres équipements qui offrent une véritable percée à l'utilisateur : l'échange de données rapide dans un environnement de réseaux transparent. Son intuition était autant affaire d'innovation-valeur que de progrès technologique. Aujourd'hui, plus de 80 % de tout le trafic sur Internet transite par les produits de Cisco, dont les marges bénéficiaires sur ce nouveau marché se situent autour de 60 %.

Une multitude d'autres entreprises ont abouti elles aussi à des océans bleus en suivant la piste n° 6. Songez à CNN qui, surfant sur la vague de la mondialisation, a créé le premier service international d'information fonctionnant en temps réel et vingt-quatre heures sur vingt-quatre. Ou à HBO, dont la série à grand succès *Sex and the City* a fait écho aux préoccupations d'un profil social de plus en plus courant : la jeune citadine instruite et bien installée dans sa vie professionnelle, mais toujours à la recherche de l'âme sœur.

Quelles tendances actuelles vous semblent irréversibles, orientées dans un sens clair et susceptibles d'influencer l'avenir de votre secteur d'activité ? En quoi cette influence consisterait-elle ?

Et comment en profiter pour offrir au client une utilité sans précédent ?

Imaginer de nouveaux espaces stratégiques

Une réflexion transversale qui ignore les limites habituelles du champ compétitif peut vous entraîner vers des avancées stratégiques ; leur effet est souvent de bousculer les idées reçues, de redessiner les frontières entre secteurs d'activité et de créer des océans bleus. Une réserve cependant. Il ne s'agit pas de pronostiquer les mutations économiques à venir, encore moins de les devancer. Il ne faut pas non plus se livrer à des expériences sans fin ni donner carte blanche à tous les cadres qui prétendent avoir des éclairs de génie. Le dirigeant doit au contraire entamer un effort rigoureux et soutenu pour recomposer les réalités du

	Concurrence frontale		Création d'océans bleus
Secteur d'activité	Priorité aux rivaux au sein du secteur	→	Exploration des alternatives présentes sur le marché
Groupe stratégique	Priorité à la position au sein du groupe stratégique	→	Exploration des différents groupes stratégiques du secteur
Groupe d'acheteurs	Priorité au soin apporté au groupe d'acheteurs choisi	→	Redéfinition du groupe d'acheteurs à cibler
Ampleur de l'offre	Priorité à l'optimisation de l'offre dans les limites du secteur	→	Exploration d'offres complémentaires
Contenu fonctionnel/ affectif	Priorité à l'amélioration du rapport prix-performance dans le cadre du contenu fonctionnel/affectif du secteur	→	Interrogation sur le contenu fonctionnel/affectif du secteur
Horizons temporels	Priorité à l'adaptation au fur et à mesure aux tendances extérieures	→	Rôle actif dans la détermination des tendances extérieures

Figure 3.5 : De la concurrence frontale à la création d'océans bleus

marché, pour les organiser sur des bases nouvelles. C'est cette refonte à partir d'éléments venus de secteurs et de marchés distincts qui permettra à l'entreprise de s'affranchir de la concurrence frontale. La Figure 3.5 résume les six pistes présentées dans ce chapitre.

Nous sommes prêts désormais à aborder le travail de planification stratégique sur la base de nos six pistes. Par la suite, nous verrons comment vous pouvez recadrer ce travail de manière à privilégier les questions de fond et à appliquer ces idées à la formulation de votre stratégie Océan Bleu.

Chapitre 4

DONNER LA PRIORITÉ AUX QUESTIONS DE FOND, PAS AUX CHIFFRES

Vous connaissez à présent les pistes qui conduisent aux océans bleus. Une nouvelle question se pose à ce stade : comment organiser votre planification stratégique pour donner la priorité aux problèmes globaux et dessiner, à partir de cette vision d'ensemble, le canevas stratégique de votre entreprise ? Ce n'est pas une mince affaire. Nos recherches font apparaître que la méthode de planification stratégique adoptée par la plupart des entreprises les condamne aux océans rouges – à une concurrence éternelle dans le cadre des espaces stratégiques existants.

Imaginons le plan stratégique type. Il commence par une longue description de l'état actuel du secteur d'activité et des forces compétitives en présence. Viennent ensuite des propositions pour gagner des parts de marché, s'implanter sur de nouveaux segments ou comprimer les coûts, suivies d'un résumé d'un certain nombre d'objectifs et d'initiatives de l'entreprise. Presque immanquablement, on y trouve aussi un budget complet, des graphiques mirobolants et un déluge de tableaux. Et pour couronner le tout, un gros document composé d'un fatras d'éléments fournis par des acteurs de différents services qui poursuivent souvent des buts contradictoires et qui communiquent mal entre eux. Quant aux dirigeants impliqués, ils passent l'essentiel du temps réservé à la réflexion stratégique à cocher des cases et à faire des simulations chiffrées au lieu de sortir des sentiers battus pour rechercher les possibilités de tourner le dos à la concurrence. Demandez donc à une entreprise de vous présenter son projet stratégique en quelques diapos seulement : vous obtiendrez difficilement une formulation claire et convaincante de l'orientation proposée.

Il n'est pas surprenant que si peu de plans stratégiques débouchent sur la création d'océans bleus ou même sur une mise en pratique : les dirigeants sont paralysés par la pagaille. Rares sont les salariés de base capables de vous dire en quoi consiste la stratégie de leur société. Pis, à y regarder de plus près, on découvre que la plupart des plans en question comportent, à la place d'une véritable stratégie, une simple collection de tactiques qui ont chacune leur justification mais qui, toutes réunies, ne dessinent pas une orientation claire et cohérente qui permettrait à l'entreprise de prendre congé de ses concurrents – ou tout simplement de s'en démarquer. Serait-ce à cela que ressemble le travail de planification stratégique dans votre entreprise ?

Cela nous amène au deuxième principe régissant la création d'océans bleus : priorité aux questions de fond, pas aux chiffres. Ce n'est qu'en appliquant ce principe qu'on peut atténuer le risque d'apprendre que tous les efforts consacrés à la planification n'auront donné en fin de compte qu'une série de manœuvres tactiques. La méthode que nous préconisons à la place des pratiques habituelles ne passe pas par la rédaction d'un document, mais par l'élaboration d'un canevas stratégique[1]. Elle produit invariablement des stratégies qui libèrent la créativité d'un large éventail de collaborateurs, qui révèlent l'existence d'océans bleus et qui ne posent aucun problème de compréhension ni de communication, clé de leur bonne exécution.

Priorité aux questions de fond

Notre travail de recherche et de conseil nous a appris que l'élaboration d'un canevas stratégique permet non seulement de visualiser la situation stratégique actuelle de l'entreprise, mais aussi d'envisager sa stratégie future. Quand un tel canevas est placé au cœur des efforts de planification, l'entreprise et ses dirigeants recentrent leur attention sur les questions de fond au lieu de se perdre dans un flot de chiffres, dans un jargon abscons ou dans des détails opérationnels[2].

Un canevas stratégique, nous l'avons dit, remplit trois fonctions. D'abord, il révèle le profil stratégique du secteur d'activité en explicitant les critères ou les facteurs (présents et futurs) qui régissent la concurrence sur ce marché. Ensuite, il montre le profil stratégique des acteurs actuels ou potentiels et indique les critères prioritaires. Enfin, il donne le profil stratégique – ou courbe de valeur – de l'entreprise en identifiant les critères sur lesquels elle se concentre et les possibilités de les aborder différemment à l'avenir. Comme nous l'avons vu au Chapitre 2, un profil stratégique à fort potentiel de création d'océans bleus réunit trois qualités complémentaires : focalisation, divergence et slogan percutant. Si ces trois qualités n'apparaissent pas clairement au vu du profil stratégique de l'entreprise, sa stratégie risque d'être embrouillée, faiblement différenciée et difficile à communiquer. Gageons par ailleurs que son exécution sera coûteuse.

Élaborer votre canevas stratégique

Il n'est jamais facile d'élaborer un canevas stratégique. Même l'étape qui consiste à énumérer les principaux critères de concurrence ne va pas de soi. Nous verrons par la suite que la liste définitive est en général très différente de la première version.

L'évaluation des performances de votre entreprise et de vos compétiteurs par rapport à ces critères est également difficile. La plupart des cadres peuvent certes se prononcer sur une ou deux dimensions qui relèvent de leur compétence, mais ils ont rarement une vue globale de la dynamique qui anime leur secteur d'activité. Prenons l'exemple du directeur de la restauration d'une compagnie aérienne. Il portera sans doute une grande attention à la comparaison entre son entreprise et les autres transporteurs en matière de service à bord, mais ce souci exclusif risque de s'opposer à un travail d'appréciation cohérent : des différences décisives aux yeux de ce directeur peuvent n'avoir guère d'importance pour les clients, qui jugent chaque compagnie en fonction de l'ensemble de son offre. Certains dirigeants définissent les critères clés de leur activité sur la base des performances internes. Ainsi, le directeur informatique prisera les prouesses de son infrastructure dans le domaine du *data mining ;* le client, lui, ne s'intéresse qu'à la rapidité et à la facilité d'utilisation du système.

1. Éveil visuel	2. Exploration visuelle	3. Concours des canevas stratégiques	4. Communication visuelle
• Comparer votre entreprise à ses rivales en dessinant le canevas de votre stratégie existante. • Identifier les points à changer.	• Aller sur le terrain pour explorer les six pistes conduisant à la création d'océans bleus. • Noter les avantages particuliers d'offres alternatives de produits ou de services. • Identifier les critères à exclure, à créer ou à modifier.	• Dessiner le canevas de votre stratégie à venir sur la base de vos recherches sur le terrain. • Sonder vos clients, les clients de vos concurrents et les non-clients sur d'autres canevas possibles. • Profiter des opinions recueillies pour mettre au point la stratégie optimale.	• Diffuser une feuille unique mettant en regard vos deux profils stratégiques : avant et après. • Réserver votre soutien aux projets ou aux actions opérationnelles qui permettent de resserrer l'écart entre les deux et donc de réaliser la nouvelle stratégie.

Figure 4.1 : Les quatre étapes de la visualisation stratégique

Au cours de ces dix dernières années, nous avons développé une méthode rigoureuse d'élaboration et de discussion des canevas stratégiques qui ouvre la voie à la création de nouveaux espaces stratégiques, loin du jeu compétitif habituel. Un groupe de services financiers fondé il y a cent cinquante ans – appelons-le la Financière européenne (FE) – est l'une des entreprises ayant adopté cette méthode. Avec, à la clé, une hausse de 30 % du chiffre d'affaires dans le premier exercice d'application de la nouvelle stratégie. Notre méthode, qui s'appuie sur les six pistes présentées au Chapitre 3 et qui fait une large part à la stimulation visuelle pour éveiller la créativité, s'articule en quatre étapes (voir la Figure 4.1).

Étape n° 1 : l'éveil visuel

Une erreur courante consiste à parler de changements de stratégie avant d'avoir dépassé les divergences d'opinion sur l'état actuel de la concurrence. En outre, beaucoup de dirigeants rechignent à reconnaître la nécessité de changer, soit parce qu'ils profitent du système existant, soit parce qu'ils sont convaincus que l'avenir finira par leur donner raison. Nombre de ceux que nous avons interrogés soulignent justement qu'il faut un patron très déterminé ou une crise grave pour lancer l'entreprise sur le chemin des transformations importantes et des océans bleus.

Heureusement, nous avons trouvé que le simple fait de tracer la courbe de valeur de leur stratégie permet souvent aux dirigeants de prendre conscience de la nécessité d'un changement de cap. C'est comme un avertissement qui incite à remettre en question les choix du passé. Telle a été l'expérience de la FE, groupe depuis longtemps prisonnier d'une stratégie peu définie et mal communiquée. Les responsables de ses filiales nationales supportaient très mal ce qu'ils considéraient comme l'arrogance de la direction générale, dont la philosophie se résumait, selon eux, à cette maxime : « À vous les risques, à nous la réflexion. » En raison de ce conflit, la FE avait encore plus de mal à affronter ces problèmes d'orientation. Mais il était indispensable d'aboutir à une analyse commune de sa situation actuelle avant de pouvoir mettre au point une nouvelle stratégie.

La FE a commencé par réunir plus de vingt dirigeants de ses différentes filiales en Europe, en Amérique du Nord, en Asie et en Australie et les répartir entre deux équipes. À la première, elle a assigné la tâche de dessiner la courbe de valeur correspondant au profil stratégique du groupe dans son activité traditionnelle – gestion des opérations sur devises des grandes entreprises – par rapport au profil de ses concurrents. La seconde équipe a eu à faire de même, mais pour le nouveau domaine des opérations de change sur Internet. Temps imparti : quatre-vingt-dix minutes. Le raisonnement étant que si la FE avait en effet une stratégie claire, elle ne pouvait qu'apparaître rapidement.

Ce fut une expérience bien pénible. Comment définir un critère de concurrence ? Et quels critères comptaient dans le cas de la FE ? Le débat sur ces points a été très vif au sein des deux équipes. Les critères mis en avant variaient apparemment selon la région de l'intervenant ou même le segment de marché considéré. Ainsi, les Européens insistaient sur l'importance de compléter leur activité traditionnelle par des services de conseil sur la gestion du risque, compte tenu de l'aversion au risque qu'ils percevaient chez leurs clients. Les Américains, eux, écartaient cette considération d'un revers de main et soulignaient à la place les vertus de la rapidité et de la facilité d'utilisation. Certains participants parlaient de leur dada personnel, sans rencontrer le moindre écho dans la salle. Un membre de l'équipe Internet a notamment soutenu que les clients seraient séduits par la promesse d'obtenir la confirmation instantanée de toutes leurs transactions – prestation dont personne d'autre ne voyait la nécessité.

En dépit de ces difficultés, les équipes ont pu remplir leur mission et présenter leurs dessins à l'ensemble des participants.

Les résultats, repris aux Figures 4.2 et 4.3, révèlent très clairement les défauts de la stratégie poursuivie. L'une et l'autre courbe de valeur – activité traditionnelle et activité sur Internet – font apparaître un manque notable de focalisation : dans les deux cas, l'entreprise « mettait le paquet » sur tout un éventail hétéroclite

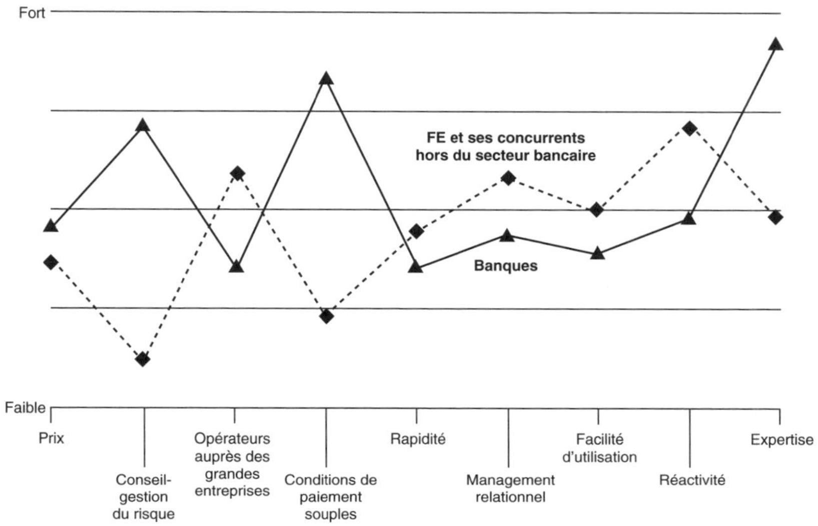

Figure 4.2 : Le canevas stratégique de la gestion du change traditionnelle pour grandes entreprises

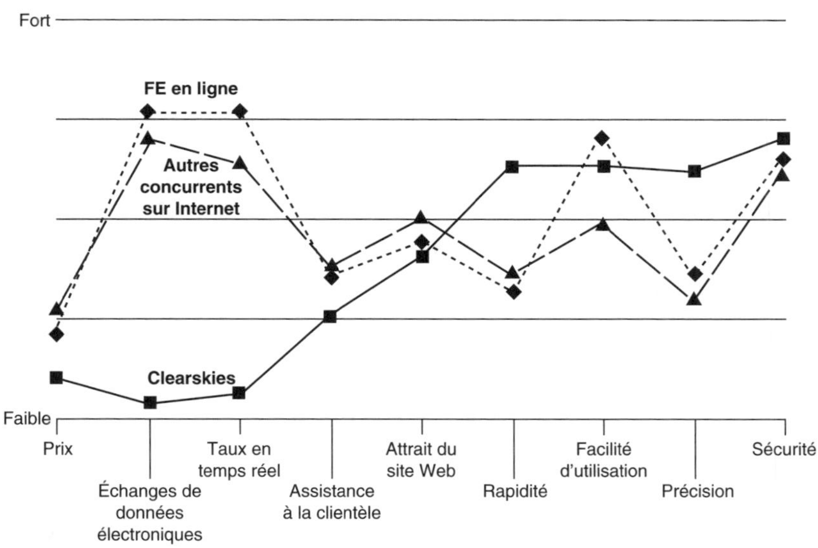

Figure 4.3 : Le canevas stratégique de la gestion du change sur Internet

de critères. Qui plus est, ses courbes ressemblaient fortement à celles de ses concurrents. Il n'est pas étonnant qu'aucune des deux équipes n'ait su formuler un slogan mémorable qui s'appliquerait à sa courbe de valeur.

Par ailleurs, on y voit un certain nombre de contradictions. L'activité sur Internet avait beaucoup investi pour faciliter la vie au client internaute – ce qui lui avait même valu des prix –, mais les participants à l'exercice se sont bien rendu compte que le critère de la rapidité n'avait guère été privilégié. Le site Web de la FE était parmi les plus lents de son secteur. Cela pouvait expliquer pourquoi un site aussi admiré avait autant de mal à attirer des clients potentiels puis à les conduire jusqu'à des transactions.

Les chocs les plus brutaux sont peut-être venus de la comparaison entre la FE et ses concurrents. L'équipe travaillant sur l'activité sur Internet s'est aperçue que son plus grand rival, désigné ici sous le nom de Clearskies, avait une stratégie ciblée, originale et facilement communicable. « Notre devise : des devises en un seul clic », voilà son slogan. Cette entreprise en pleine expansion s'éloignait rapidement de l'océan rouge.

Devant des signes aussi nets d'insuffisance, les responsables réunis ce jour-là ne pouvaient plus défendre une stratégie qu'ils avaient eux-mêmes trouvée faible, peu originale et mal communiquée. L'exercice du canevas stratégique avait souligné l'urgence d'un changement avec une acuité qu'aucun argument fondé sur des chiffres et des mots n'aurait pu égaler. C'est à partir de là qu'un vif désir de repenser entièrement la stratégie du groupe s'est manifesté au sommet de l'entreprise.

Étape n° 2 : l'exploration visuelle

Entendre l'avertissement n'est toutefois que la première étape. Il faut ensuite expédier une équipe sur le terrain pour placer les cadres face aux problèmes à démêler : les raisons qui poussent des individus à utiliser ou à ne pas utiliser les produits ou les services de l'entreprise. De l'évidence même ? Nous avons pourtant constaté que les dirigeants ont tendance à « sous-traiter » cette dimension de leur travail : ils s'appuient sur des rapports rédigés par d'autres (parfois assez éloignés de l'univers qu'ils prétendent analyser).

Or une entreprise ne doit jamais sous-traiter son effort visuel. Rien ne remplacera jamais ce qu'on voit de ses yeux. Les grands artistes ne peignent pas leurs tableaux à partir de descriptions qui leur sont faites ni même de photos : ils tiennent à voir le sujet eux-mêmes. Il en va de même des grands stratèges. Michael Bloomberg, avant d'être élu maire de New York, a été salué comme un visionnaire pour avoir compris que les services d'information financière devaient aussi fournir les outils analytiques nécessaires pour exploiter intelligemment l'information. Mais il serait le premier à reconnaître que cette idée aurait dû sauter aux yeux de quiconque avait observé les opérateurs se servant de Reuters ou de Dow Jones Telerate. Avant Bloomberg, ces derniers utilisaient crayon, papier et calculette pour noter les cotations et calculer la juste valeur des différents instruments. Non seulement ce travail fastidieux dont dépendaient leurs conseils d'achat ou de vente leur coûtait du temps et donc de l'argent, mais il n'était pas sans risque d'erreurs.

Des intuitions stratégiques de cette qualité sont moins affaire de génie que de la volonté d'aller sur le terrain et de contester les frontières compétitives établies[3]. Dans le cas de Bloomberg, la percée a été possible grâce à un changement de cible : il ne s'agissait plus de viser les acheteurs de matériel informatique, mais les utilisateurs – opérateurs et analystes financiers. C'est ainsi que Michael Bloomberg a vu ce que les autres ne voyaient pas[4].

À l'évidence, une première halte chez le client s'impose. Mais il ne faut pas en rester là, car vous devez aussi vous adresser aux non-clients[5]. Et quand l'acheteur n'est pas l'utilisateur final, il est indispensable d'élargir le champ de votre réflexion pour y intégrer ce dernier, comme l'a fait Bloomberg. Il faut non seulement discuter avec l'utilisateur, mais aussi l'observer au travail. Répertorier les produits et les services complémentaires dont il se sert à côté des vôtres peut vous conduire vers des possibilités de groupage. Un exemple : beaucoup de parents doivent engager une baby-sitter s'ils veulent aller au cinéma le soir. Kinepolis, grand exploitant de cinéma en Europe, a découvert que proposer un service de garde d'enfants permettait d'augmenter la fréquentation des salles. Enfin, il est important d'imaginer les autres moyens à la disposition de vos clients pour satisfaire le même besoin que votre produit prétend satisfaire. La voiture, nous l'avons vu, est une solution qui peut dans certains cas faire concurrence à l'avion. D'où l'utilité d'analyser ses avantages et ses caractéristiques.

La Financière d'Europe (FE) a demandé à ses cadres de passer quatre semaines sur le terrain pour explorer les six pistes pouvant mener à la création d'océans bleus[6]. Chacun a eu pour mission d'interroger et d'observer dix personnes du domaine des opérations sur devises pour grandes entreprises : clients perdus, nouveaux clients, clients des concurrents de la FE et des solutions alternatives. Les participants se sont par ailleurs aventurés au-delà des frontières traditionnelles du secteur pour s'intéresser à des sociétés qui ne confiaient pas encore la gestion de leurs opérations de change à une banque mais qui pourraient le faire à l'avenir, comme Amazon.com ou d'autres acteurs sur Internet ayant une présence internationale. Ils se sont entretenus avec des utilisateurs finaux : responsables de la comptabilité et de la trésorerie des entreprises. Enfin, ils ont examiné des produits et des services auxiliaires utilisés par leurs clients, notamment des services de gestion de trésorerie et des simulations de cours.

Les recherches effectuées sur le terrain ont démenti bon nombre des conclusions que les cadres de la FE avaient tirées de la première étape de leur travail. Les responsables de la relation globale avec le client – que tout le monde jugeait indispensables et qui étaient source d'une grande fierté pour la FE – se sont notamment avérés le talon d'Achille de l'entreprise. Les clients n'aimaient pas du tout passer par eux : à leurs yeux, ces « responsables » n'avaient d'autre fonction que de garder le compte à tout prix, puisque la FE ne tenait pas ses engagements.

Les participants ont découvert avec étonnement que la clientèle tenait par-dessus tout à obtenir rapidement confirmation de leurs opérations, facteur jusque-là souligné par un seul des cadres présents. Ils ont constaté que les comptables de leurs clients perdaient un temps considérable à téléphoner pour vérifier que les versements avaient bien été faits et savoir quand les sommes en question apparaîtraient sur leur compte. Les clients recevaient fréquemment des coups de téléphone sur le même sujet et devaient en plus consacrer du temps à appeler l'établissement qui s'occupait de leurs opérations sur devise, autrement dit, la FE ou l'un de ses rivaux.

Les deux équipes de la FE ont donc été renvoyées à la case départ, mais cette fois-ci avec une mission différente : proposer une stratégie nouvelle. Chaque équipe a eu pour tâche de dessiner six nouvelles courbes de valeur à l'aide des six pistes expliquées au Chapitre 3. Chaque nouvelle courbe devait représenter une stratégie qui permette à l'entreprise de sortir du lot. Par cette démarche, nous espérions inciter les participants à un sursaut de créativité qui ferait tomber les limites de leurs habitudes mentales.

Chaque courbe devait en outre se prolonger par un slogan percutant qui résume le sens de la stratégie et qui frappe les imaginations. Voici trois des propositions reçues : « Nous nous occuperons de tout », « Rendez-moi plus intelligent » et « Le change en toute confiance ». L'esprit d'émulation qui s'est développé entre les deux équipes a fait de cet effort une activité à la fois agréable et très dynamique qui impulsait les participants vers la découverte d'océans bleus.

Étape n° 3 : le concours des canevas stratégiques

Après quinze jours passés à dessiner et à redessiner les courbes de valeur, les deux équipes ont dévoilé leur canevas stratégique lors d'une journée que nous avons appelée le *concours des canevas stratégiques*. Il y avait, parmi les invités, des représentants de la direction générale du groupe, mais surtout des figures du monde extérieur que les membres des deux équipes avaient rencontrées sur le terrain : non-clients, clients de concurrents et certains des clients les plus exigeants de la FE. En deux heures, les deux équipes, l'une Internet et l'autre « traditionnelle », ont présenté chacune six courbes. La présentation de chaque courbe était limitée à dix minutes, car une offre, avons-nous raisonné, qui prend plus de dix minutes à expliquer risque d'être trop compliquée pour être utilisable. Les dessins ont été accrochés aux murs pour permettre aux participants et aux invités de les examiner.

À la suite des présentations, chaque juré (choisi parmi les invités) a reçu cinq Post-it qu'il devait coller à côté de ses courbes préférées, ou même tous les cinq à côté d'une seule courbe s'il le souhaitait. La transparence et l'immédiateté de cette méthode l'ont mis à l'abri des jeux de pouvoir qui semblent peser sur tant d'efforts de planification stratégique. Les membres des équipes avaient pour seules armes la clarté et l'originalité de leurs courbes et de leurs argumentaires. L'un d'eux a en effet débuté par ces mots : « Nous avons développé une stratégie tellement astucieuse que vous ne serez bientôt plus nos clients ; vous serez nos fans ! »

Une fois les Post-it collés, les jurés ont eu à expliquer leurs choix et à préciser les raisons qui les avaient poussés à rejeter les autres courbes présentées. Leurs explications ont encore enrichi le travail d'élaboration stratégique.

La synthèse progressive des avis exprimés a entraîné les équipes vers une nouvelle découverte : un bon tiers des critères qu'elles avaient considérés comme prioritaires paraissaient tout à fait secondaires aux clients ; un autre tiers avait été mal formulé ou carrément oublié à l'étape de l'éveil visuel. De toute évidence, il fallait remettre en cause plusieurs idées reçues, dont le principe de la séparation entre activité sur Internet et activité classique, jusque-là appliquée par l'entreprise.

Les équipes ont par ailleurs appris que les acheteurs opérant sur tous les marchés avaient en commun un ensemble de besoins et d'exigences en matière de service. Du moment que ces besoins étaient satisfaits, les clients renonceraient allègrement à tout le reste. Quant aux différences régionales, elles ne prenaient de l'importance que lorsque l'offre de base posait des problèmes. C'était là une révélation pour beaucoup de participants, qui avaient insisté sur les spécificités de leur région.

À l'issue de ce concours, les équipes étaient enfin en mesure de mener à terme leur mission. Elles ont produit une courbe de valeur qui résumait mieux que toute tentative précédente le profil stratégique existant de l'entreprise, en partie parce que la distinction artificielle entre activité sur Internet et activité traditionnelle avait été abandonnée. Surtout, les participants pouvaient désormais élaborer une stratégie nouvelle qui serait source de différenciation en même temps qu'elle répondait à un besoin réel mais auparavant caché. La Figure 4.4 met en relief les divergences frappantes entre la stratégie présente et la stratégie future de la FE.

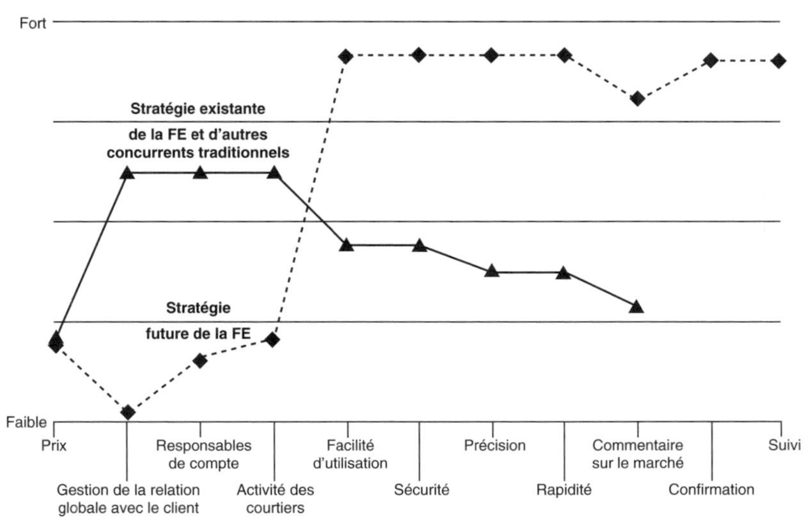

Figure 4.4 : La FE : avant et après

Comme on le voit bien, la nouvelle stratégie de la FE excluait entièrement la gestion de la relation globale avec le client et limitait le champ d'intervention des responsables de compte aux seuls clients « AAA ». Ce changement a réduit de façon spectaculaire les coûts de l'entreprise, puisque les salaires des responsables de compte et de la relation globale étaient la composante la plus onéreuse de son activité. La nouvelle stratégie mettait au premier plan la facilité d'utilisation, la sécurité, la précision et la rapidité. Ces avantages étaient rendus possibles par l'informatisation, qui permettrait aux clients d'introduire directement des données au lieu de devoir envoyer un fax à la FE.

Encore mieux, les courtiers intervenant pour le compte des entreprises ne devaient plus consacrer autant de temps à la paperasserie ou à la correction d'erreurs. Ils pouvaient désormais étoffer leurs commentaires sur le marché, facteur clé de réussite. Par le biais d'Internet, le client allait recevoir la confirmation automatique de toutes les opérations effectuées. En plus, la FE comptait mettre sur pied un service de suivi des mouvements de fonds calqué sur le suivi des expéditions assuré par FedEx ou UPS. Le secteur des opérations de change n'avait jamais proposé auparavant des services comparables. La Figure 4.5 résume les quatre actions entreprises par la FE pour innover en matière de création de valeur, clé de voûte de toute stratégie Océan Bleu.

La nouvelle courbe de valeur remplissait tous les critères d'une bonne stratégie. Elle était nettement plus focalisée que son prédécesseur : les investissements décidés s'appuyaient sur un engagement particulièrement ferme. Elle se démarquait également des courbes de valeur conformistes typiques du secteur et se prêtait à un slogan bien parlant : « Le FedEx des opérations sur devises : facilité, fiabilité, rapidité et suivi ». Grâce à la fusion des deux offres jusque-là distinctes – activité sur Internet et activité traditionnelle –, la FE a grandement réduit la complexité opérationnelle de son modèle économique et favorisé de la sorte l'exécution systématique des tâches.

Exclure Gestion de la relation globale avec le client	**Renforcer** Facilité d'utilisation Sécurité Précision Rapidité Commentaire sur le marché
Atténuer Activité des responsables de compte Activité des courtiers	**Créer** Confirmation Suivi

Figure 4.5 : La matrice exclure-atténuer-renforcer-créer : l'exemple de la FE

Étape n° 4 : la communication visuelle

Une fois la stratégie future définie, la dernière étape consiste à la communiquer au personnel dans un langage aisément compréhensible. La FE a largement distribué le dessin montrant l'avant et l'après pour permettre à chaque salarié de comprendre où en était le groupe et les domaines qu'il devait privilégier pour avancer vers un avenir plein de promesses. Armés du dessin, les cadres supérieurs ayant participé à l'élaboration de la nouvelle stratégie ont tenu des réunions avec leurs subordonnés immédiats pour leur expliquer pas à pas les éléments à exclure, à atténuer, à renforcer ou à créer. Ces personnes ont à leur tour transmis le message au niveau hiérarchique au-dessous. Les salariés ont été tellement séduits par la clarté de la démarche proposée que beaucoup ont épinglé le dessin à un mur de leur bureau pour avoir constamment sous les yeux un rappel des nouvelles priorités de la FE et des écarts à combler.

Le nouveau dessin est donc devenu le point de référence de toutes les décisions d'allocation de ressources. À partir de là, seules les idées qui contribueraient à la transition de l'ancienne à la nouvelle courbe de valeur recevaient le feu vert. Ainsi, lorsqu'un bureau régional demandait au service informatique d'ajouter des liens au site Web – demande à laquelle les informaticiens auraient autrefois accédé sans discussion –, il devait préalablement expliquer en quoi cette modification rapprocherait l'entreprise du nouveau profil adopté. Si l'explication n'était pas convaincante, les informaticiens rejetaient la requête dans un souci d'éviter la moindre confusion sur le site. De même, quand ce même service informatique proposait un coûteux système de gestion du *back-office* à la direction du groupe, la capacité du système à épouser les nouvelles exigences stratégiques était le principal critère utilisé pour l'évaluer.

La visualisation à l'échelle du groupe

La visualisation de la stratégie peut aussi renforcer le dialogue entre les différentes unités de l'entreprise ainsi qu'entre celles-ci et la direction générale et, par là, le passage de l'océan rouge à l'océan bleu. Lorsque les unités se présentent les unes aux autres leur canevas stratégique, elles développent leur compréhension des autres activités constituant le portefeuille de l'entreprise. Qui plus est, ces échanges favorisent la généralisation des meilleures pratiques.

Utilisation du canevas stratégique

Samsung a utilisé en 2000 des canevas stratégiques lors des journées du groupe, qui ont réuni plus de soixante-dix cadres supérieurs, dont le PDG. Les directeurs d'unité ont présenté chacun leur canevas et leur plan de mise en œuvre. Dans le cadre d'une discussion très animée, plusieurs de ces directeurs ont affirmé que leur unité n'avait pas la latitude nécessaire pour formuler de nouvelles stratégies en raison de la forte concurrence régnant sur le marché. Ceux qui affichaient des performances médiocres s'estimaient peu ou prou obligés de s'aligner sur les offres de leurs compétiteurs. Mais cette hypothèse a été infirmée par le canevas stratégique présenté par l'une des entités les plus dynamiques du groupe coréen : la téléphonie mobile. Celle-ci, qui avait une courbe de valeur originale, devait en effet affronter la concurrence la plus âpre qui soit.

Samsung a donné un caractère permanent à cette utilisation des canevas stratégiques en fondant en 1998 le centre VIP (Value Innovation Program). Des équipes transversales (composées de participants des différentes unités et des différents métiers) s'y réunissent pour discuter de leurs projets stratégiques, le plus souvent à partir d'une analyse des canevas stratégiques.

Grâce aux connaissances accumulées sur l'innovation-valeur et fort de ses vingt salles de projet, le centre VIP aide les unités du groupe à prendre des décisions sur la nature de leur offre. En 2003, il a vu la mise au point de plus de quatre-vingts projets et contribué à l'établissement d'une dizaine de centres VIP annexes pour répondre à la demande croissante des unités du groupe. Le téléviseur Samsung à écran à cristaux liquides de 40 pouces, lancé en décembre 2002 et leader sur son marché, est justement le fruit des efforts d'une équipe de projet qui y a travaillé quatre mois durant au centre. Même origine pour le SGH T-100, le téléphone mobile qui, avec plus de 10 millions de terminaux vendus, occupe la première place au monde.

Depuis 1999, Samsung organise tous les ans des « journées de l'innovation-valeur », présidées par sa direction générale au grand complet. C'est l'occasion de faire connaître les projets les plus appréciés à l'aide de présentations et d'expositions ; les meilleurs peuvent même remporter des prix. Le but de l'opération est de forger un langage commun, de développer une vraie culture d'entreprise et de diffuser des normes en matière de stratégie qui impulsent le portefeuille du groupe vers les océans bleus[7].

Et dans votre entreprise ? Les directeurs d'unité sont-ils peu au courant de l'activité des autres unités ? Vos meilleures pratiques en matière d'élaboration stratégique ont-elles du mal à circuler entre services, entre métiers, entre entités ? Vos unités les plus faibles invoquent-elles systématiquement l'âpreté de la concurrence pour expliquer leurs contre-performances ? Si vous répondez par l'affirmative ne serait-ce qu'à une seule de ces questions, essayez de dessiner le canevas stratégique de chacune de vos unités puis de montrer le résultat autour de vous.

Utilisation de la carte PMS (pionnier-migrateur-sédentaire)

La visualisation peut également aider les dirigeants chargés de la mise au point de stratégies à prévoir et à préparer l'évolution du chiffre d'affaires et des marges bénéficiaires de l'entreprise. Parmi les sociétés examinées au cours de nos recherches, toutes celles qui ont réussi à créer un nouveau marché ont joué un rôle de pionnier dans leur métier, pas forcément sur le plan technologique, mais en faisant reculer les frontières de leur offre au client. Il convient d'ailleurs de pousser plus loin cette image pour mieux saisir le potentiel de développement d'activités existantes ou futures.

Les *pionniers* d'une entreprise désignent les activités qui créent une valeur sans précédent. Ce sont ces activités qui ouvrent la voie vers les océans bleus, sont la plus grande source de croissance rentable et attirent une clientèle de masse. Sur le canevas stratégique, leur courbe de valeur s'écarte radicalement de celle de leurs concurrents. À l'autre extrémité de l'échelle se trouvent les *sédentaires*, ces activités dont la courbe de valeur correspond à la norme du secteur : ce sont des suiveurs. Les sédentaires apportent rarement une contribution notable à la croissance future de l'entreprise, tant ils sont prisonniers de l'océan rouge.

Enfin, les *migrateurs* se situent quelque part entre les deux autres. Ces activités améliorent la courbe de valeur de l'entreprise en donnant au client davantage pour moins, mais elles ne modifient pas sa forme fondamentale. Il y a bien création de valeur, mais pas d'innovation. Les stratégies de ces unités tombent donc entre l'océan rouge et l'océan bleu.

Un exercice utile pour toute équipe de direction soucieuse de croissance future consiste à représenter sur une carte PMS (pionnier-migrateur-sédentaire) son portefeuille présent et son portefeuille projeté. Dans ce cadre, on définit les sédentaires comme les suiveurs, les migrateurs comme les activités ayant une offre supérieure à la moyenne et les pionniers comme les seules qui ont gagné une clientèle de masse.

Si les deux portefeuilles sont composés essentiellement de sédentaires, c'est le signe d'une entreprise qui a une trajectoire de croissance modeste, qui reste pour la plupart bloquée dans les océans rouges et qui aurait besoin d'une forte poussée d'innovation-valeur. L'entreprise affiche peut-être des marges acceptables, puisque ses sédentaires continuent de rapporter, mais il y a gros à parier qu'elle est prise au piège du *benchmarking* obsessionnel, de l'imitation et de la guerre des prix.

Si les migrateurs ont une place importante dans les offres actuelles ou envisagées de l'entreprise, on peut certes s'attendre à une croissance satisfaisante. Mais l'entreprise ne tire pas suffisamment parti de son potentiel et elle risque de se trouver marginalisée par un concurrent qui privilégie l'innovation-valeur. L'expérience nous a montré que plus la population d'un secteur d'activité est constituée de sédentaires, plus il y a d'occasions de créer de nouveaux espaces stratégiques.

Cet exercice est particulièrement utile aux dirigeants qui veulent porter leur regard au-delà des performances du moment : chiffre d'affaires, marges bénéficiaires, parts de marché, satisfaction des clients. Car n'en déplaise aux stratèges traditionnels, ces données-là ne peuvent indiquer les voies de l'avenir dans un monde où tout bouge. La part de marché actuelle d'une entreprise est le résultat de ses performances passées. Or songeons un instant au bouleversement stratégique et à la redistribution des parts de marché qui se sont produits quand CNN a fait irruption dans l'univers de l'information aux États-Unis. Pour ABC, CBS et NBC – les trois chaînes historiques qui s'étaient longtemps partagé ce marché –, ce fut un coup terrible.

Les dirigeants ont donc tout intérêt à considérer la création de valeur et l'innovation comme les paramètres clés de la gestion de leur portefeuille d'activités. Sans innovation, l'entreprise reste prisonnière de la logique des améliorations compétitives. De même, il faut créer de la valeur, puisque les idées innovantes ne seront rentables que si elles correspondent à ce que recherchent les acheteurs.

À l'évidence, la tâche primordiale des dirigeants à l'égard de leur futur portefeuille est de chercher à faire pencher la balance en faveur des pionniers : c'est cela la voie de la croissance rentable. La carte PMS de la Figure 4.6 montre la dispersion des activités d'une entreprise. Entre le présent et l'avenir, le centre de gravité du portefeuille de douze activités, représentées par douze points, se déplace, la prépondérance des sédentaires laissant place à un « nuage » dans lequel les migrateurs et les pionniers sont mieux représentés.

Mais les dirigeants qui s'attellent à cette tâche ne doivent jamais oublier que les sédentaires, en dépit de leur faible potentiel de développement, sont souvent une bonne source de revenus immédiats. Dans le cas des pionniers, c'est l'inverse : au départ, ils consomment plutôt des ressources à mesure qu'ils montent en régime. Tout l'art du dirigeant consiste donc à composer son portefeuille d'activités de manière à obtenir le bon équilibre entre croissance à long terme et rentrées à court terme.

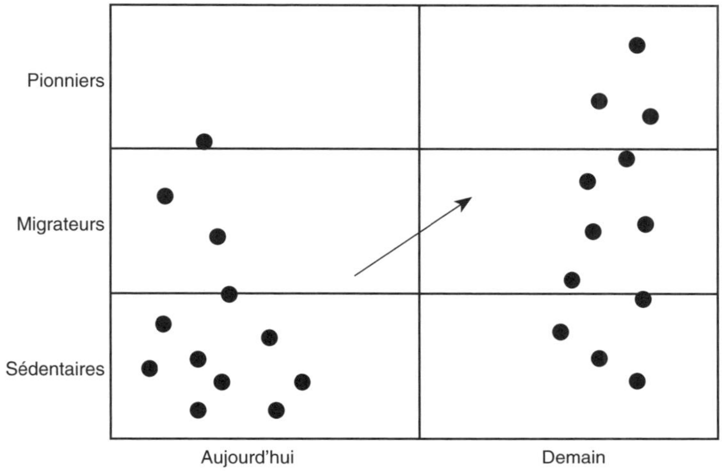

Figure 4.6 : Test du potentiel de croissance d'un portefeuille d'activités

Au-delà des limites de la planification stratégique

On entend souvent des dirigeants se plaindre plus ou moins ouvertement de la planification stratégique – le cœur même du travail du stratège. Selon eux, cette activité devrait reposer davantage sur l'accumulation d'un savoir collectif que sur l'élaboration de plans, qu'elle se fasse au sommet ou à la base de l'entreprise. Ils voudraient privilégier la discussion plutôt que la seule rédaction de documents, l'acquisition d'une vue d'ensemble plutôt que le simple alignement de chiffres. La planification stratégique, affirment-ils, est affaire de créativité tout autant que d'analyse ; elle demande une forte motivation – et donc l'investissement volontaire des acteurs – alors qu'on se contente généralement de solutions négociées qui, elles, ne suscitent qu'un engagement conditionnel. Mais en dépit de cette soif de changement, on constate aujourd'hui un déficit de réflexion sur le développement d'une autre conception de la planification stratégique. Il s'agit pourtant de la tâche la plus fondamentale du management : non seulement elle s'impose à toutes les entreprises du monde ou presque, mais elle exige souvent plusieurs mois par an de travail éreintant.

L'organisation de ce travail autour d'un dessin permet de tenir compte de bon nombre des objections soulevées par les dirigeants ; qui plus est, elle donne de meilleurs résultats. Comme l'a si bien dit Aristote : « L'âme ne pense jamais sans l'aide d'images. »

La planification stratégique ne se résume pas, bien entendu, à la réalisation d'un canevas et d'une carte PMS. À un certain moment, il faut rassembler chiffres et documents et en débattre. Mais les dirigeants seront mieux à même de maîtriser les détails de cet effort s'ils commencent par poser les bonnes questions de fond, qui concernent la manière de s'affranchir de la concurrence. La méthode de visualisation proposée ici redonne à la planification stratégique sa vraie portée stratégique. C'est pour cela qu'elle améliorera vos chances de créer un océan bleu.

Comment agrandir au maximum cet océan ? Nous chercherons dans le prochain chapitre à répondre à cette question.

Chapitre 5

VISER AU-DELÀ DE LA DEMANDE EXISTANTE

Aucune entreprise désireuse de quitter les océans rouges ne veut finir dans une simple flaque d'eau. La question à se poser est donc la suivante : comment créer l'océan bleu le plus vaste possible ? Ce qui conduit tout droit à notre troisième principe : la nécessité de viser au-delà de la demande existante. C'est là une des clés de l'innovation-valeur. Dès lors qu'on se constitue une demande globale suffisante, les risques liés à l'échelle qu'entraîne la création d'un nouveau marché s'atténuent.

Pour y parvenir, il faut commencer par rompre avec deux pratiques consacrées : la tendance à privilégier les clients existants, et la segmentation de plus en plus poussée comme réponse à la diversité des acheteurs. La plupart des entreprises s'attachent, bien sûr, à retenir leur clientèle actuelle et à l'élargir peu à peu. C'est dans cette optique qu'elles opèrent une segmentation de plus en plus fine du marché et qu'elles proposent des solutions de plus en plus spécifiques à chaque segment identifié. En règle générale, plus la concurrence est rude et plus cette tendance au sur mesure s'affirme. L'ennui, c'est que l'entreprise risque de se retrouver avec une multiplication de créneaux trop exigus…

... à moins de procéder en sens inverse. Plutôt que de cibler ses clients, elle devrait avoir en tête ses non-clients. Et au lieu de se concentrer sur les différences entre acheteurs, il faudrait s'appuyer sur les éléments communs à toutes les préférences exprimées. Une telle démarche permet à l'entreprise de viser au-delà de la demande existante et d'accéder à une nouvelle masse de clients.

C'est exactement ce qu'a fait Callaway Golf. À une époque où les fournisseurs américains de matériel de golf s'escrimaient chacun à grignoter des parts de marché à leurs concurrents, les décideurs de Callaway ont suscité une demande nouvelle à partir de cette question : pourquoi tant d'amateurs de sport boudent-ils le golf ? Ce regard inhabituel a mis au jour un point commun à tous les non-joueurs : le geste fondamental du golf – frapper la balle – leur semblait trop difficile. La face des clubs étant de taille réduite, ce sport demandait une coordination main-œil extraordinaire, un long entraînement et une concentration intense. Bref, le golf n'était guère amusant pour le néophyte, et le temps nécessaire pour acquérir une bonne technique paraissait excessif.

C'est à partir de ce constat que Callaway a pu susciter une nouvelle demande pour son offre. La solution s'appelait Big Bertha, club dont la face agrandie facilitait le contact avec la balle. Ce nouveau driver a remporté un succès spectaculaire : non seulement il a permis l'adoption du golf par une multitude de non-clients ; il a également séduit les habitués. Il s'est avéré que, mis à part les professionnels, la plupart des golfeurs étaient découragés par la difficulté qu'ils avaient à améliorer leur performance, surtout leur capacité à bien taper à chaque fois dans la balle. Big Bertha les a donc aidés eux aussi à progresser.

Notons que, contrairement aux non-clients, les habitués avaient au fond accepté que le golf est un sport difficile. Cela ne leur plaisait sans doute pas, mais ils n'avaient jamais songé à remettre en question ce qui semblait être la règle du jeu. Plutôt que de s'en plaindre aux fabricants de matériel, ils avaient assumé la responsabilité de s'améliorer individuellement. Or c'est parce que les stratèges de Callaway ont pensé aux non-golfeurs et recherché les points communs entre clients – et pas leurs différences – qu'ils ont découvert le moyen de créer une demande nouvelle et de proposer un saut de valeur du point de vue de l'acheteur.

Sur quoi centrez-vous votre attention ? Sur la conquête du pourcentage le plus élevé des clients existants ou sur la transformation des non-clients en clients ? Recherchez-vous le dénominateur commun des différentes préférences des acheteurs, ou essayez-vous de satisfaire toutes ces préférences par le biais de la segmentation et du sur mesure ? Viser au-delà de la demande existante, c'est mettre les non-clients avant les clients, les points communs avant les différences, la désegmentation avant la poursuite ultérieure de la segmentation.

Les trois niveaux de non-clients

Peu d'entreprises réfléchissent sérieusement aux non-clients de leur secteur ou aux possibilités de les faire basculer dans le camp des clients, alors que ce pourrait être un puissant levier de croissance. Pour transformer cette demande potentielle en demande effective, il faut approfondir notre compréhension de l'univers des non-clients.

Il convient de distinguer trois cercles de non-clients qui pourraient être transformés en clients. C'est leur éloignement relatif par rapport à votre marché qui dicte cette répartition. Comme le montre la Figure 5.1, le premier cercle est celui des non-clients imminents, ceux qui se trouvent sur les marges de votre marché. Ils n'achètent que très ponctuellement, et uniquement par nécessité, les produits ou les services de votre secteur. Dans leur esprit, cependant, ils demeurent des non-clients qui attendent en quelque sorte le moment propice pour abandonner le bateau. Si, en revanche, on leur proposait un saut de valeur, non seulement ils resteraient, mais ils multiplieraient leurs achats. Une énorme demande latente deviendrait une réalité.

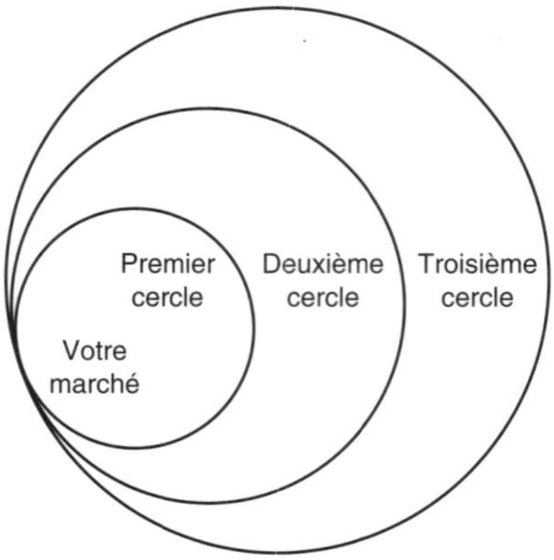

Premier cercle : les non-clients « imminents », situés sur les marges de votre marché et prêts à abandonner le bateau.
Deuxième cercle : les non-clients « anti », qui ont consciemment voté contre votre marché.
Troisième cercle : les non-clients « inexplorés », situés sur des marchés éloignés du vôtre.

Figure 5.1 : Les trois cercles de non-clients

Le deuxième cercle est constitué de ceux qui refusent l'offre de votre secteur. Ces non-clients « anti » qui, ayant envisagé cette offre comme moyen de satisfaire leurs besoins, ont fini par voter contre. Dans le cas de Callaway, ce seraient les amateurs de sport – de tennis, par exemple – qui auraient pu se mettre au golf mais qui ont délibérément choisi de ne pas le faire.

Le troisième cercle, le plus éloigné de votre marché, regroupe les non-clients inexplorés qui n'ont jamais pensé sérieusement à votre offre. Si vous réfléchissez aux points qu'ils ont peut-être en commun avec vos clients existants, vous aurez des chances de trouver une solution qui les attire vers vous.

Examinons une à une ces trois catégories pour voir par quel biais tous ces non-clients pourraient devenir vos clients.

Les non-clients imminents du premier cercle

Ces non-clients « imminents » sont ceux qui recourent de temps en temps aux offres existantes en attendant de trouver mieux. Comme ils sont prêts à tout moment à vous tourner le dos, on est fondé à dire qu'ils se trouvent sur les marges de votre marché. Un marché sur lequel le nombre des non-clients « imminents » est en augmentation s'enfonce peu à peu dans la stagnation. Et pourtant, ce premier cercle recèle une demande potentielle qu'il n'y a plus qu'à exploiter.

L'expérience de Pret A Manger, chaîne britannique de restauration rapide, est instructive à cet égard. Avant sa création en 1988, les cadres et les professions libérales des grandes villes européennes déjeunaient pour la plupart dans les restaurants classiques, qui proposaient une nourriture de qualité dans une ambiance agréable. Mais les rangs des non-clients futurs grossissaient de jour en jour. Dans un contexte où l'importance d'une alimentation saine était largement reconnue, de plus en plus de personnes se demandaient si c'était dans leur intérêt de manger aussi souvent au restaurant. Par ailleurs, cadres et membres des professions libérales n'avaient pas toujours le temps pour un repas complet. Enfin, certains restaurants n'étaient pas envisageables comme lieu de restauration quotidienne, en raison du prix des plats. Résultat : on voyait de plus en plus d'hommes et de femmes actifs qui avalaient un morceau sur le pouce en courant à un rendez-vous, qui apportaient leur casse-croûte au travail ou qui sautaient purement et simplement le déjeuner.

Ces non-clients du premier cercle étaient à la recherche de solutions plus satisfaisantes. Et en dépit de leur grande diversité, ils avaient trois points clés en commun : ils voulaient un repas rapide, sain et bon marché.

À partir de l'analyse de ces points de convergence, Pret A Manger a entrevu la possibilité d'exploiter cette demande latente. Sa formule est simple : d'excellents sandwichs confectionnés tous les jours à partir des ingrédients les plus recherchés, puis servis plus vite que dans un restaurant classique ou même que dans un établissement de restauration rapide. Le tout dans un cadre soigné et à des prix raisonnables.

Songez-y : en franchissant le seuil d'un restaurant de la chaîne, on a l'impression d'entrer dans un atelier art déco tout illuminé. Les murs sont bordés de rayons réfrigérés remplis de plus de trente sortes de sandwichs (prix moyen : de 4 à 6 dollars) faits le jour même, sur place, à partir d'ingrédients livrés dans la matinée. On peut également opter pour d'autres produits frais : salades, yaourts, jus de fruits fraîchement pressés, sushis... Chaque établissement a sa cuisine, et les articles autres que les produits frais sont fournis par des producteurs de qualité. Même dans les Pret A Manger de New York, les baguettes viennent de Paris, les croissants de Belgique et les pâtisseries danoises du Danemark. Et rien n'est reproposé le lendemain : tout produit non vendu dans la journée est offert aux centres pour SDF.

Mieux encore, Pret A Manger a su accélérer le processus du point de vue du client. Le cycle bien connu de la restauration rapide – faire la queue, commander, payer, attendre, recevoir sa commande, s'installer – a été remplacé par un cycle beaucoup plus court : jeter un œil, se servir, payer, partir. Les clients passent en moyenne quatre-vingt-dix secondes entre le moment où ils se mettent dans la file d'attente et le moment où ils quittent le magasin. Comment est-ce possible ? C'est que Pret A Manger prépare à l'avance de grands volumes de produits selon le procédé rationalisé de la chaîne de montage, ne fait rien sur commande et n'assure pas de service. Chaque client se sert comme au supermarché.

Ainsi, alors que les restaurants traditionnels doivent affronter une demande stagnante, Pret A Manger continue de transformer des masses de non-clients « imminents » en clients enthousiastes qui désormais vont plus souvent dans les établissements de la chaîne qu'ils n'allaient autrefois au restaurant. De plus, comme dans le cas de Callaway, même les grands habitués des restaurants classiques ont afflué massivement. Car ils se sont malgré tout retrouvés un peu dans les trois points communs à tous les non-clients « imminents » ; ils n'avaient tout simplement jamais songé à modifier leurs habitudes. Leçon à retenir : l'entreprise qui vise à créer un nouveau marché apprend généralement plus des non-clients que des clients existants et relativement contents.

Aujourd'hui, Pret A Manger vend plus de 25 millions de sandwichs par an dans ses 130 établissements au Royaume-Uni ; des magasins ont récemment été ouverts à New York et aussi à Hong Kong. Son chiffre d'affaires pour 2002 s'élevait à plus de 100 millions de livres (soit 146 millions d'euros). Il n'est pas étonnant que McDonald's ait pris une participation de 33 % dans le capital de l'entreprise.

Quelles sont les principales raisons qui poussent les non-clients du premier cercle à vouloir abandonner le bateau de votre secteur ? Recherchez le dénominateur commun de toutes leurs réactions, puis concentrez-vous sur lui plutôt que sur les différences relevées. Vous glanerez ainsi des renseignements précieux sur les moyens de désegmenter votre marché et de déchaîner un océan de demande inexploitée.

Les non-clients du deuxième cercle

Ce sont les non-clients « anti », ceux qui n'utilisent jamais les produits actuellement proposés par le secteur en question, soit parce qu'ils les jugent inacceptables, soit parce qu'ils ne peuvent se les permettre. Leurs besoins sont satisfaits par d'autres moyens… quand ils le sont. Mais en réalité, ce groupe constitue aussi un vaste océan de demande inexploitée.

Prenons l'exemple de JCDecaux. Avant que ce groupe français ne lance en 1964 le nouveau concept de « mobilier urbain », le secteur de la communication extérieure se résumait pour l'essentiel aux panneaux d'affichage et à la publicité dans les transports en commun. Les panneaux grand format se trouvaient généralement aux abords des villes ou le long de routes à circulation rapide ;

sinon, il y avait des publicités affichées sur les bus et les taxis. Dans un cas comme dans l'autre, il fallait saisir le message au vol, puisque son support – ou le public visé – était en mouvement.

La communication extérieure avait donc peu d'adeptes parmi les annonceurs. Les publicités n'étaient perçues que fugitivement par des personnes en transit, et le taux de renouvellement des passages était faible. Surtout, les entreprises peu connues doutaient de l'efficacité de ce mode d'affichage, qui présentait des informations trop sommaires pour pouvoir améliorer leur notoriété. Du coup, nombre d'entre elles renonçaient tout simplement à la communication extérieure, jugée peu payante ou audessus de leurs moyens.

Ayant identifié les points communs à l'ensemble de ces nonclients « anti », les décideurs de JCDecaux se sont rendu compte qu'il y avait une explication simple au peu de prestige et à la faible ampleur de leur secteur d'activité : l'absence de supports fixes dans les centres-villes. Qu'ont-ils découvert par la suite ? Que les municipalités en possédaient beaucoup, notamment les arrêts de bus, où les usagers restaient généralement pendant plusieurs minutes, ce qui leur donnait le temps de lire des publicités et d'être influencés par elles. Si ces équipements devenaient disponibles comme supports, raisonnait-on chez JCDecaux, l'entreprise pourrait transformer une masse de non-clients « de refus » en clients.

C'est ainsi qu'est née l'idée de fournir gratuitement un mobilier urbain aux municipalités, l'entretien étant compris dans la prestation. La direction de JCDecaux s'est dit que tant que les recettes de la vente d'espace publicitaire dépassaient confortablement le coût des équipements et de l'entretien, le groupe serait lancé sur une trajectoire de croissance forte et rentable. Elle a donc décidé de mettre au point un mobilier urbain comportant des emplacements pour la publicité.

Cette stratégie a donné lieu à une véritable percée : pour les non-clients du deuxième cercle, pour les municipalités et pour le groupe JCDecaux lui-même. Elle a mis fin aux coûts de mobilier urbain supportés traditionnellement par les communes. En contrepartie de ses produits et de ses services gratuits, JCDecaux a obtenu l'exclusivité de l'affichage sur les équipements de ce type dans les centres-villes. Le groupe est parvenu de la sorte à augmenter fortement la durée moyenne d'exposition du public et donc à améliorer le taux de mémorisation. Par ailleurs, cette exposition plus longue aux messages a permis de les enrichir et de les complexifier. Enfin, le groupe, étant responsable de l'entretien des équipements, pouvait aider les annonceurs à lancer leurs campagnes en deux ou trois jours seulement, alors qu'il faut compter une quinzaine de jours dans le cas d'une campagne sur les panneaux grand format.

Les non-clients « anti » ont répondu massivement à l'appel : le mobilier urbain est rapidement devenu le créneau de loin le plus dynamique de tout le marché de l'affichage publicitaire. Entre 1995 et 2000, les sommes consacrées à ce support de par le monde ont fait un saut de 60 %, contre 20 % pour le secteur de l'affichage dans son ensemble.

La durée des contrats signés avec les municipalités – de huit à vingt-cinq ans – a donné à JCDecaux des droits exclusifs d'affichage sur des périodes très longues. Après l'investissement initial, les coûts du groupe se limitaient pendant plusieurs années à l'entretien et au renouvellement du mobilier urbain. Les marges d'exploitation dans ce domaine pouvaient donc monter jusqu'à 40 %, contre 14 % pour les panneaux grand format et 18 % pour les publicités dans les transports en commun. Ces deux atouts – exclusivité et marges importantes – ont assuré un flux stable de revenus et de bénéfices. Grâce à ce modèle économique, JCDecaux a pu s'offrir un saut de valeur du même ordre que celui dont bénéficiaient ses clients annonceurs.

JCDecaux est aujourd'hui le premier fournisseur au monde d'espace publicitaire sur mobilier urbain, avec 283 000 panneaux installés dans trente-trois pays. Qui plus est, son intérêt pour les non-clients du deuxième cercle et les raisons de leur méfiance a entraîné une hausse de la demande pour des espaces extérieurs de la part des clients plus anciens du secteur. Ces derniers avaient jusque-là centré leur attention sur les lignes de bus ou les emplacements des panneaux grand format sur lesquels ils pouvaient espérer placer leurs publicités, ainsi que sur la durée des annonces et le prix à payer. Ils supposaient depuis toujours que c'étaient là les seuls supports à leur disposition, qu'ils n'avaient pas de choix en la matière. Encore une fois, ce sont les non-clients qui ont servi de révélateur des idées reçues – partagées par les acteurs du secteur et leurs clients – qu'il suffisait de contester pour pouvoir créer un saut de valeur pour tous les intéressés.

Et dans votre secteur d'activité ? Quelles sont les raisons qui détournent les non-clients du deuxième cercle des offres existantes ? Recherchez le dénominateur commun de toutes leurs réactions, puis concentrez-vous sur lui plutôt que sur les différences relevées. Vous gagnerez ainsi des renseignements précieux sur les moyens de déchaîner un océan de demande inexploitée.

Les non-clients du troisième cercle

Le troisième cercle englobe les non-clients les plus éloignés de la clientèle existante du secteur en question : les « inexplorés ». Dans la plupart des cas, aucune entreprise du secteur ne les a ciblés ni n'a même songé à les considérer comme des clients. Pourquoi ? Parce qu'on imagine depuis toujours que leurs besoins et les avantages commerciaux à en tirer relèvent en fin de compte d'autres marchés.

Beaucoup de patrons s'arracheraient les cheveux s'ils savaient combien de non-clients du troisième cercle leur échappent de cette façon. Il n'est que de penser à cette idée longtemps admise sans discussion : on ne peut se faire blanchir les dents que chez le dentiste. C'est pour cela que les fabricants de produits d'hygiène buccodentaire ont tant tardé à s'intéresser à ce problème. Quand ils l'ont fait, ils ont découvert l'existence d'une vaste demande inexploitée. Ils ont aussi appris qu'ils étaient parfaitement en mesure de proposer des produits de blanchiment sûrs, peu chers et de qualité irréprochable. Le marché a rapidement explosé.

Ce potentiel existe dans la plupart des secteurs d'activité. Considérons la construction aéronautique militaire aux États-Unis. Selon certains analystes, l'incapacité à maîtriser le coût des avions sera à long terme un des grands points faibles du système de défense américain[1]. L'effet conjugué de l'explosion des coûts et de la réduction des budgets, concluait un rapport du Pentagone de 1993, laisse les forces armées sans programme viable de remplacement de sa flotte vieillissante d'avions de chasse[2]. À moins de trouver un moyen de construction plus économique, avertissaient les auteurs, les États-Unis finiraient par ne plus avoir suffisamment d'appareils pour bien défendre leurs intérêts.

La Navy (marine de guerre), le Marine Corps (sa force d'intervention d'élite) et l'Air Force (armée de l'air) avaient autrefois chacun leur vision particulière du chasseur idéal, et c'est ainsi que chaque corps faisait construire ses propres avions en toute indépendance. La Navy tenait à avoir des appareils solides qui résistent au choc des appontages sur les porte-avions. Le Marine Corps, lui, voulait des avions expéditionnaires capables de décoller et d'atterrir en peu de temps. L'Air Force exigeait les avions les plus rapides et les plus perfectionnés.

Ces différences d'appréciation avaient longtemps été acceptées comme quelque chose de normal, si bien qu'on considérait que l'industrie aéronautique militaire était divisée en trois segments distincts et séparés. Or le programme du Joint Strike Fighter (JSF) a bousculé cette vision des choses[3]. Il a abordé ces trois segments comme trois catégories de non-clients « inexplorés » à fusionner au sein d'un nouveau marché d'avions de combat très performants mais moins coûteux à construire. Plutôt que d'accepter la segmentation existante et de modifier la conception des produits selon le cahier des charges et les desiderata de chaque corps des forces armées, il a remis en cause ces différences et recherché les points de convergence.

Il s'est avéré ainsi que les deux éléments les plus coûteux étaient dans les trois cas le même : l'avionique (les systèmes électroniques) et le réacteur. S'ils pouvaient être produits de façon unifiée et utilisés par les trois corps d'armée, on obtiendrait des réductions de coûts énormes. De plus, en dépit de la longue liste de caractéristiques spécifiques demandées par chacun des corps, la plupart des appareils remplissaient dans la pratique les mêmes missions.

L'équipe JSF a cherché à savoir combien de ces caractéristiques avaient une influence déterminante sur les décisions d'achat des trois corps. Fait curieux, ses interlocuteurs à la Navy évoquaient très peu de facteurs. Ils n'en retenaient au fond que deux : durabilité et facilité d'entretien. Lorsque le hangar de maintenance le plus proche se trouve à des milliers de kilomètres, raisonnaient-ils, il vaut mieux avoir un avion d'entretien facile mais aussi robuste qu'un poids lourd pour pouvoir résister au choc des appontages et à l'effet corrosif de l'air marin à forte teneur en sel. C'est par peur de voir ces deux exigences sacrifiées sur l'autel d'un programme commun de construction qu'ils tenaient à commander séparément leurs appareils.

Le Marine Corps demandait des caractéristiques très particulières, mais, là aussi, seulement deux d'entre elles le retenaient de se joindre à un programme unique : la nécessité d'un « aéronef à décollage court et à atterrissage vertical » (ADCAV) et d'un système très fiable de contre-mesures. Pour pouvoir soutenir des troupes combattant dans des environnements distants et hostiles, les Marines ont besoin d'un appareil réunissant l'efficacité d'un chasseur et la capacité de planer d'un hélicoptère. Par ailleurs, étant donné que la plupart de leurs missions se déroulent à basse altitude et ont un caractère expéditionnaire, ils veulent un avion équipé des meilleures contre-mesures – fusées éclairantes, dispositifs de brouillage électronique – pour pouvoir éviter les missiles sol-air de l'ennemi, d'autant que leurs avions sont des cibles faciles à faible distance du sol.

Enfin, l'armée de l'air, qui a la responsabilité de maintenir la supériorité mondiale de l'Amérique dans les airs, réclame des appareils ultra-rapides, doués d'une agilité tactique sans équivalent – en somme, une maniabilité que nul avion ennemi, présent ou futur, ne pourrait égaler –, équipés d'une technologie de la furtivité ainsi que des matériaux et des structures absorbant les ondes radar pour les rendre le moins détectable possible. Les avions des deux autres corps n'ayant pas ces attributs, l'Air Force ne les a jamais envisagés pour ses opérations.

Cette étude des desiderata des trois corps a permis de conclure que le projet JSF était viable. Pour construire un modèle unique, il fallait réunir les principales caractéristiques demandées et atténuer ou exclure les autres – toutes caractéristiques que les trois corps avaient toujours supposées indispensables mais qui s'étaient révélées peu utiles, ou encore celles qui avaient été perfectionnées à un degré excessif pour surenchérir sur la concurrence. Comme le montre la Figure 5.2, une vingtaine de ces critères auparavant importants pour la Navy, le Marine Corps ou l'Air Force ont été atténués ou entièrement exclus.

Grâce à l'amalgame des critères jugés essentiels, le programme JSF a réussi à mettre au point un avion unique utilisable par les trois corps. Le résultat est déjà palpable : une baisse considérable des coûts et un saut de valeur du point de vue de la Navy, du Marine Corps et de l'Air Force. Pour être précis, le programme prévoit de ramener le prix unitaire des appareils de 190 milliards de dollars, son niveau actuel, à 33 milliards de dollars. Dans le même temps, l'avion JSF, depuis baptisé F-35, promet d'atteindre des performances supérieures à celles des meilleurs appareils des trois corps : le F-22 de l'Air Force, l'AV-8B Harrier du Marine Corps et le F-18 de la Navy. La Figure 5.3 illustre cette création de valeur exceptionnelle.

Le programme JSF a permis d'atténuer ou d'exclure tous les critères de concurrence existants hormis ceux qui sont grisés.

Air Force	Navy	Marine Corps	
Légèreté	Deux réacteurs	ADCAV	Sur-mesure : construction
Avionique intégrée	Deux places	Légèreté	
Furtivité	Ailes de grande envergure	Ailes courtes	
Réacteur supercruise	Durabilité	Contre-mesures	
Grand rayon d'action	Grand rayon d'action		
Agilité	Facilité d'entretien		
Armement air-air	Charge militaire importante/variable	Charge militaire importante/variable	Sur-mesure : armement
Charge militaire interne fixe	Armement air-air et air-sol	Armement air-sol	
		Guerre électronique	
Avion prévu pour chaque mission	Avion prévu pour chaque mission	Avion prévu pour chaque mission	Sur-mesure : missions

Figure 5.2 : Les principaux critères de concurrence pour la construction aéronautique militaire après JSF

Le canevas stratégique tel qu'il apparaît ici montre que le JSF conserve les atouts particuliers des avions de l'Air Force – agilité et furtivité – tout en y ajoutant maniabilité, durabilité, contre-mesures et ADCAV, les exigences clés de la Navy et du Marine Corps. Ce sont là de puissantes fonctionnalités que l'armée de l'air avait toujours crues hors de portée. Mais le choix de donner la priorité à ces critères décisifs et d'atténuer ou d'exclure tous les autres qui relevaient des trois grands domaines du sur-mesure – construction, armement et missions – a permis au programme JSF de proposer un chasseur de qualité supérieure, à un prix moindre.

Par sa volonté d'aller au-delà de la segmentation établie de la clientèle, l'équipe JSF a pu agréger une demande auparavant

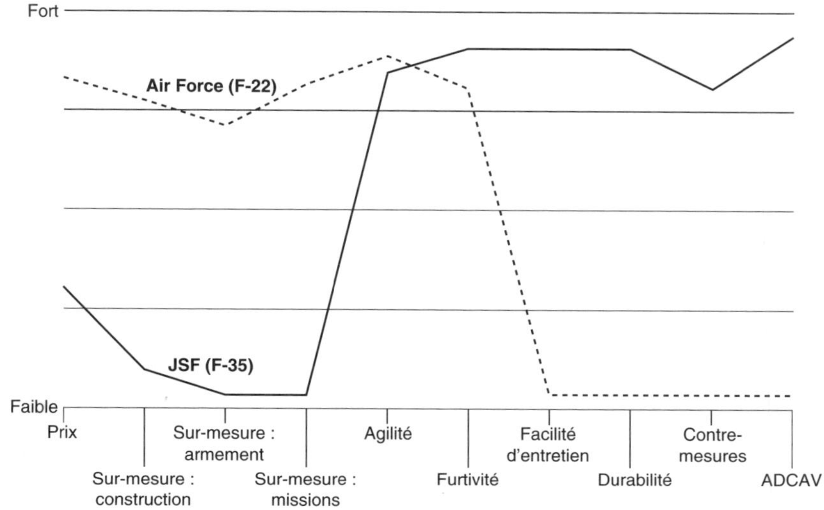

Figure 5.3 : Le JSF (F-35) par rapport au F-22 de l'Air Force

éclatée. À l'automne 2001, Lockheed Martin a finalement remporté ce contrat de 200 milliards de dollars – le plus gros de l'histoire militaire – contre son rival Boeing. La livraison du premier F-35 est prévue pour 2010. Pour l'heure, le Pentagone est pleinement convaincu du succès total du programme, non seulement parce que le F-35 offre un rapport qualité-prix exceptionnel, mais aussi – et c'est tout aussi important – parce qu'il a gagné l'adhésion des trois corps concernés[4].

Viser le marché le plus gros possible

Il n'existe pas de règle universelle pour déterminer lequel des trois cercles de non-clients il convient de privilégier ni à quel moment. L'ampleur des perspectives que peut ouvrir un groupe précis de non-clients étant très variable selon l'époque et le secteur d'activité concernés, mieux vaut cibler le plus vaste de tous. Mais il faut en parallèle examiner les éventuels points de convergence entre les trois cercles. C'est par ce biais qu'on parvient à agrandir le champ de la demande latente qui n'attend que d'être exploitée. On doit considérer dans ce cas les trois cercles ensemble au lieu de se concentrer sur un seul d'entre eux. Viser le marché le plus gros possible : voilà la consigne.

La pente stratégique naturelle de beaucoup d'entreprises les pousse à s'accrocher à leurs clients présents et à rechercher de nouvelles occasions de segmentation, surtout quand elles affrontent une concurrence intense. C'est peut-être un bon moyen de se doter d'un avantage concurrentiel très pointu et d'augmenter sa part du marché existant, mais on a peu de chances d'élargir de la sorte le marché et de développer la demande. Ce n'est pas notre propos ici de condamner sans nuances la segmentation ou le souci de la clientèle existante ; nous voulons simplement souligner l'importance qu'il y a à s'interroger sur des habitudes de pensée bien ancrées. Pour obtenir l'océan bleu le plus vaste possible, il faut commencer par viser au-delà de la demande existante afin de toucher des non-clients et de profiter des occasions éventuelles de désegmentation.

Si ces occasions demeurent introuvables, vous pouvez alors revenir à l'affinement de vos offres pour tenir compte des différences entre segments de clients déjà acquis. Mais n'oubliez jamais qu'un tel choix risque de vous enfermer dans un marché plus exigu. Pensez également que le jour où vos compétiteurs réussiront à attirer la masse des non-clients par l'innovation-valeur, bon nombre de vos clients jusque-là fidèles pourraient bien les suivre : pour profiter de l'aubaine, ils seraient prêts eux aussi à mettre de côté leurs différences.

Il ne suffit même pas d'ailleurs de créer l'espace stratégique le plus grand possible. Il faut aussi savoir l'exploiter en créant une solution durable dont tout le monde sort gagnant. Dans le prochain chapitre, vous allez apprendre à construire un modèle économique capable de produire et de pérenniser la croissance rentable de votre offre.

Chapitre 6

BIEN RÉUSSIR LE SÉQUENCEMENT STRATÉGIQUE

Vous avez porté un regard transversal sur les choses pour découvrir des océans bleus éventuels. Vous avez élaboré un canevas stratégique qui trace clairement les voies de votre stratégie future. Vous avez réfléchi aux moyens d'attirer la plus grande masse de clients possible. Mais comment construire un modèle économique suffisamment robuste pour garantir la rentabilité de votre nouvelle stratégie ? La réponse viendra du quatrième principe régissant la création d'océans bleus : la nécessité de bien réussir le séquencement stratégique.

Nous allons aborder à présent l'ordre dans lequel il faut étoffer et valider les idées océan bleu pour assurer leur viabilité commerciale. Une fois que vous aurez assimilé ce principe et appris à évaluer vos idées selon les critères clés du séquencement, vous serez en mesure de réduire de façon spectaculaire les risques liés au modèle économique.

Quel est le bon séquencement stratégique ?

Comme le montre la Figure 6.1, il convient d'élaborer une stratégie Océan Bleu dans un ordre précis : utilité pour l'acheteur, prix, coût et enfin adoption.

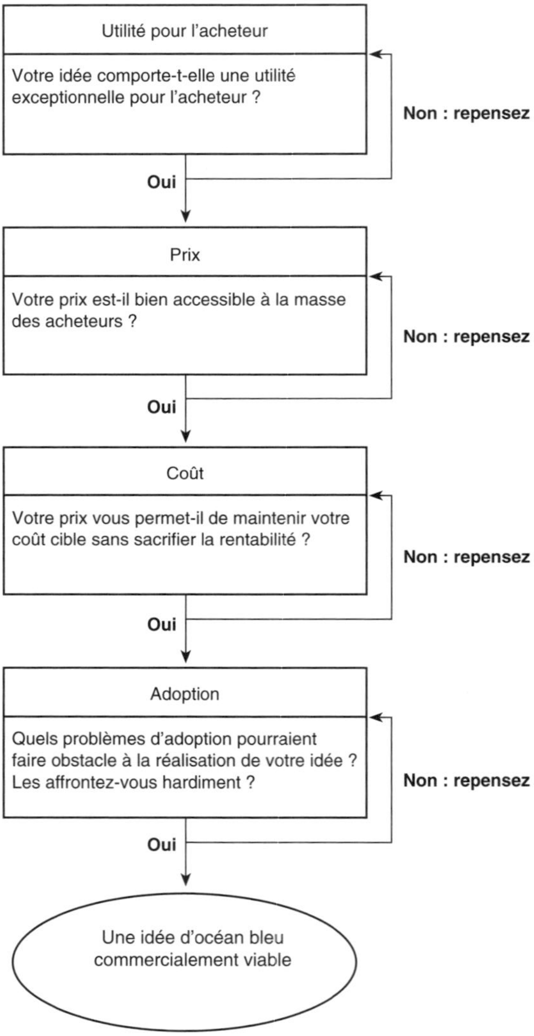

Figure 6.1 : Le séquencement d'une stratégie Océan Bleu

Votre point de départ sera donc l'utilité pour l'acheteur. Votre offre est-elle exceptionnellement avantageuse ? La masse des acheteurs potentiels auraient-ils un motif puissant pour la choisir ? Si votre réponse est « non », il n'y a plus de stratégie Océan Bleu. Dans ce cas, une seule alternative : mettre l'idée au rebut ou la retravailler jusqu'à ce que vous puissiez répondre par l'affirmative.

Une fois cet obstacle franchi, vous passerez à l'étape suivante : la détermination du prix juste. N'oubliez pas qu'il n'est jamais bon de tout miser sur le prix pour créer de la demande. La question clé est celle-ci : votre prix donne-t-il à la masse des acheteurs cibles une raison irrésistible pour accepter votre offre ? Sinon, ils la jugeront inabordable, et votre offre ne parviendra pas à faire parler d'elle.

Ces deux premières étapes concernent le côté « revenu » du modèle économique. Elles vous poussent à proposer un saut de valeur, autrement dit, l'utilité fournie à l'acheteur moins le prix qu'il doit payer.

Cela nous amène à notre troisième élément : le coût. Êtes-vous en mesure de faire de la marge au coût cible ? Votre offre restera-t-elle rentable au prix stratégique – le prix accessible à la masse des acheteurs cibles ? Il ne faut jamais laisser la question du coût dicter vos prix, pas plus qu'il ne faut diluer l'utilité de votre offre sous motif que des coûts élevés vous empêchent de faire du bénéfice au prix stratégique. Si le coût cible ne paraît pas tenable, de deux choses l'une : soit vous renoncez à votre idée parce qu'elle ne sera pas rentable, soit vous introduisez des innovations dans votre modèle économique pour pouvoir atteindre votre objectif. L'aspect « coût » d'un modèle économique incite l'entreprise à créer un saut de valeur pour elle-même sous forme de marge : c'est le prix de l'offre moins le coût de production. C'est en conjuguant l'utilité exceptionnelle pour l'acheteur, un prix stratégique et des objectifs bien établis en matière de coûts qu'on peut parvenir à l'innovation-valeur – un saut de valeur à la fois pour l'acheteur et pour le vendeur.

Notre quatrième et dernière étape porte sur les obstacles à l'adoption de votre idée. Quels sont-ils dans votre cas ? Les avez-vous affrontés résolument ? La formulation d'une stratégie Océan Bleu ne sera complète que si vous réglez ce problème en amont. Un exemple : une idée innovatrice se heurte parfois à la résistance des détaillants ou des entreprises partenaires. Les stratégies Océan Bleu marquent effectivement une rupture avec les habitudes, et c'est pourquoi il est impératif d'aborder dès le départ tout obstacle à l'adoption.

Comment vérifier que votre stratégie est bien passée au crible des quatre étapes définies ici ? Et comment affiner votre idée pour qu'elle franchisse chaque étape ? Commençons par l'utilité.

Le contrôle de l'utilité

La nécessité d'évaluer l'utilité de toute offre pour l'acheteur peut paraître évidente. Et pourtant, beaucoup d'entreprises échouent sur ce terrain, tant elles sont obnubilées par la nouveauté de leur produit, surtout s'il comporte une avancée technologique.

Considérons le cas du CD-i de Philips. Ce lecteur, véritable merveille technologique, a été présenté comme la « machine à imagination » en raison de ses fonctionnalités multiples : vidéo, audio, jeux et pédagogie en un seul appareil. L'ennui, c'est que l'utilisateur se sentait perdu face à cette offre foisonnante. En outre, les logiciels associés au lecteur n'étaient guère séduisants. Bref, le CD-i pouvait théoriquement tout faire, mais dans la pratique il ne faisait pas grand-chose. Le client n'ayant pas de motif puissant pour l'utiliser, les ventes n'ont jamais décollé.

Les dirigeants responsables de ce produit sont tombés dans le même piège que l'équipe de Motorola chargée de la promotion de l'Iridium : ils ont cédé à l'ivresse des nouvelles technologies. Ils ont agi comme si une percée technologique se traduisait automatiquement par un mieux du point de vue de l'acheteur, alors que, selon nos recherches, c'est rarement le cas.

Une entreprise prometteuse après l'autre fait la même erreur que Philips et Motorola. Or une technologie qui ne rend pas la vie beaucoup plus simple, plus productive, moins risquée, plus amusante ou plus « tendance » n'attirera jamais la masse des acheteurs, quel que soit le nombre de prix qui lui ont été décernés. Pensez à Starbucks, au Cirque du Soleil, au Home Depot, à Southwest Airlines, à [yellow tail], à Ralph Lauren : l'innovation-valeur n'est pas forcément affaire d'innovation technologique.

Pour éviter ce piège, il faut commencer par élaborer un profil stratégique, comme nous l'avons vu au Chapitre 2, qui remplisse trois conditions fondamentales : focalisation, divergence et slogan percutant. Après cela, l'entreprise sera en mesure d'évaluer en détail les améliorations que sa nouvelle offre apportera à l'acheteur. On ne dira jamais assez combien ce changement d'optique est capital : les voies du développement d'un produit ou d'un service ne sont plus dictées par ses possibilités technologiques, mais par son utilité du point de vue du client.

C'est dans cet esprit que le tableau de l'utilité pour l'acheteur aborde la question (voir la Figure 6.2). Il indique tous les leviers à actionner pour optimiser cette utilité et les différentes façons dont les acheteurs peuvent vivre une offre. Il permet de la sorte d'identifier l'ensemble des espaces d'utilité que ce produit serait capable de remplir. Regardons-le de plus près.

Le cycle d'expérience de l'acheteur-utilisateur

On peut généralement représenter l'expérience de l'acheteur-utilisateur sous forme d'un cycle en six étapes qui s'étendent, plus ou moins dans le bon ordre, de l'acquisition à la revente. Chaque étape englobe un large éventail d'expériences distinctes. Dans la première, par exemple, il faut parfois compter la consultation du site d'eBay et la visite de magasins comme The Home

Les six leviers d'utilité	Les six étapes du cycle d'expérience de l'acheteur-utilisateur					
	1. Achat	2. Livraison	3. Utilisation	4. Compléments	5. Entretien	6. Élimination
Productivité du client						
Simplicité						
Commodité						
Risque						
Amusement et image						
Respect de l'environnement						

Figure 6.2 : Le tableau de l'utilité pour l'acheteur

Depot. À chaque étape, le dirigeant peut poser une série de questions pour apprécier la qualité de l'expérience d'achat, telle que la montre la Figure 6.3.

Les six leviers d'utilité

Un facteur traverse toutes les étapes de l'expérience d'achat : c'est ce que nous appelons les *leviers d'utilité*. La plupart d'entre elles, comme la simplicité, le plaisir ou le respect de l'environnement, n'ont pas besoin d'être expliquées. De même, on comprend tout de suite l'idée qu'un produit puisse réduire le risque financier, physique ou de crédibilité pour l'acheteur. Et on devine aisément que le critère de commodité se réfère à la facilité avec laquelle on acquiert, utilise ou élimine un produit. Le levier le plus couramment utilisé est celui de la productivité, qui aide le client à effectuer une même opération plus rapidement ou plus efficacement qu'auparavant.

Pour évaluer le niveau d'utilité proposé, l'entreprise doit vérifier que son offre a fait tomber les principaux obstacles d'un bout à l'autre du cycle d'expérience d'achat, tant pour les clients que pour les non-clients. Car c'est souvent là qu'on trouve les meilleures occasions pour créer une valeur exceptionnelle – ainsi que les problèmes les plus urgents à résoudre. La Figure 6.4 montre la voie à suivre pour identifier ces occasions. Quand vous aurez rempli les cases du tableau qui correspondent le mieux à votre offre prospective, vous verrez clairement dans quelle mesure votre idée se démarque des autres propositions sur le plan de l'utilité pour l'acheteur, d'une part, et, d'autre part, si elle balaie les plus gros obstacles à la conquête des non-clients. Si votre offre occupe les mêmes cases que celles de vos concurrents, il est peu probable que vous ayez là une idée océan bleu.

Prenons l'exemple de la Ford Model T. Avant son arrivée sur le marché, tous les constructeurs américains – plus de 500 à l'époque – s'attachaient avant tout à produire sur mesure des voitures haut de gamme pour une clientèle aisée. On peut dire, en se référant au tableau de l'utilité pour l'acheteur, que l'industrie automobile tout entière privilégiait l'image dans l'étape d'utilisation : elle visait l'acheteur désireux de « paraître » aux sorties du week-end où se retrouvait le gratin. De ce fait, une seule des trente-six cases du tableau était remplie.

Mais du point de vue des masses de la population, les obstacles les plus redoutables à l'utilité n'avaient rien à voir avec l'affinement du côté luxe ou mode des voitures. Ils concernaient deux autres facteurs. Le premier était la commodité dans l'étape d'utilisation : les routes boueuses et cahoteuses qui prévalaient à l'aube du 20e siècle ne posaient guère de problèmes aux chevaux, mais les automobiles aux finitions délicates s'y trouvaient parfois bloquées. Du coup, leurs propriétaires étaient loin de pouvoir s'en servir partout et à tout moment (la promenade par temps de pluie ou de neige était notamment déconseillée). La voiture apparaissait donc comme un moyen de locomotion limité et peu pratique. Le second obstacle était le risque dans l'étape d'entretien. Ces véhicules à la structure complexe et aux options multiples tombaient souvent en panne, et

Achat →	Livraison →	Utilisation →	Compléments →	Entretien →	Élimination
Combien de temps faut-il pour trouver le bon produit ?	Quels sont les délais de livraison ?	A-t-on besoin d'une formation ou de l'assistance de spécialistes avant de pouvoir utiliser le produit ?	Faut-il avoir d'autres produits ou services pour pouvoir utiliser ce produit ?	Le produit demande-t-il un service d'entretien externe ?	L'utilisation du produit occasionne-t-elle des déchets ?
Le lieu d'achat est-il agréable et accessible ?	Est-il difficile de déballer et d'installer le produit ?	Le produit est-il facile à ranger quand on ne s'en sert pas ?	Si oui, sont-ils coûteux ?	L'entretien et la mise à niveau sont-ils faciles ?	Le produit est-il facile à éliminer ?
La transaction se déroule-t-elle dans un environnement sûr ?	L'acheteur doit-il s'occuper lui-même de la livraison ? Et si oui, est-ce coûteux et difficile ?	Les fonctionnalités du produit sont-elles efficaces ?	Combien de temps faut-il leur consacrer ?	L'entretien coûte-t-il cher ?	L'élimination en toute sécurité du produit pose-t-elle des problèmes réglementaires ou environnementaux ?
L'achat peut-il s'effectuer rapidement ?		Le produit (ou le service) offre-t-il des capacités ou des options allant bien au-delà des besoins de l'utilisateur moyen ? Y a-t-il trop d'accessoires fantaisie ?	Sont-ils source de désagréments ?		L'élimination coûte-t-elle cher ?
			Sont-ils faciles à obtenir ?		

Figure 6.3 : Le cycle d'expérience de l'acheteur-utilisateur

Achat	Livraison	Utilisation	Compléments	Entretien	Élimination
Productivité du client	: à quelle étape se situent les plus gros obstacles à la productivité ?				
Simplicité	: à quelle étape se situent les plus gros obstacles à la simplicité ?				
Commodité	: à quelle étape se situent les plus gros obstacles à la commodité ?				
Risque	: à quelle étape se situent les plus gros obstacles à la réduction des risques ?				
Amusement et image	: à quelle étape se situent les plus gros obstacles à l'amusement et à l'image ?				
Respect de l'environnement	: à quelle étape se situent les plus gros obstacles au respect de l'environnement ?				

Figure 6.4 : Découvrir les obstacles à l'utilité pour l'acheteur

les spécialistes auxquels il fallait faire appel pour les réparer étaient peu nombreux et grassement rémunérés.

Ford a balayé d'un seul coup ces deux obstacles. La Model T, désignée par son créateur comme la « voiture à pétrole pour la multitude », était disponible en une seule couleur (noir) et dans un modèle unique avec peu d'options. Ainsi, les investissements liés à l'image dans l'étape d'utilisation devenaient superflus. À la place des automobiles faites pour les excursions à la campagne – un luxe que peu d'Américains pouvaient s'offrir –, Ford a proposé un véhicule de tous les jours. La Model T était fiable. Elle était résistante, conçue pour rouler sans difficulté sur des chemins non goudronnés et par tous les temps. Elle était facile à réparer et à utiliser : il suffisait d'une journée pour apprendre à la conduire.

Le tableau de l'utilité pour l'acheteur met ainsi en relief les différences entre les idées qui comportent véritablement des avantages nouveaux et exceptionnels et celles qui se bornent à l'amélioration d'offres existantes ou à des percées technologiques sans rapport avec la création de valeur. Il vous permet de déterminer si votre offre remplit les conditions de l'utilité exceptionnelle comme l'a fait la Model T. Grâce à l'application de ce diagnostic, vous saurez sur quels points vous avez encore besoin d'affiner votre idée.

Où se situent les plus gros obstacles d'un bout à l'autre du cycle d'expérience de l'acheteur-utilisateur, tant pour vos clients que pour les non-clients ? Votre offre est-elle capable de les balayer ? Sinon, elle risque d'être un avatar de plus de l'innovation pour l'innovation ou une simple version retouchée d'une offre existante. Quand son offre se tire bien de cette épreuve, l'entreprise est prête à passer à l'étape suivante.

De l'utilité exceptionnelle au prix stratégique

Pour obtenir un puissant flux de revenus de votre offre, vous devez trouver le bon positionnement stratégique du niveau de prix. C'est à cette étape que vous vous assurerez que les clients auront non seulement l'envie, mais aussi la capacité d'acheter votre produit. Beaucoup d'entreprises partent en sens inverse : pour lancer une offre, elles commencent par tâter le terrain auprès d'une clientèle friande de nouveautés et peu regardante ; ce n'est que par la suite qu'elles abaissent leurs prix pour attirer un public plus large. Or il s'avère de plus en plus vital, de nos jours, de connaître d'entrée de jeu le prix capable de conquérir la masse des acheteurs cibles.

Il y a à cela deux raisons. D'abord, on constate que la vente de grands volumes génère aujourd'hui une rentabilité plus importante que par le passé. À une époque où la matière grise constitue une part croissante de la valeur des produits, les coûts de développement pèsent en effet plus lourd que les coûts de production. On le voit clairement dans le secteur du logiciel. Microsoft a dû engloutir des milliards de dollars pour pouvoir sortir le premier exemplaire du système d'exploitation Windows XP, alors que les exemplaires successifs ont été produits pour le coût presque dérisoire d'un CD. En pareil cas, l'effet de volume est la clé de tout.

Ensuite, la valeur d'un produit est souvent liée, dans l'esprit de l'acheteur, au nombre de personnes qui l'utilisent. Quiconque consulte le service d'enchères en ligne organisé par eBay sait que les internautes se désintéressent des produits peu prisés. Ce phénomène, qui a reçu le nom d'*externalités de réseau*, fait que la réussite commerciale est souvent une affaire de tout ou de rien : soit on vend rapidement des millions d'exemplaires, soit on n'en vend pas du tout[1].

Parallèlement, la montée en puissance des produits à forte composante intellectuelle multiplie les possibilités de profiter « gratuitement » des efforts des autres, surtout à cause de la nature non rivale et partiellement excluable du savoir[2]. L'utilisation d'un *bien rival* par une entreprise exclut son utilisation par une autre. Ainsi, le lauréat du prix Nobel employé à temps plein par IBM ne peut travailler simultanément pour une autre société, pas plus que la ferraille consommée par Nucor ne peut entrer dans le processus de production d'autres sidérurgistes.

Mais il n'en va pas de même d'un *bien non rival*, et les idées font partie de cette catégorie. Quand Virgin Atlantic Airways a lancé sa marque Upper Class, formule nouvelle qui associe les avantages traditionnels de la première classe – sièges surdimensionnés, beaucoup de place pour les jambes – au prix de la classe affaires, les autres compagnies aériennes ont été libres de l'adopter, sans pour autant compromettre la capacité de Virgin à l'utiliser. Du coup, l'imitation compétitive devient non seulement possible, mais aussi assez bon marché, le coût et le risque de la mise au point d'une idée nouvelle étant portés par l'inventeur, pas par le suiveur.

Ce défi est exacerbé quand on prend en compte la notion d'*excluabilité*, qui découle à la fois de la nature du produit et du système de droit. Un bien est excluable dès lors que l'entreprise est en mesure d'empêcher les autres de l'utiliser, notamment par dépôt de brevet ou par un système d'accès limité. Intel peut se servir des droits de propriété pour interdire aux autres fabricants de microprocesseurs d'utiliser son outil de production. Mais Curves, le club de fitness pour femmes présenté au Chapitre 3, serait bien incapable d'empêcher quiconque de visiter ses locaux, d'étudier leur aménagement, l'ambiance ou les programmes d'exercices appliqués, puis de copier la formule : les femmes n'ont besoin que de trois séances de trente minutes par semaine pour se mettre en forme dans une atmosphère de complicité féminine et de décontraction favorisée par l'absence des hommes. Autrement dit, l'atout maître du système Curves n'est pas excluable. À partir du moment où des idées sont publiquement lancées, le savoir qui les sous-tend déborde inévitablement son cadre d'origine pour gagner d'autres entreprises.

Cette non-exclusivité aggrave le risque d'exploitation gratuite. Nombre des idées d'océan bleu les plus puissantes – pensons à Curves, à Starbucks, à Southwest Airlines – sont certes d'une valeur inestimable, mais elles n'apportent en elles-mêmes aucune avancée technologique notable. N'étant ni brevetables ni excluables, elles se trouvent à la merci des imitateurs.

Cela veut dire qu'il faut établir un prix stratégique qui vous permet non seulement d'attirer une multitude de clients, mais aussi de les conserver. Compte tenu des possibilités d'exploitation gratuite, une offre doit asseoir sa réputation dès son lancement, car dans une société où le fonctionnement en réseau gagne chaque jour du terrain, le triomphe d'une marque dépend de plus en plus du bouche à oreille. Il s'agit donc de faire d'emblée une offre que le client ne pourra refuser et d'en maintenir le caractère exceptionnel afin de décourager les profiteurs. Voilà pourquoi il est indispensable de bien établir le prix stratégique. La question à laquelle il faut répondre est la suivante : le prix de votre offre a-t-il été fixé de manière à conquérir dès le départ la masse des acheteurs cibles en leur donnant un motif irrésistible pour l'acheter, compte tenu de leurs moyens ? Lorsqu'on propose de l'utilité exceptionnelle à un prix stratégique, on réduit le risque d'imitation.

Nous avons mis au point un outil – *le corridor de prix du cœur de marché* – pour aider les dirigeants à trouver le bon prix, qui d'ailleurs n'est pas nécessairement le plus faible. Il s'articule en deux étapes distinctes mais intimement liées (voir la Figure 6.5).

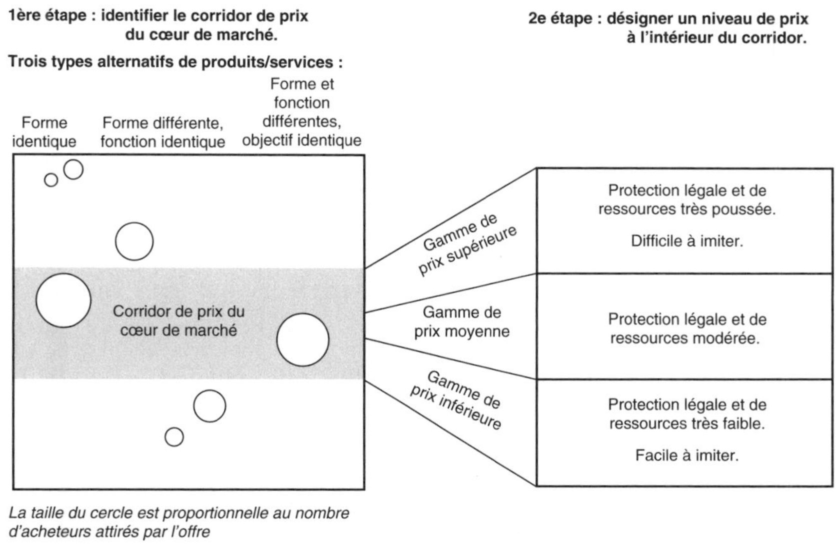

Figure 6.5 : Le corridor de prix du cœur de marché

Première étape : identifier le corridor de prix du cœur de marché

Quand il s'agit d'établir leurs prix, toutes les entreprises examinent préalablement les produits qui ressemblent le plus à leur idée sur le plan de la forme, en se limitant le plus souvent à leur secteur d'activité. C'est, bien sûr, un exercice nécessaire mais qui ne suffit pas pour gagner de nouveaux clients. Le principal défi à ce stade est de comprendre la sensibilité relative au prix de ceux qui vont comparer le nouveau produit à des produits très différents proposés par d'autres acteurs que les concurrents habituels de l'entreprise.

Un bon moyen de porter votre regard au-delà des limites de votre secteur d'activité consiste à dresser la liste des produits et des services qui se répartissent en deux catégories : ceux qui ont une forme différente mais qui remplissent la même fonction que le vôtre, puis ceux qui s'en distinguent par leur forme et leur fonction mais qui lui ressemblent du point de vue de l'objectif général du client.

Forme différente, fonction identique

Beaucoup des entreprises ayant une stratégie Océan Bleu arrivent à détourner les clients d'autres secteurs dont le produit a la même fonction ou la même utilité fondamentale que le leur mais se présente sous une forme très différente. Avant de lancer la Model T, Ford avait étudié la voiture à cheval. Elle remplissait le même office essentiel que l'automobile – le transport des voyageurs –, mais elle n'avait pas du tout la même forme : elle avançait grâce à la traction animale et non pas grâce à un moteur à explosion. Si Ford a réussi à transformer la majorité des non-clients de l'industrie automobile en clients de son océan bleu, c'est parce qu'il s'est référé au prix de la voiture à cheval pour établir le sien au lieu de se baser sur les prix pratiqués par ses concurrents directs.

Dans le cas de la restauration scolaire aux États-Unis, une réflexion sur cette question a mis au jour un point intéressant. Elle a permis tout à coup d'intégrer à l'équation le rôle des parents qui préparent le déjeuner pour leurs enfants. Aux yeux de beaucoup de ces derniers, les parents remplissent la même fonction que l'entreprise de restauration, mais sous une forme radicalement différente : c'est maman et papa à la place du service à la cantine.

Forme et fonction différentes, objectif identique

Certaines entreprises parviennent à appâter des clients encore plus éloignés à l'origine. C'est le cas du Cirque du Soleil, qui a su attirer un public habitué à un large éventail de sorties très différentes du cirque, tant par leur forme que par leur fonction. Un pub ou un restaurant ont peu de traits physiques en commun avec un chapiteau. Ils remplissent par ailleurs une tout autre fonction, puisqu'on y recherche la discussion conviviale ou les plaisirs de la table plutôt qu'un spectacle visuel. Mais en dépit de ces différences, l'objectif du client est dans tous les cas le même : passer une soirée agréable en ville.

L'énumération de ces produits ou services alternatifs permet de visualiser toute la gamme des acheteurs qu'on pourrait détourner, non seulement d'autres secteurs d'activité, mais aussi de domaines restés en dehors de la vie commerciale : qu'on songe aux parents (par rapport à la restauration scolaire) ou à la comptabilité maison faite à coups de crayon (rivale des logiciels de gestion des finances personnelles). Ensuite, il faut réaliser une figure comme la Figure 6.5 pour représenter les prix et les volumes de ces offres.

C'est une méthode très simple pour déterminer où se trouve la masse des acheteurs cibles et quel prix ils acceptent de payer pour les produits et les services qu'ils utilisent actuellement. Le corridor de prix de la masse est donc la largeur de bande qui renferme les groupes les plus importants d'acheteurs cibles.

Dans certains cas, il est extrêmement large. Pour Southwest Airlines, le corridor de prix de la masse englobait à la fois les voyageurs déboursant en moyenne 400 dollars pour un vol court courrier en classe touriste et ceux qui, pour 60 dollars environ, parcouraient la même distance en voiture. Il ne s'agit pas de se positionner par rapport aux prix moyens de son secteur, mais d'établir son prix en fonction des offres alternatives, qu'elles viennent d'autres secteurs ou même de sphères d'activité non marchande. Si Ford en était resté à la comparaison avec les automobiles des autres constructeurs, vendues trois fois plus cher que les voitures à cheval, le marché de la Model T n'aurait jamais connu son explosion prodigieuse.

Deuxième étape : désigner un niveau à l'intérieur du corridor de prix

Le deuxième volet de notre outil aide à déterminer jusqu'à quel prix on peut monter à l'intérieur du corridor sans s'attirer la concurrence des imitateurs. La conclusion dépend de deux grands facteurs : d'une part, l'étendue de la protection légale (brevets, droits d'auteur) dont bénéficie le produit et, d'autre part, l'importance des compétences poussées ou des actifs exclusifs de l'entreprise (comme des installations industrielles très coûteuses) qui font obstacle à l'imitation. Dyson, fabricant britannique de produits blancs, vend au prix fort son aspirateur sans sac depuis le lancement du produit en 1995, grâce à la fois à la solidité de ses brevets et à ses capacités exceptionnelles en matière de service après-vente.

La liste des entreprises ayant opté pour un prix stratégique dans la gamme supérieure pour conquérir la masse des acheteurs cibles est longue. Citons parmi elles DuPont, avec sa marque de fibres spéciales Lycra, Philips, avec ALTO dans le secteur de l'éclairage professionnel, SAP dans le secteur des applicatifs de gestion et Bloomberg dans le logiciel d'analyse financière.

D'un autre côté, les entreprises moins bien protégées sur le plan des brevets ou des actifs feraient bien d'envisager des prix placés plutôt vers le milieu du corridor. Quant à celles qui n'ont pas du tout de protection, elles doivent se contenter d'un prix relativement faible. Revenons à Southwest Airlines. Étant donné que son service n'était pas brevetable et ne demandait pas d'actifs exclusifs, ses tarifs se sont nécessairement situés dans la partie inférieure du corridor – autrement dit, en concurrence avec les déplacements en voiture. Il vaut mieux viser dès le départ le milieu ou le bas du corridor si l'une de ces conditions caractérise l'entreprise :

- la nouvelle offre comporte des coûts fixes importants et des coûts variables négligeables ;

- son attractivité dépend fortement d'externalités de réseau ;
- la structure de ses coûts bénéficie d'économies d'échelle et de champ très marquées ; en pareil cas, la vente de grands volumes apporte des avantages considérables en matière de coûts qui soulignent la nécessité d'établir un prix accessible à une clientèle importante.

Le corridor de prix du cœur de marché vous indique non seulement la zone de prix à choisir pour créer une nouvelle demande, mais aussi les rectifications éventuelles à faire par rapport à votre première estimation en matière de prix pour y parvenir. Une fois ce problème réglé, vous êtes prêt à aborder l'étape suivante.

Du prix stratégique au coût cible

La détermination du coût cible, étape suivante du séquencement stratégique, relève du côté « bénéfice » du modèle économique. Pour optimiser le potentiel de rentabilité d'une idée d'océan bleu, il faut partir du prix stratégique, puis en déduire la marge bénéficiaire désirée pour aboutir au coût cible. Il est indispensable dans ce cas de calculer le prix moins le coût – et pas en calculant le coût avant de fixer le prix – si on veut obtenir une structure de coûts qui soit à la fois rentable et difficile à égaler.

Mais lorsque le coût cible est dicté par le prix stratégique, il prend le plus souvent un caractère radical. L'entreprise a déjà plus de chances de pouvoir respecter son coût cible si elle s'est dotée d'un profil stratégique qui conjugue divergence et focalisation, car une telle orientation favorise la chasse aux coûts inutiles. Il n'est que de penser au Cirque du Soleil, qui a décidé de se passer des numéros avec animaux ou de la présence de grandes vedettes, ou à Ford, qui s'est borné, pour la Model T, à une seule couleur et à un modèle unique offrant très peu d'options.

Ces réductions de coûts sont parfois suffisantes pour permettre d'atteindre le coût cible, mais pas toujours. Considérons les innovations que Ford a dû introduire pour pouvoir respecter son objectif ambitieux en matière de coûts. Il a notamment fallu rompre avec le système de production alors dominant dans lequel des ouvriers hautement qualifiés construisaient chaque voiture du début à la fin selon des méthodes artisanales. Ford a donc introduit la chaîne de montage, fondée sur le travail d'une masse d'ouvriers non qualifiés et chargés chacun d'une tâche simple qu'ils pouvaient exécuter rapidement et efficacement. Le temps de production d'une automobile est ainsi passé de vingt et un jours à quatre jours ; le nombre d'heures / homme nécessaires a baissé de 60 %[3]. Sans ces innovations, le constructeur n'aurait jamais pu faire des bénéfices à son prix stratégique.

Or, au lieu de faire comme Ford en se mettant à la recherche de pistes nouvelles et imaginatives pour atteindre leurs coûts cibles, beaucoup d'entreprises cèdent à la facilité : elles relèvent leur prix stratégique ou diluent l'utilité de leur offre. Celles-là ne sont évidemment pas en route pour les océans bleus.

Il existe trois grands leviers qui aident à respecter les coûts cibles. Le premier est la rationalisation des opérations et l'innovation en matière de coûts dans des domaines allant de la fabrication à la distribution. Est-il possible de remplacer les matières premières ou les facteurs de production que vous utilisez par d'autres qui seraient moins habituels et moins chers, par exemple, le plastique à la place du métal ou le transfert d'un centre d'appels du Royaume-Uni à Bangalore ? D'exclure, de réduire ou d'externaliser des activités coûteuses mais à faible valeur ajoutée ? De déplacer les principaux sites de votre activité vers des zones dans lesquelles les prix immobiliers sont relativement faibles, ainsi que l'ont fait The Home Depot, IKEA ou Wal-Mart dans la distribution ou encore Southwest Airlines, qui a choisi de privilégier les aéroports moins importants ? De diminuer le nombre de pièces ou d'étapes nécessaires à la production grâce à l'introduction de nouveaux procédés comme la chaîne de montage d'Henry Ford ? De numériser votre activité pour comprimer les coûts ?

C'est en approfondissant des questions de ce type que Swatch a pu réduire ses coûts de 30 % environ par rapport à ceux de tous les autres horlogers du monde. Nicolas Hayek, patron de l'entreprise suisse, a commencé par mettre sur pied une équipe projet pour déterminer le prix stratégique de la Swatch. À l'époque, les horlogers du Japon et de Hong Kong inondaient le marché de grande consommation de montres à quartz de haute précision et peu chères (autour de 75 dollars). L'entreprise helvétique est donc descendue à 40 dollars. Non seulement ce prix économique incitait le consommateur à acheter plusieurs montres comme des accessoires de mode, mais il privait les concurrents asiatiques de la possibilité de vendre encore moins cher des clones de la Swatch, car ce n'eût jamais été rentable. Sommée de respecter scrupuleusement le prix ainsi établi, l'équipe de projet est remontée en arrière pour arriver au coût cible. Il s'agissait notamment de définir la marge bénéficiaire requise pour financer rentablement l'effort de marketing et de service.

En raison des coûts salariaux élevés en Suisse, l'entreprise a été contrainte de repenser radicalement ses produits et ses méthodes de production. Elle a opté pour le plastique à la place du métal ou du cuir traditionnellement utilisés dans les montres. Par ailleurs, ses ingénieurs ont grandement simplifié la mécanique interne des montres en réduisant le nombre de pièces de 150 à 51. Enfin, leurs collègues de la fabrication ont conçu des procédés de montage moins coûteux, comme l'utilisation du soudage à ultrasons à la place des vis traditionnelles pour fermer les boîtiers. L'association de toutes ces modifications a permis à Swatch de ramener les coûts salariaux directs de 30 % à moins de 10 % du coût global. Et le résultat ? Une structure de coûts difficile à égaler et une place de leader sur le marché de masse jusque-là dominé par les horlogers asiatiques, qui pouvaient compter sur une main-d'œuvre faiblement rémunérée.

Le deuxième levier, après la rationalisation des opérations et l'innovation en matière de coûts, est le partenariat. Nombre d'entreprises qui s'apprêtent à lancer un produit ou un service nouveaux font l'erreur d'assumer seules l'ensemble des activités de production et de distribution. Dans certains cas, c'est parce qu'elles considèrent le nouveau produit comme une plate-forme pour développer de nouvelles capacités. Dans d'autres, c'est tout simplement qu'elles n'ont pas songé au recours à des partenaires extérieurs. Pourtant, une telle démarche permet souvent à l'entreprise d'acquérir vite et bien les capacités requises tout en réduisant ses coûts, puisqu'elle tire parti des compétences spécialisées et des économies d'échelle d'autres acteurs. Un bon moyen de dépasser l'insuffisance des capacités maison consiste à faire de petites acquisitions qui donnent accès à des compétences déjà rodées, à condition, bien sûr, que cet effort ne soit ni trop long ni trop coûteux.

La capacité d'IKEA à respecter ses coûts cibles s'explique en grande partie par son système de partenariat. Le groupe suédois recherche systématiquement les prix les plus avantageux pour les matériaux et les activités de production grâce à ses partenariats avec quelque 1 500 fabricants dans plus de cinquante pays. De ce fait, ses articles – une vingtaine de milliers au total – sont produits rapidement et à moindres coûts.

On retrouve une démarche analogue chez SAP, leader mondial des applicatifs de gestion. Grâce à son partenariat avec Oracle, l'éditeur de logiciels allemand s'est épargné des centaines de millions, voire des milliards de dollars en coûts de développement et a accédé à une base de données centrale de tout premier rang – celle d'Oracle –, qui se trouve désormais au cœur des deux produits phares de SAP, le R/2 et le R/3. Mais il n'en est pas resté là : SAP a aussi conclu des partenariats avec de grands cabinets de conseil comme Capgemini ou Accenture pour se doter du jour au lendemain d'une force de vente mondiale. Ainsi, Oracle inscrivait à son bilan les coûts fixes d'une force de vente assez restreinte, tandis que SAP pouvait profiter des puissants réseaux internationaux de Capgemini et d'Accenture sans devoir pour autant supporter de coûts supplémentaires.

Dans certains cas, cependant, il est impossible de tenir le coût cible sans sacrifier le prix stratégique et les marges bénéficiaires escomptées, quels que soient les efforts consentis en matière de rationalisation, d'innovation ou de partenariat. C'est là qu'intervient notre troisième levier : il faut repenser le modèle d'établissement des prix traditionnels du secteur concerné (et non pas le niveau du prix stratégique). C'est ainsi qu'on parvient souvent à dépasser ce problème.

Les premières cassettes vidéo à apparaître sur le marché se vendaient à 80 dollars environ. Or peu de consommateurs avaient envie de payer un prix aussi fort, étant donné qu'ils ne comptaient pas voir chaque film plus de deux ou trois fois. Pour déterminer le prix stratégique d'une cassette, il fallait donc prendre pour référence le prix d'un billet de cinéma plutôt que la valeur présumée d'un objet qu'on posséderait pour le reste de sa vie. À 80 dollars la pièce, la demande ne décollait évidemment pas, mais comment faire des bénéfices si on descendait jusqu'à un prix très faible tout en respectant le positionnement stratégique du niveau du prix ? La réponse est que c'était impossible. Blockbuster a pourtant réussi à contourner ce problème en changeant de modèle d'établissement des prix : l'entreprise a remplacé la vente par la location. C'est ainsi que le consommateur pouvait louer pour une somme modique des cassettes proposées par ailleurs à un prix stratégique. Résultat des courses : le marché des cassettes vidéo a explosé, et Blockbuster a gagné plus d'argent, en louant à répétition la même cassette, qu'il n'aurait gagné en la vendant à 80 dollars. IBM a opéré un bouleversement semblable sur le marché des tabulatrices : le passage de la vente au crédit-bail lui a permis de respecter son prix stratégique sans compromettre la structure de ses coûts.

Certaines entreprises ont obtenu sensiblement le même résultat grâce à plusieurs innovations en matière de modèles d'établissement des prix. Un bon exemple est la *propriété partagée*. NetJets, société du New Jersey, a adopté cette formule afin de rendre le *jet* privé accessible à un grand nombre d'entreprises, qui achètent le droit de disposer d'un avion pour une durée déterminée plutôt que l'avion en tant que tel. Un autre est le système du fonds commun de placement : le gérant fait bénéficier le petit porteur d'un service de grande qualité comparable à ce que les banques d'affaires réservent aux clients les plus aisés, du fait qu'il lui vend une tranche du portefeuille et pas le portefeuille entier.

D'autres entreprises sont toutefois en train d'abandonner purement et simplement la notion même de prix. Elles cèdent leurs produits ou leurs services en contrepartie d'une prise de participation dans le capital du client. Hewlett-Packard a déjà troqué des serveurs puissants pour une part des bénéfices de plusieurs start-up de la Silicon Valley. De cette façon, les clients accèdent immédiatement à des capacités essentielles ; de son côté, HP a des chances de gagner bien plus que ne lui rapporterait la vente de ses produits. Il ne s'agit pas dans ce cas de faire des concessions sur le prix stratégique, mais d'atteindre la cible par le biais d'un nouveau modèle d'établissement de ce prix. C'est ce que nous appelons *l'innovation en matière d'établissement des prix*. N'oublions pas cependant que ce qui ressemble à une innovation dans un secteur d'activité (comme la location de cassettes vidéo) est souvent le modèle courant d'établissement des prix dans un autre.

La Figure 6.6 montre la rentabilité supérieure généralement obtenue par le biais des trois leviers que nous venons de voir. L'entreprise commence par son prix stratégique, puis elle en déduit la marge désirée pour aboutir à son coût cible. Elle dispose de deux leviers pour atteindre ce coût cible : rationalisation-innovation en matière de coûts et partenariats. Lorsque cela s'avère impossible malgré tous les efforts pour construire un modèle économique à coûts faibles, il faut se tourner vers le troisième levier, l'innovation en matière d'établissement des prix. Notons que l'entreprise peut toujours se servir de ce dernier levier, même si elle est en mesure d'atteindre son coût cible. Une fois que son offre remplit les conditions de rentabilité définies dans son modèle économique, le moment est venu d'avancer vers l'étape finale du séquencement stratégique.

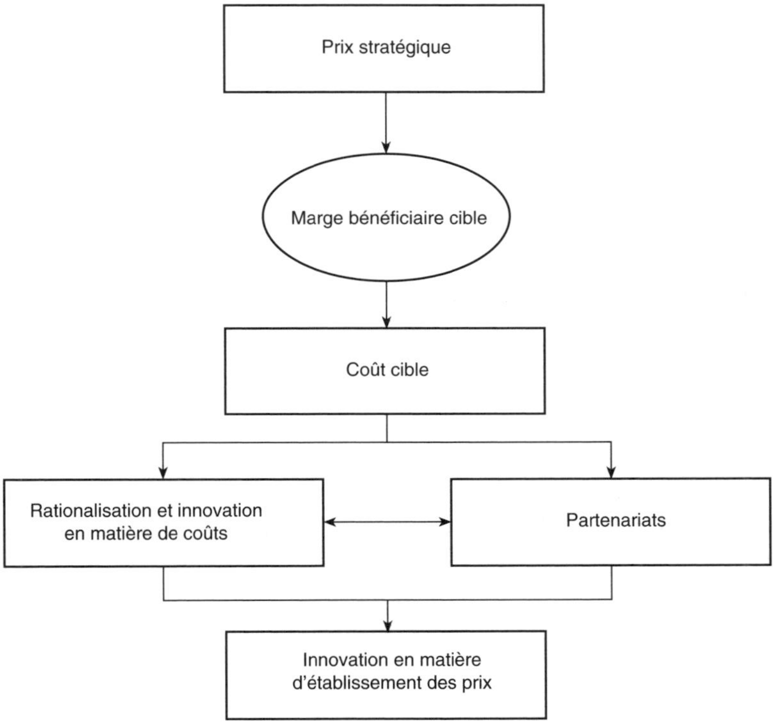

Figure 6.6 : Le modèle économique d'une stratégie Océan Bleu

Un modèle économique construit dans le bon ordre – utilité exceptionnelle, prix stratégique et enfin gestion par les coûts cibles – permet d'innover sur le plan de la valeur. Contrairement à la pratique habituelle des innovateurs technologiques, l'innovation-valeur est un jeu dont tout le monde sort gagnant : l'acheteur, le vendeur et notre société dans son ensemble. L'Annexe C,

« La dynamique de marché de l'innovation-valeur », explique en détail le déroulement de ce jeu et en souligne les conséquences pour les principaux acteurs, tant sur le plan économique que sur le plan social.

De l'ensemble utilité-prix-coût à l'adoption

Même un modèle économique en apparence imbattable peut toutefois ne pas suffire à assurer la réussite commerciale d'une idée d'océan bleu. Rappelons que celle-ci représente presque inévitablement une menace pour les pratiques consacrées et qu'elle risque donc de soulever des craintes et des résistances parmi les trois grandes catégories d'acteurs concernés : les salariés de l'entreprise, ses partenaires et la population. Avant de foncer tête baissée, il faut désarmer ces craintes en communiquant avec ceux qui les ont.

Les salariés

Il peut vous coûter cher de ne pas tenir compte des peurs des salariés face à une nouvelle idée. Lorsque la direction de Merrill Lynch a annoncé son intention de créer un service de courtage en ligne, son titre a perdu 14 % en Bourse, surtout après qu'on a découvert l'ampleur des résistances et des luttes intestines au sein de son puissant service de courtage aux particuliers.

Avant de rendre publique une nouvelle idée, la direction de l'entreprise doit tout mettre en œuvre pour communiquer avec les salariés, en leur disant qu'elle conçoit parfaitement qu'ils se sentent menacés. Il faut rechercher avec eux les moyens de désamorcer les menaces perçues pour que le tout le monde en sorte gagnant, même quand les fonctions, les responsabilités et les récompenses s'en trouvent changées. Contrairement à Merrill Lynch, Morgan Stanley Dean Witter & Co. a engagé son personnel à participer au débat interne sur la stratégie de l'entreprise face au nouveau défi d'Internet. Pari tenu : les marchés financiers ont vu que les salariés de la maison comprenaient la nécessité d'une activité en ligne, et c'est pourquoi l'annonce, par la suite, du lancement de cette activité a été accueillie par une hausse de 13 % du cours de l'action Morgan Stanley.

Les partenaires

Il y a encore plus nuisible que le mécontentement des salariés : la résistance de partenaires qui redoutent de subir une baisse des recettes ou l'érosion de leurs parts de marché en cas d'introduction d'une nouvelle idée. C'était un des grands problèmes qu'a dû affronter SAP au stade du développement d'AcceleratedSAP (ASAP), progiciel de gestion intégrée facile à installer et donc économique. C'était la première fois qu'un applicatif de gestion allait être accessible aux PME. L'ennui, c'était que la mise au point des modèles des meilleures pratiques à incorporer à ASAP demandait la collaboration active de puissantes sociétés de conseil qui tiraient des revenus considérables de l'introduction et de la gestion d'autres produits de SAP, activités de longue durée. Alors, ces partenaires n'avaient guère de motif pour rechercher le moyen le plus rapide de mettre en place un système nouveau.

Les dirigeants de SAP ont opté pour la discussion franche et ouverte. Ils ont réussi à convaincre les cabinets de conseil que leur coopération à ce stade leur permettrait par la suite d'engranger des recettes encore plus importantes. L'avènement d'ASAP allait certes réduire les délais de mise en route chez les PME, mais les consultants obtiendraient en même temps du travail auprès d'une nouvelle clientèle qui compenserait largement toute baisse de recettes en provenance des grosses entreprises. Qui plus est, le nouveau système aiderait à répondre aux griefs d'un nombre croissant de clients face à la lenteur de la mise en route des applicatifs de gestion.

L'opinion publique

Une nouvelle idée peut aussi soulever l'opposition de l'opinion publique, surtout si elle semble menacer, par son caractère radical, les normes sociales ou politiques de l'époque. Les effets sont parfois désastreux, comme le montre l'expérience de Monsanto avec la nourriture génétiquement modifiée. Les consommateurs européens ont exprimé des doutes sur les intentions du groupe, en grande partie sous l'influence d'associations comme Greenpeace ou les Amis de la Terre. Les attaques montées par ces organisations ont fait vibrer la corde sensible en Europe, qui a une longue histoire de sensibilité aux questions écologiques, et des lobbies agricoles puissants.

L'erreur de Monsanto était d'avoir laissé d'autres occuper le terrain du débat. L'entreprise aurait dû faire une vaste campagne d'information auprès des organisations écologistes et de l'opinion publique pour insister sur les vertus des aliments génétiquement modifiés et leur contribution future à l'élimination de la famine et des maladies dans le monde entier. Puis, lors du lancement des nouveaux produits, il aurait fallu donner aux consommateurs le choix entre aliments naturels et aliments génétiquement modifiés en indiquant sur les emballages la nature des semences utilisées. Si le groupe avait pris ces précautions, il aurait pu finir comme l'« Intel Inside » de l'industrie agroalimentaire – le fournisseur de la technologie incontournable – au lieu d'être l'objet de toutes les dénonciations.

Dans vos efforts de communication avec ces trois catégories d'acteurs – salariés, partenaires et opinion publique –, la clé est de prendre l'initiative d'un débat sur la nécessité d'adopter votre nouvelle idée. Vous devez expliquer ses mérites, préciser les effets que vous en attendez et détailler les mesures que vous comptez prendre pour les maîtriser. Ces différents acteurs ont besoin de sentir qu'ils ont été entendus et qu'il n'y aura pas de surprises. Les entreprises qui se donnent la peine de lancer un dialogue de ce type découvriront que c'est largement payant. (Nous en parlerons plus amplement au Chapitre 8.)

L'index des idées d'océan bleu

L'entreprise, nous l'avons vu, doit élaborer sa stratégie Océan Bleu dans le bon ordre : utilité, prix, coût et adoption. Mais ces critères forment un tout dont dépendra le succès commercial de la stratégie. L'index des idées d'océan bleu (IOB) permet de tester de façon simple et efficace cette conception globalisante.

		Philips CD-i	**Motorola Iridium**	**DoCoMo i-mode**
Utilité	Le produit offre-t-il une utilité exceptionnelle ? Y a-t-il des raisons puissantes pour l'acheter ?	–	–	+
Prix	Votre prix est-il clairement à la portée de la masse des acheteurs ?	–	–	+
Coût	La structure de vos coûts permet-elle d'atteindre votre coût cible ?	–	–	+
Adoption	Avez-vous affronté hardiment les obstacles à l'adoption ?	–	+/–	+

Figure 6.7 : L'index des idées d'océan bleu

Comme le montre la Figure 6.7, si Philips et Motorola avaient noté sur l'index IOB leurs idées – CD-i et Iridium –, ils auraient compris le peu de chances qu'ils avaient de créer ainsi de nouveaux espaces stratégiques lucratifs. Le CD-i, avec ses fonctionnalités complexes et sa gamme limitée de logiciels, n'offrait pas d'utilité exceptionnelle. Son prix le rendait inabordable pour la masse des acheteurs, et le procédé de fabrication utilisé était compliqué et coûteux. Enfin, l'appareil était d'une telle complexité technique qu'il fallait plus de trente minutes pour l'expliquer et le vendre, handicap de nature à dissuader plus d'un vendeur soumis à la pression de « faire du chiffre ». Bref, en dépit des milliards de dollars consacrés à son développement, le CD-i n'a rempli aucun des quatre critères essentiels.

Le recours à l'index IOB au stade du développement aurait permis à Philips d'anticiper les défauts que comportait son idée et d'y remédier en amont. Il suffisait de simplifier le produit, de s'assurer le concours d'éditeurs de logiciels très prisés, de choisir un prix accessible à la masse des acheteurs, de procéder en calculant le prix moins le coût – et pas en calculant le coût avant de fixer le prix – et de collaborer avec les distributeurs pour mettre au point une méthode de vente simple et rapide.

Dans le même ordre d'idées, l'Iridium de Motorola, système de télécommunications par satellite, a été proposé à un prix excessif en raison des coûts de production élevés. Il n'offrait pas non plus d'utilité exceptionnelle : non seulement on ne pouvait l'utiliser dans un immeuble ou en voiture, mais il était aussi gros qu'une brique. En ce qui concerne l'adoption, Motorola a réussi, il est vrai, à dépasser de nombreux obstacles réglementaires et à obtenir les droits de transmission dans beaucoup de pays. Ses salariés, ses partenaires et la population étaient également bien disposés envers cette nouvelle idée. Mais le groupe souffrait de la faiblesse de ses équipes de marketing et de ses circuits de distribution internationaux. En raison de cette inefficacité commerciale, les terminaux Iridium n'étaient pas toujours livrables immédiatement. Décevant du point de vue de l'utilité, du prix et du coût, peu exceptionnel sur le plan du potentiel d'adoption, l'Iridium n'avait guère de perspectives de succès.

Quel contraste entre ces deux échecs et le lancement d'i-mode au Japon ! En 1999, alors que la plupart des opérateurs des télécommunications mobiles centraient leurs efforts sur la course technologique et la concurrence tarifaire dans le domaine de la transmission vocale, NTT DoCoMo, leader du marché japonais, a misé sur l'accès à Internet par le biais du portable. La téléphonie cellulaire avait atteint au Japon une grande sophistication en matière de mobilité, de qualité de la transmission vocale, de facilité d'utilisation et de conception des terminaux. En revanche, elle offrait peu de services données – courrier électronique, recherche d'information, actualités, jeux et possibilités de commerce en ligne –, les applications qui avaient justement le vent en poupe dans l'univers d'Internet sur PC. Le service i-mode a réuni les avantages de ces deux secteurs alternatifs – téléphonie mobile et Internet – pour proposer un saut de valeur à l'acheteur.

Par ailleurs, cette offre d'une utilité exceptionnelle était disponible à un prix très abordable. L'abonnement mensuel, les tarifs de transmission vocale et de données et le prix des contenus proposés se situaient dans la zone stratégique de « non-réflexion » ; ils favorisaient donc des achats spontanés et la conquête rapide du marché de masse. Par exemple, l'abonnement mensuel à un site de contenu ne coûtait qu'entre 100 et 300 yens (entre 0,72 et 2,17 euros) du fait que NTT avait pris pour point de référence le prix habituel des hebdomadaires que les Japonais achètent régulièrement au kiosque à journaux.

Ayant établi un prix attractif pour la masse des acheteurs, le géant nippon des télécommunications s'est efforcé d'obtenir les capacités nécessaires pour respecter son coût cible tout en faisant du bénéfice. À aucun moment il n'a accepté de rester prisonnier de ses propres capacités. Tout en se concentrant sur son rôle traditionnel d'opérateur pour développer et entretenir un réseau à haut débit dans le projet i-mode, DoCoMo a tissé des liens de partenariat avec des fabricants de terminaux et des fournisseurs d'information afin de compléter son offre.

La mise en place de ce réseau bénéfique pour tous les participants lui a permis de respecter durablement le coût cible découlant de son prix stratégique. Les aspects et les acteurs de cette collaboration sont multiples ; aussi allons-nous nous limiter ici à ceux qui ont le plus de pertinence pour notre analyse. D'abord, DoCoMo n'a jamais cessé de partager savoir-faire et technologies avec les constructeurs de son réseau pour les aider à garder leur avance sur leurs rivaux. Ensuite, l'entreprise a joué le rôle de portail et de passerelle d'accès au réseau mobile : elle a constamment allongé et actualisé la liste des sites à menu i-mode tout en attirant de nouveaux fournisseurs de contenu capables de décupler son trafic. Elle a choisi de s'occuper en pareil cas de la facturation, moyennant une petite commission. Cela lui a permis d'augmenter le flux de ses revenus et aux fournisseurs de contenu de s'épargner le coût d'un service complet de facturation.

Fait encore plus important, au lieu d'utiliser le *Wireless Markup Language* (WML) sous le standard WAP de création de sites Internet, DoCoMo a opté pour c-HTML, langage déjà très courant au Japon. Les fournisseurs de contenu ne pouvaient qu'y trouver leur compte : sous c-HTML, il n'est pas besoin de financer des formations pour aider les ingénieurs-conseils en logiciel à adapter leurs sites existants – conçus pour l'environnement Internet – à i-mode. Par ailleurs, DoCoMo a signé des accords de collaboration avec des partenaires étrangers de premier plan comme Sun Microsystems, Microsoft ou Symbian pour réduire le coût global du développement et les délais de lancement.

Un autre aspect clé de cette stratégie a été le mode de mise en œuvre. Une équipe créée pour la circonstance s'est vue attribuer une mission claire et une grande autonomie. Son chef, qui a désigné la plupart des membres de l'équipe, a entamé avec eux des discussions ouvertes sur le meilleur moyen de donner naissance au nouveau marché de la transmission mobile des données, et cette démarche a beaucoup stimulé leur investissement dans le projet. Tout cela a créé au sein de l'entreprise une ambiance propice à l'adoption d'i-mode. En outre, le jeu lancé par DoCoMo, dont tous les partenaires allaient sortir gagnants, ainsi que l'accueil favorable donné par le public japonais aux services de données ont également contribué à la réussite de l'offre.

Le service i-mode a donc rempli les quatre critères de l'index IOB (voir la Figure 6.7), à tel point d'ailleurs qu'il a remporté un succès spectaculaire. Six mois après son lancement, on dénombrait déjà un million d'abonnés ; au bout de deux ans, ce chiffre s'élevait à 21,7 millions, et les revenus de la seule activité de transmission par paquets s'étaient multipliés par 130. À la fin de 2003, il y avait 40,1 millions d'abonnés ; les revenus de la transmission de données, d'images et de texte avaient bondi de 295 millions de yens (2,14 millions d'euros) à 886 milliards de yens (6,42 milliards d'euros).

DoCoMo est à ce jour la seule entreprise ayant pu faire des bénéfices dans l'Internet mobile. Tant et si bien qu'elle dépasse désormais sa société mère, NTT, du point de vue de la capitalisation boursière et du potentiel de croissance.

Mais en dépit de son triomphe éclatant au Japon, la réussite d'i-mode dans le reste du monde dépendra de la capacité de DoCoMo à vaincre les obstacles régionaux à l'adoption, qu'ils soient de nature réglementaire, culturelle et affective ou liés à la dynamique des partenariats et à l'équation économique qui sous-tend le développement des infrastructures.

Une fois que vous avez testé votre idée sur l'index IOB, vous êtes prêt à passer à la vitesse supérieure : après la formulation vient l'exécution de votre stratégie Océan Bleu. La grande question à ce stade est la suivante : comment entraîner le reste de l'entreprise dans ce projet, qui pourrait annoncer une rupture avec les habitudes ? Cela nous amène à la troisième partie de ce livre et au cinquième principe régissant les stratégies Océan Bleu : l'importance de vaincre les grands obstacles internes. C'est à ce défi que notre prochain chapitre est consacré.

TROISIÈME PARTIE

L'EXÉCUTION D'UNE STRATÉGIE OCÉAN BLEU

Chapitre 7

VAINCRE LES GRANDS OBSTACLES INTERNES

Une fois que l'entreprise a élaboré une stratégie Océan Bleu associée à un modèle économique rentable, elle doit passer à sa mise en œuvre. La phase d'exécution de toute stratégie est jalonnée d'embûches ; entreprises et individus ont souvent du mal à traduire leur pensée en action, qu'il s'agisse d'un océan bleu ou rouge. Mais à la différence d'une stratégie océan rouge, une stratégie Océan Bleu se démarque fortement des pratiques habituelles : elle s'articule sur le passage de la convergence à la divergence des courbes de valeur, et ce, à des coûts plus bas. La barre de l'exécution est donc placée plus haut.

De l'avis des dirigeants, ce défi est difficile à relever car ils doivent surmonter quatre obstacles. Le premier, d'ordre cognitif, consiste à susciter chez les salariés une volonté de changement stratégique. Car même si l'océan rouge ne garantit pas une croissance rentable à l'avenir, tout le monde y trouve son compte. On se dit qu'il a peut-être même bien servi les intérêts de l'entreprise jusque-là, alors pourquoi faire des vagues ?

Le deuxième obstacle est constitué par les ressources limitées dont on dispose. Plus important est le changement de stratégie, plus vastes sont les moyens nécessaires pour le réaliser. Or, dans beaucoup d'entreprises que nous avons étudiées, les ressources avaient été rognées et non augmentées.

Le troisième obstacle concerne la motivation. Comment motiver les acteurs clés pour qu'ils entreprennent avec rapidité et persévérance une rupture avec les pratiques habituelles ? Cela prendrait des années, et un dirigeant ne dispose pas d'autant de temps devant lui.

Le dernier obstacle, ce sont les luttes d'influence internes. Comme un cadre nous l'a dit : « Chez nous, vous vous faites descendre avant d'avoir pu vous lever pour prendre la parole. »

Bien que toutes les entreprises doivent affronter ces obstacles à des degrés divers et que beaucoup ne les rencontrent que sous une forme atténuée, il faut dans tous les cas savoir comment les surmonter pour réduire les risques internes à l'entreprise. Cela nous conduit au cinquième principe de toute stratégie Océan Bleu : vaincre les grands obstacles internes à l'entreprise pour traduire la stratégie en actes.

Pour y parvenir, on doit renoncer aux idées reçues sur la façon de réaliser des changements. On pense généralement que plus le changement est grand et plus les moyens et le temps qui y sont alloués doivent être importants pour obtenir le résultat escompté. Or, en réalité, il faut prendre le contre-pied de ces stéréotypes en appliquant ce que nous appelons le *management par le point de bascule*. Cette méthode vous permettra de surmonter ces quatre obstacles rapidement et à moindres coûts, tout en ralliant le soutien des salariés.

Le management par le point de bascule : de la théorie à la pratique

Voyons le cas de la police de New York (NYPD), qui a mis en œuvre une stratégie Océan Bleu dans les années 1990. En février 1994, quand Bill Bratton fut nommé commissaire divisionnaire de la ville de New York, tout se liguait contre lui, à un point même que peu de patrons peuvent se l'imaginer. Au début des années 1990, la situation frôlait l'anarchie dans la ville. Les meurtres abondaient, les agressions, les violences de la mafia, les groupes d'autodéfense et les vols à main armée faisaient quotidiennement la une des journaux. Les New-Yorkais vivaient en état de siège. Mais le budget de Bill Bratton était gelé. En fait, après trois décennies de hausses constantes de la criminalité à New York, beaucoup de chercheurs en sociologie avaient conclu que l'intervention de la police était sans effet. Les habitants de la ville demandaient de l'aide à cor et à cri. Un gros titre de première page en appelait directement au maire d'alors, David Dinkins, pour diminuer rapidement la criminalité : « Dave ! Fais donc quelque chose[1] ! » Avec une paie de misère, des conditions de travail dangereuses, de longues heures de service et peu d'espoir de promotion dans un système régi par la titularisation, le moral des 36 000 policiers de la ville était au plus bas – et nous n'évoquerons même pas les effets débilitants des coupes budgétaires, du délabrement du matériel et de la corruption.

S'il s'était agi d'une entreprise, on aurait dit que la NYPD était une entité à court de liquidités, affligée d'une part de 36 000 salariés enlisés dans l'habitude, démotivés, sous-payés et, d'autre part, d'une clientèle mécontente, le tout produisant des résultats en chute libre qui se traduisaient par l'augmentation de la délinquance, de la peur et du désordre. Les guerres de territoire et les luttes d'influence internes constituaient la cerise sur le gâteau. Bref, amener la NYPD à exécuter un changement de cap était un cauchemar dépassant l'imagination de la majorité des chefs d'entreprise. La concurrence, à savoir les malfaiteurs, était forte et en pleine expansion.

Pourtant, en moins de deux ans et sans augmentation de budget, Bill Bratton a fait de New York la grande ville la plus sûre des États-Unis. Il est sorti de l'océan rouge grâce à une stratégie Océan Bleu du maintien de l'ordre qui a révolutionné les idées en la matière. Entre 1994 et 1996, l'organisation l'emporta tandis que les « profits » grimpaient : les crimes en général diminuèrent de 39 %, les meurtres de 50 % et les vols de 35 %. Le « client » était gagnant, comme le montraient les sondages Gallup, qui faisaient état d'une augmentation de 37 % à 73 % de la confiance du public dans sa police. Les salariés l'étaient eux aussi : selon des sondages internes, leur satisfaction au travail avait atteint un niveau inconnu jusqu'alors. Un agent de police l'exprima en ces termes : « Nous aurions fait l'aller-retour en enfer pour cet homme-là. » Mais ce qui est encore plus impressionnant, c'est que les changements ont survécu à leur promoteur, ce qui suppose une transformation fondamentale de la culture de la NYPD et de sa stratégie. Même après le départ de Bill Bratton en 1996, le taux de criminalité a continué à baisser.

Peu de chefs d'entreprise ont à affronter des obstacles internes aussi redoutables pour rompre avec des pratiques habituelles. Et encore moins se montrent capables d'obtenir des améliorations aussi spectaculaires, y compris dans des conditions beaucoup moins dramatiques que celles que vivait la NYPD. Même Jack Welch avait eu besoin d'une dizaine d'années et d'un investissement de dizaines de millions de dollars dans la restructuration et la formation pour redynamiser General Electric.

De plus, au mépris de toutes les idées reçues, Bill Bratton a réussi cette performance choc en un temps record et avec de faibles ressources, tout en relevant le moral de ses troupes et en instaurant une situation dont tous les acteurs sont sortis gagnants. Ce n'était pas non plus son premier redressement stratégique, mais son cinquième. À chaque fois, il y était parvenu en dépit des quatre obstacles qui, selon les dirigeants, limitent leur capacité à exécuter une stratégie Océan Bleu : l'obstacle cognitif, qui empêche les salariés de voir la nécessité d'un changement radical ; l'obstacle des ressources limitées, qui est endémique dans le monde de l'entreprise ; l'obstacle de la motivation, qui décourage et démoralise le personnel ; et l'obstacle des luttes de pouvoir, qui se traduisent par la résistance interne et externe au changement (voir la Figure 7.1).

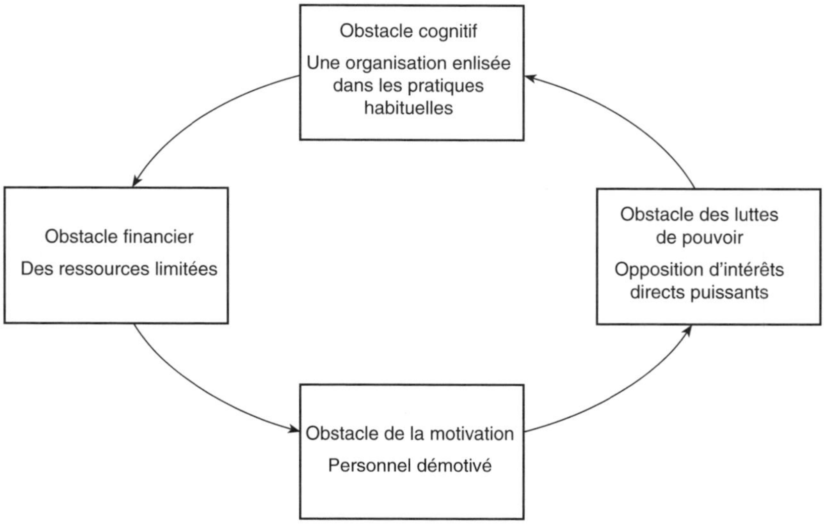

Figure 7.1 : Les quatre obstacles internes à l'exécution de la stratégie

Le levier central : les éléments déclencheurs à fort impact

Le management par le point de bascule trouve son origine dans le champ de l'épidémiologie et de la théorie des points de bascule[2]. Il se fonde sur l'idée que, dans toute organisation, des changements fondamentaux peuvent se réaliser rapidement quand les convictions et les énergies d'une masse critique d'individus sont à même de démarrer un mouvement en faveur d'une idée, comme le ferait une épidémie. La clé permettant d'amorcer une telle contagion est la concentration et non la dissémination.

Le management par le point de bascule s'appuie sur une réalité rarement exploitée : dans toute organisation, il existe *des individus, des actions et des activités qui exercent une forte influence* sur les résultats. Par conséquent, et à rebours des idées reçues, on ne relève pas un défi important en lui apportant une solution équivalente par son ampleur ; autrement dit, on n'obtient pas de grands résultats grâce à des investissements proportionnels en temps et en ressources. Il s'agit au contraire de ménager temps et ressources en se concentrant sur l'identification puis sur l'exploitation des éléments déclencheurs à fort impact que recèle l'organisation.

Les questions vitales auxquelles le manager-point de bascule doit répondre sont les suivantes : quels éléments ou quelles actions aident de façon prépondérante à rompre avec des pratiques habituelles, à tirer le maximum des ressources disponibles, à inciter les acteurs clés à s'orienter de façon dynamique vers le changement et à renverser les obstacles engendrés par les luttes de pouvoir, qui font souvent capoter les stratégies même les meilleures ? En se concentrant sur les éléments déclencheurs à fort impact, le manager-point de bascule peut renverser les quatre obstacles qui limitent l'exécution d'une stratégie Océan Bleu. Il peut y parvenir rapidement et à moindres frais.

Voyons maintenant comment vous pouvez exploiter les éléments déclencheurs à fort impact pour balayer les quatre obstacles à toute stratégie Océan Bleu et passer de la réflexion à l'action.

Vaincre l'obstacle cognitif

Dans nombre de restructurations et de redressements, la bataille la plus âpre consiste à faire prendre conscience aux autres qu'un changement stratégique est nécessaire et qu'il faut se mettre d'accord sur ses causes. La plupart des PDG se contentent, en pareil cas, de présenter des chiffres et d'insister sur l'importance de se fixer des objectifs plus ambitieux. « Il n'y a que deux possibilités : atteindre les objectifs ou les dépasser », affirment-ils.

Mais, comme chacun sait, il est possible de faire dire beaucoup de choses aux chiffres. Quand on impose des objectifs difficiles à atteindre, on ouvre la porte à tous les abus dans l'établissement du budget, ce qui fait naître l'hostilité et la méfiance entre services et entre fonctions. Même quand les chiffres ne sont pas manipulés, ils peuvent être trompeurs. Les commerciaux rémunérés à la commission, par exemple, sont rarement sensibles au coût des ventes qu'ils effectuent.

Qui plus est, un message élaboré à partir de chiffres s'oublie vite. Les arguments en faveur du changement semblent abstraits et fort éloignés de la sphère d'activité des responsables opérationnels, qui sont précisément les personnes que le PDG doit rallier. Ceux dont l'unité s'en tire bien estiment que la critique ne les concerne pas ; c'est un problème pour la direction générale ! En revanche, les responsables d'unités aux performances médiocres ont l'impression qu'on les montre du doigt. Or celui qui craint pour son poste de travail est plus tenté de sonder le marché de l'emploi que d'essayer de résoudre les problèmes de l'entreprise.

Le manager-point de bascule ne s'appuie pas sur les chiffres pour vaincre l'obstacle cognitif de l'entreprise. Il préfère se concentrer, à l'instar de Bill Bratton, sur un élément déclencheur à fort impact : amener les salariés à voir et à vivre par eux-mêmes la réalité brute. Les recherches en neurologie et dans les sciences cognitives prouvent que l'individu se souvient mieux de ce qu'il voit et ressent et qu'il y réagit plus efficacement : « Voir, c'est croire. » En matière d'expérience, les stimuli positifs renforcent les comportements existants tandis que les stimuli négatifs les modifient. Dit simplement, quand un enfant met son doigt sur le glaçage du gâteau et y goûte, plus il le trouve savoureux et plus il voudra en manger. Les parents n'ont pas besoin d'encourager ce comportement. Si, au contraire, l'enfant a touché un four très chaud, il ne le refera plus jamais. Cette expérience négative lui fait volontairement changer de comportement ; là non plus, aucune remontrance des parents n'est nécessaire[3]. Mais une expérience comme une présentation abstraite de données chiffrées, qui ne requiert ni le toucher, ni la vue, ni la confrontation avec des résultats concrets, n'a guère d'impact et est vite oubliée[4].

Le management par le point de bascule s'inspire de ces principes pour provoquer un rapide changement d'état d'esprit *qui naît de la motivation et de la volonté des salariés eux-mêmes*. Au lieu de faire appel aux chiffres pour vaincre les obstacles cognitifs, on fait ressentir le besoin de changement de deux façons.

Voyager dans les « égouts électrifiés »

Pour en finir avec les pratiques habituelles, les salariés doivent prendre à bras-le-corps les problèmes opérationnels les plus graves. Ne permettez à personne dans la hiérarchie de se lancer dans des conjectures hasardeuses sur ce qui se passe dans la réalité : les chiffres sont contestables et peu percutants, alors que la confrontation avec la médiocrité des résultats, si atroce et implacable qu'elle soit, peut pousser à agir. Cette expérience directe est un élément déclencheur à fort impact qui fait rapidement basculer ceux qui butent sur l'obstacle cognitif.

Considérons l'exemple suivant. Dans les années 1990, le métro new-yorkais suait tellement la peur qu'il s'était acquis le surnom d'« égouts électrifiés ». Les voyageurs le boudaient à tel point que les recettes étaient en chute libre. De plus la brigade de police affectée au métro était dans le déni. Pourquoi ? Parce que seuls 3 % des crimes et délits importants perpétrés dans la ville l'étaient dans le métro. Ainsi, les usagers avaient beau se plaindre, leurs réclamations tombaient dans l'oreille de sourds. Personne ne voyait la nécessité de repenser les stratégies de la police.

Puis, quelques semaines seulement après sa nomination, Bill Bratton avait opéré une rupture complète avec les habitudes de pensée de la police new-yorkaise. Comment ? Pas par la force ni par une bataille de chiffres, mais en obligeant les responsables au sommet et au milieu de la hiérarchie – à commencer par lui-même – à prendre le métro nuit et jour, chose que, avant son arrivée aux commandes, personne n'avait faite.

Si les statistiques dressaient un tableau rassurant de la situation, la visite du métro, elle, montrait ce que les New-Yorkais affrontaient au jour le jour : un réseau métropolitain au bord de l'anarchie. Des bandes de jeunes sillonnaient les wagons. Les resquilleurs sautaient par-dessus les machines à composter les billets. Graffitis, mendiants agressifs et alcooliques affalés sur les bancs étaient le lot quotidien des usagers. La police ne pouvait plus fuir la cruelle vérité. Impossible de contester la nécessité d'abandonner ces pratiques habituelles, et vite.

Montrer à vos supérieurs la réalité dans ce qu'elle a de pire permet aussi de les sensibiliser rapidement aux problèmes et de les faire évoluer. Pourtant, peu de responsables tirent parti de cette méthode efficace. Ils préfèrent au contraire soumettre un dossier chiffré qui n'a ni caractère d'urgence ni forte charge affective. Ou encore, ils essaient de mettre en vitrine les cas les plus exemplaires de leurs capacités opérationnelles pour recueillir les soutiens. Mais même si ces solutions donnent parfois des résultats, elles ne permettent pas de vaincre les blocages cognitifs des supérieurs hiérarchiques aussi vite ni aussi radicalement que le spectacle des contre-performances.

À l'époque où Bill Bratton était chef de la brigade de police affectée au réseau des transports en commun de la baie du Massachusetts (MBTA), la direction du réseau décida d'acheter des petites voitures de patrouille, bon marché à l'achat et à l'entretien. Or cette décision allait à l'encontre de la nouvelle stratégie de maintien de l'ordre mise au point par le commissaire. Mais ce dernier, au lieu de s'y opposer activement ou plaider en faveur d'une augmentation du budget – demande qui aurait pris des mois à évaluer et aurait probablement fini par être rejetée –, invita le directeur général de la MBTA à visiter sa circonscription.

Pour lui faire prendre conscience de son erreur, Bill Bratton l'emmena dans une petite voiture analogue au modèle commandé. Il avança au maximum les sièges pour démontrer le peu de place qu'un agent d'un mètre quatre-vingts avait pour ses jambes, puis il s'élança en roulant sur autant de nids de poule que possible. Bill Bratton portait également sa ceinture, ses menottes et son arme de service afin de souligner jusqu'à quel point un policier dûment équipé y serait à l'étroit. Au bout de deux heures, le directeur général demanda grâce. Il demanda au commissaire comment il pouvait supporter aussi longtemps de rester enfermé dans un véhicule aussi étriqué – et encore moins avec un malfaiteur sur le siège arrière. C'est ainsi que Bill Bratton obtint les voitures plus spacieuses que sa nouvelle stratégie exigeait.

À la rencontre des clients mécontents

Pour avoir raison des obstacles cognitifs, il ne suffit pas de faire sortir vos supérieurs hiérarchiques du bureau pour constater le désastre sur le terrain. Vous devez aussi les obliger à écouter les doléances des clients les plus mécontents. Ne vous fiez pas aux études de marché. Dans quelle mesure vos supérieurs ont-ils l'habitude ou l'occasion d'observer le marché et de rencontrer des clients insatisfaits ? Vous êtes-vous déjà demandé pourquoi les ventes sont en deçà de l'idée que vous avez de la qualité de votre produit ? Pour le dire simplement, rien ne remplace la rencontre et l'écoute directe.

À la fin des années 1970, le quatrième district de la police de Boston, qui comprenait la salle de concert, l'Église du Christ scientiste et d'autres institutions culturelles, était le théâtre d'une délinquance en forte hausse. Les habitants, de plus en plus terrorisés, étaient de plus en plus nombreux à revendre leur logement et à déménager, déclenchant dans le quartier une spirale de déclin. Mais en dépit de cet exode en masse, la police pensait faire du bon boulot. Les indices traditionnellement utilisés pour la comparaison avec d'autres services de police montraient des résultats excellents : les délais de réponse aux appels d'urgence étaient en baisse, et les arrestations de malfaiteurs en hausse. Pour comprendre le paradoxe, Bill Bratton, alors à la tête de la police locale, organisa une série de réunions à la mairie entre policiers et habitants du quartier.

Il ne fallut pas longtemps pour situer les raisons de cet écart d'interprétation. Si les agents de police s'enorgueillissaient de la rapidité de leurs interventions et de leur record en matière de résolution d'affaires criminelles, leurs efforts passaient largement inaperçus : rares étaient les citoyens qui se sentaient menacés par la grande criminalité. Par contre, ils étaient excédés par des faits moins graves : la présence constante d'ivrognes, de mendiants, de prostituées dans un quartier défiguré par les graffitis.

Les réunions municipales conduisirent à une redéfinition complète des priorités de la police, qui se concentrait désormais sur une stratégie Océan Bleu, dite stratégie de la « vitre cassée »[5]. La délinquance diminua et la commune recouvra son sentiment de sécurité.

Quand vous voulez faire comprendre à votre entreprise la nécessité d'un changement stratégique et d'une rupture avec les pratiques habituelles, défendez-vous votre point de vue à l'aide de chiffres ? Ou faites-vous en sorte que les cadres, les salariés de base et vos supérieurs (ainsi que vous-même) regardent en face les problèmes internes les plus graves ? Envoyez-vous vos managers explorer le marché à la rencontre des clients mécontents, ou vous contentez-vous de mener votre enquête à distance, par le biais de questionnaires d'étude de marché ?

Sauter l'obstacle des ressources limitées

Une fois que les salariés de l'entreprise ont accepté le besoin d'un changement de stratégie et se sont mis plus ou moins d'accord sur les contours de la nouvelle orientation à prendre, les dirigeants se heurtent en général à l'implacable réalité de la maigreur des ressources. Disposent-ils des moyens nécessaires pour mener à bien leur programme ? À ce stade, la plupart des PDG réformateurs se trouvent face à une alternative. Soit ils révisent à la baisse leurs ambitions et démoralisent à nouveau leur personnel, soit ils se battent pour convaincre leurs banquiers ou leurs actionnaires de leur accorder des moyens supplémentaires, démarche qui risque de prendre du temps et de détourner l'attention des problèmes de fond. Cela ne veut pas dire que ce serait inutile d'essayer, mais tout simplement qu'obtenir des ressources supplémentaires prend souvent du temps – et oblige à passer par des luttes de pouvoir.

Comment amener l'entreprise à opérer un changement de cap sans moyens supplémentaires ? Au lieu de se concentrer sur l'idée d'en obtenir davantage, le manager-point de bascule cherche à démultiplier la valeur des ressources dont il dispose. Car dans ce domaine, il peut exploiter trois éléments déclencheurs à fort impact d'une part pour libérer des ressources de façon spectaculaire et, d'autre part, pour en démultiplier la valeur. Ces éléments sont les points chauds, les points froids et la négociation.

Le *point chaud* est une activité qui mobilise peu de ressources mais qui est dotée d'un fort potentiel d'augmentation des résultats. Au contraire, le *point froid* est une activité qui accapare des ressources importantes mais qui a seulement un faible impact sur les résultats. Dans toute organisation, points chauds et points froids abondent. La *négociation* consiste à échanger le déficit de ressources d'une unité de l'entreprise pour l'excédent d'une autre unité et inversement afin de compenser les faiblesses de l'une et de l'autre. C'est souvent en apprenant à utiliser à bon escient les moyens existants qu'on découvre qu'on peut dépasser d'un coup l'obstacle des ressources limites.

Quelle activité monopolise une grosse partie de vos ressources mais a un faible impact sur vos résultats ? Inversement, quelle activité a le plus grand impact sur vos résultats, malgré le peu de ressources qui y sont affectées ? Quand les questions sont posées ainsi, l'entreprise comprend comment libérer des ressources médiocrement rentables pour les rediriger vers des domaines à fort impact. C'est ainsi qu'on peut parvenir simultanément à réduire les coûts et à augmenter la valeur.

Réaffecter des ressources aux points chauds

Les prédécesseurs de Bill Bratton à la brigade chargée de la sécurité dans le métro new-yorkais prétendaient que, pour sécuriser le réseau, il fallait affecter un agent à chaque ligne ainsi qu'à chaque entrée et à chaque sortie. Selon leur raisonnement, cependant, toute hausse du « résultat net » (la baisse de la criminalité) aurait exigé un accroissement des coûts (effectifs supplémentaires) à un niveau que le budget ne permettait pas. C'était, en somme, la même logique qui guide la conception qu'ont la plupart des entreprises d'une augmentation des marges bénéficiaires.

Mais la baisse spectaculaire obtenue par Bill Bratton – la plus forte dans toute l'histoire de sa brigade – de la délinquance, de la peur et du désordre dans le métro ne devait rien à l'augmentation du nombre d'agents affectés aux points chauds du métro. Son analyse révéla que, si le réseau métropolitain formait effectivement un labyrinthe de lignes, d'entrées et de sorties, l'essentiel des délits se produisaient dans quelques stations seulement et sur un nombre restreint de lignes. Bill Bratton découvrit également que ces points chauds, qui avaient un poids énorme dans les chiffres de la criminalité, souffraient d'un terrible déficit d'attention, alors que des lignes et des stations qui ne signalaient presque jamais de délits étaient dotées d'effectifs équivalents. La solution adoptée a été le recentrage des agents sur les points chauds. Et la criminalité a diminué alors que les effectifs de la police demeuraient identiques.

Dans le même ordre d'idées, avant l'arrivée de Bill Bratton à la NYPD, la brigade des stupéfiants avait seulement des équipes de jour qui ne représentaient que 5 % des effectifs globaux. Pour identifier les points chauds en ressources, Jack Maple, commissaire adjoint, demanda aux participants à une réunion des gradés de la police new-yorkaise de faire une estimation du pourcentage des délits attribuables à la toxicomanie. La plupart d'entre eux le fixèrent à 50 %, d'autres à 70 % et l'estimation la plus faible fut de 30 %. Jack Maple souligna qu'on pouvait difficilement nier, dès lors, qu'une brigade des stupéfiants rassemblant moins de 5 % des effectifs de la NYPD manquait sérieusement de personnel. En outre, il s'avéra que la brigade travaillait essentiellement du lundi au vendredi, alors que le trafic de drogue et les délits liés à la toxicomanie se déroulaient avant tout le week-end. Pourquoi ? Parce qu'il en avait toujours été ainsi ; c'était une pratique jamais remise en question.

Une fois ces faits présentés et le point chaud identifié, la demande d'une réaffectation majeure d'effectifs et de ressources au sein de NYPD fut rapidement acceptée. Bill Bratton put concentrer ressources et personnel sur les points chauds, et la criminalité liée à la toxicomanie s'effondra.

Où avait-il trouvé les ressources pour y parvenir ? Il avait en même temps identifié les points froids de l'organisation.

Retirer des ressources aux points froids

Le dirigeant qui veut libérer des ressources doit rechercher les points froids de son organisation. Bill Bratton a découvert que l'un des points froids les plus importants du métro était la traduction en justice des délinquants. Il fallait en moyenne seize heures à un agent pour amener un suspect au tribunal, même pour le plus anodin des délits. C'était du temps que les agents ne pouvaient consacrer à patrouiller dans le métro ni à combattre la délinquance.

Bill Bratton y mit bon ordre. Au lieu d'amener les délinquants au tribunal, il amena des centres de traitement des délits aux délinquants : de vieux bus aménagés en mini-postes de police étaient garés à proximité des stations de métro. L'agent de police se contentait d'escorter le suspect dans la rue où était stationné le bus. La durée de l'opération passa ainsi de seize heures à une heure seulement, et un plus grand nombre d'agents étaient disponibles pour patrouiller dans le métro.

Se lancer dans la négociation

En plus de recentrer en interne les ressources déjà existantes, le manager-point de bascule négocie l'échange des ressources superflues avec des services qui en ont besoin. Les directeurs de structures du secteur public savent que leur budget et leurs effectifs font souvent l'objet de débats publics à cause du manque notoire de moyens. Ils rechignent donc à faire officiellement état de leurs excédents et surtout à les transférer à d'autres entités, de peur de ne plus jamais les revoir. L'un des résultats de ce fonctionnement est que certaines structures finissent par être bien pourvues en ressources dont elles n'ont que faire, alors qu'elles sont à court des ressources dont elles ont le plus besoin.

Dean Esserman, nommé en 1990 chef de la brigade du métro new-yorkais ainsi que conseil juridique et politique de Bill Bratton, joua un rôle clé de négociateur. Il découvrit que cette brigade, qui était installée à l'étroit, possédait un parc de véhicules banalisés supérieur à ses besoins. De son côté, la NDT (service qui contrôle la liberté conditionnelle des prévenus) manquait de voitures mais avait un excédent de bureaux. Esserman et Bratton proposèrent l'échange qui s'imposait et qui fut accueilli avec gratitude par le personnel de ce service judiciaire. Les agents de la brigade du métro, eux, furent ravis d'obtenir le rez-de-chaussée d'un excellent immeuble du centre-ville. Cet échange valut à Bill Bratton une plus grande crédibilité au sein de la police new-yorkaise qui allait lui permettre par la suite d'introduire des réformes plus importantes. En même temps, il lui donnait une image d'homme capable de résoudre les problèmes auprès des responsables politiques dont il dépendait.

La Figure 7.2 montre le recentrage radical opéré par Bill Bratton pour sortir de l'océan rouge et mettre en place sa stratégie Océan Bleu. Sur l'axe vertical, on voit le niveau relatif des ressources, et sur l'axe horizontal, les différents domaines stratégiques qui concentraient les investissements. C'est par l'atténuation ou la quasi-élimination de certains aspects du travail de la brigade du métro et par le renforcement d'autres ou la création d'activités nouvelles que Bill Bratton a réussi à opérer un changement spectaculaire dans l'affectation des ressources.

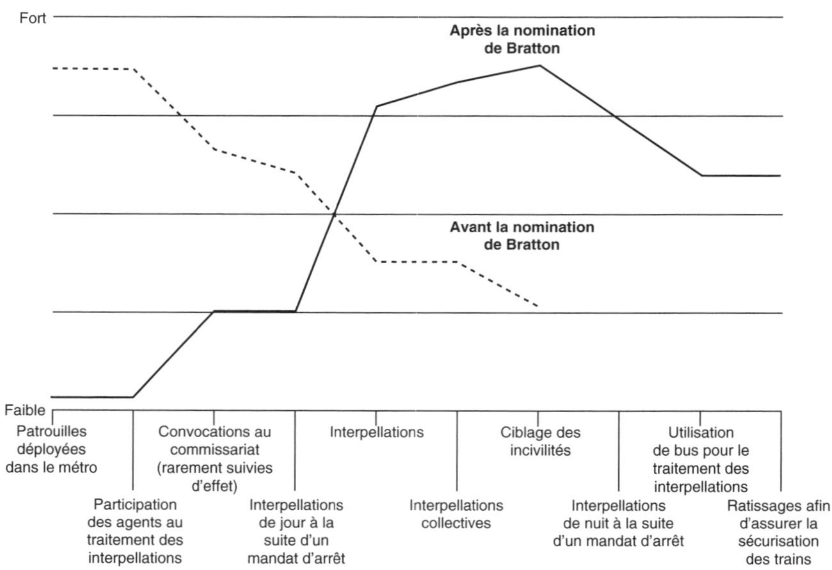

Figure 7.2 : Le canevas stratégique du recentrage des ressources de la brigade du métro new-yorkais

Si les éliminations et les atténuations diminuèrent les coûts de l'organisation, le renforcement ou la création de nouveaux éléments exigèrent des investissements supplémentaires. Comme le montre le canevas stratégique, le niveau d'investissement global demeurait à peu près inchangé. Dans le même temps, le bénéfice qu'en tirait le citoyen augmentait. L'abandon de la couverture totale du réseau métropolitain et son remplacement par une stratégie focalisée sur les points chauds étaient source d'efficacité et d'économie dans la lutte contre la délinquance. La réduction du temps passé à s'occuper des interpellations ou des points froids et l'introduction des bus augmentèrent la valeur des forces de police en permettant aux agents de se consacrer au maintien de l'ordre. Enfin, le déplacement des investissements vers la lutte contre la petite délinquance recentra les ressources de la police sur des délits qui constituaient un danger constant dans la vie quotidienne du citoyen. Grâce à ces mesures, la brigade du métro a pu fortement améliorer les performances de ses agents : débarrassés des tracasseries administratives, ces derniers avaient désormais des objectifs précis concernant la nature et le lieu des délits à traquer en priorité.

Et vous ? Affectez-vous des ressources en fonction d'hypothèses dépassées, ou recherchez-vous des moyens sous-utilisés pour les concentrer sur les points chauds ? Quels sont vos points chauds ? Quelles activités ont le plus gros impact sur les résultats mais sont privées de moyens ? Quels sont vos points froids ? Quelles activités sont abondamment financées mais exercent une influence dérisoire sur les résultats ? Disposez-vous d'un négociateur ? Et si oui, qu'avez-vous à échanger ?

Surmonter l'obstacle de la motivation

Pour atteindre le point de bascule et mettre en place une stratégie Océan Bleu, il faut sensibiliser les salariés à la nécessité d'un changement de cap et identifier la façon d'y parvenir avec des ressources limitées. Puis, pour que la nouvelle stratégie se transforme en dynamique, le salarié doit non seulement connaître les objectifs définis, mais aussi agir avec persévérance et à-propos pour les atteindre.

Comment motiver l'ensemble des salariés vite et à moindres frais ? Face à la nécessité de rompre avec les pratiques habituelles, la plupart des chefs d'entreprise se bornent à produire des visions stratégiques grandioses et à s'en remettre à des campagnes de mobilisation qui partent du sommet de la hiérarchie. Ils supposent que, pour susciter une réaction forte, une action de force équivalente est indispensable. Mais c'est souvent là un travail lourd, long et coûteux, compte tenu de l'ampleur des besoins de motivation que connaît généralement une grande entreprise. Quant aux visions stratégiques grandioses, elles inspirent des déclarations creuses plutôt que des actes concrets. Autant essayer de manœuvrer un porte-avions dans une baignoire...

... à moins qu'on opte pour une tout autre voie, comme le manager-point de bascule. Loin de programmer des changements tous azimuts, il recherche la concentration de son action. Pour motiver les salariés, il travaille en priorité sur trois éléments déclencheurs à fort impact que nous appelons les chevilles ouvrières, la gestion transparente et le fractionnement.

Zoom sur les chevilles ouvrières

Pour qu'un changement stratégique puisse avoir un véritable impact, les salariés de tous les échelons doivent faire corps. Mais attention : pas question de disperser les efforts sur un grand nombre de cibles pour déclencher une épidémie d'énergie positive. Il faut au contraire les concentrer sur les *chevilles ouvrières*. Ce sont les influenceurs clés dans l'entreprise, ceux qui exercent une autorité naturelle, qui sont respectés et écoutés ou qui ont la capacité de libérer ou de bloquer l'accès aux ressources vitales. Comme dans un jeu de quilles, si vous touchez celles qui occupent les premières lignes, toutes celles qui sont derrière sont entraînées dans leur chute. L'entreprise n'a plus besoin de s'adresser à chacun, mais elle est néanmoins capable de toucher et de transformer tout le monde. Et comme chaque entreprise compte généralement un nombre relativement faible d'influenceurs, il est assez facile pour le PDG de les identifier et de les motiver.

Bill Bratton, lui, identifia les soixante-seize commissaires de la police new-yorkaise comme ses chevilles ouvrières. Pourquoi ? Parce que chacun d'entre eux avait 200 à 400 policiers sous ses ordres. Galvaniser les commissaires pouvait donc avoir un effet d'entraînement qui permettrait d'atteindre les 36 000 policiers de la ville et de les convaincre d'accepter la nouvelle stratégie de maintien de l'ordre.

Chevilles ouvrières et transparence

Pour motiver une cheville ouvrière dans la durée, il faut braquer constamment et de façon très évidente les projecteurs sur son activité. Cette méthode, que nous appelons le *management transparent*, permet de mettre en évidence l'action ou l'inaction des chevilles ouvrières et souligne de manière appuyée les risques de l'inaction : les traînards apparaissent au grand jour et les moteurs du changement sont valorisés. Pour être efficace, cette politique de transparence doit reposer sur la fédération des acteurs et le management équitable.

À la NYPD, la gestion transparente de Bill Bratton se traduisait par des réunions bimensuelles de mise à jour de la stratégie contre la criminalité, qui rassemblaient les plus hauts gradés de la ville pour analyser les résultats obtenus par les soixante-seize commissaires de quartier dans l'application de la nouvelle stratégie. La présence de ces derniers ainsi que d'autres gradés de la police était obligatoire, et Bratton lui-même y assistait aussi souvent que possible. Chaque commissaire de quartier devait présenter à ses pairs et à ses supérieurs l'évolution de la criminalité dans son secteur au regard des nouvelles directives stratégiques et ce, par projection de cartes et de graphiques informatisés permettant d'illustrer d'une manière incontournable les résultats obtenus. Le commissaire devait expliquer les cartes, décrire les solutions apportées par son équipe aux problèmes et commenter les avancées ou les reculs. Ces réunions fédératrices faisaient apparaître sans ambiguïté les résultats et les responsabilités de chacun.

En quelques semaines seulement, elles avaient donné naissance à une très forte culture de la performance : aucune cheville ouvrière ne voulait démériter, et chacun mettait un point d'honneur à faire des étincelles devant ses pairs et ses supérieurs. La pratique de la transparence empêchait le commissaire incompétent de rejeter la responsabilité de ses erreurs sur les commissariats voisins, puisque les responsables de ces commissariats étaient présents et pouvaient le contredire. En outre, la photo du commissaire qui serait mis sur la sellette à la prochaine réunion ornait la page de couverture du document de présentation. C'était un moyen de rappeler qu'il allait devoir répondre des résultats de son commissariat.

De même, le management transparent permettait aux commissaires les plus performants de voir leurs résultats appréciés et d'aider les autres. Les réunions favorisaient également des échanges multiples entre les participants ; avant l'ère Bratton, les commissaires de quartier avaient rarement l'occasion de se retrouver tous. Au fil du temps, ce mode de gestion fit son chemin jusqu'au bas de la hiérarchie, puisque les commissaires instaurèrent chacun leur version personnelle des réunions des gradés. Du fait que les projecteurs étaient braqués sur les résultats obtenus dans l'application de la stratégie, les commissaires étaient fortement motivés pour obtenir l'adhésion des policiers sous leurs ordres.

Mais une démarche fédératrice de ce genre ne peut réussir que si elle est fondée sur l'équité. Pratiquer le *management équitable*, c'est mobiliser toutes les personnes concernées, expliquer les raisons des décisions, des promotions et des sanctions et, enfin, préciser les performances que l'on attend d'elles. Dans les réunions de la NYPD, personne ne pouvait crier à l'injustice, car toutes les chevilles ouvrières étaient logées à la même enseigne. Les résultats de tous les commissaires étaient évalués avec la même transparence et mis en rapport avec leur avancement ou leur rétrogradation ; à chaque réunion, on fixait également les objectifs que chacun avait pour mission d'atteindre.

En pratiquant le management équitable, les dirigeants démontrent que le même traitement s'applique à tout le monde et qu'ils apprécient la valeur intellectuelle et humaine des salariés malgré tous les progrès qui restent à accomplir. Cela permet d'atténuer fortement les doutes et les suspicions qui habitent presque inévitablement l'esprit des salariés de toute entreprise engagée dans un revirement stratégique. Le management équitable, qui amortit le choc des bouleversements, se conjugue avec le souci de la transparence pour stimuler les salariés et les accompagner dans leur cheminement. (Pour une discussion plus approfondie du management équitable et de ses conséquences sur le plan de la motivation, voir le Chapitre 8.)

Le fractionnement, outil de métamorphose de l'entreprise

Le dernier élément déclencheur à fort impact est le *fractionnement*. Il s'agit du cadrage du défi stratégique, l'une des tâches les plus délicates du manager-point de bascule. Le changement n'aura lieu que si les salariés sont convaincus qu'on ne leur demande pas l'impossible. À cet égard, le programme de Bill Bratton à New York semblait de prime abord bien trop ambitieux pour être réaliste. Qui aurait cru qu'un individu pourrait faire de la ville la plus dangereuse du pays la ville la plus sûre ? Et qui aurait voulu investir du temps et de l'énergie dans la poursuite d'une telle chimère ?

Pour dépasser ce problème, Bill Bratton fractionna son programme en éléments que les policiers de tous les niveaux hiérarchiques pouvaient assimiler. Comme il l'expliqua, la NYPD avait pour nouvelle mission de sécuriser la ville de New York, « rue par rue, commissariat par commissariat et quartier par quartier ». Ainsi cadré, le défi devenait à la fois global et atteignable. La tâche de chaque agent consistait à sécuriser son périmètre d'action, et pas davantage. Celle du commissaire était de sécuriser son quartier, et pas davantage. Et au-dessus, le responsable de tout un secteur de la ville avait le même but concret et circonscrit. Personne ne pouvait se plaindre d'avoir reçu une mission trop dure, personne ne pouvait prétendre qu'il n'avait pas les moyens de l'accomplir. C'est ainsi que Bill Bratton investit ses 36 000 policiers de la responsabilité de mettre en œuvre sa stratégie Océan Bleu.

Essayez-vous de motiver sans distinction l'ensemble des salariés ? Ou vous concentrez-vous sur les influenceurs clés, vos chevilles ouvrières ? Braquez-vous les projecteurs sur elles tout en respectant le principe de transparence et le management équitable ? Ou vous contentez-vous d'exiger des performances et de croiser les doigts en attendant les comptes du trimestre suivant ? Énoncez-vous des visions grandioses ou fractionnez-vous le problème pour qu'on puisse s'y attaquer à tous les niveaux ?

Renverser l'obstacle des luttes de pouvoir internes

La jeunesse et la compétence l'emporteront toujours sur la vieillesse et la roublardise. Vrai ou faux ? Faux. Même les meilleurs et les plus intelligents sont régulièrement brisés par les politiciens, les intrigants et les comploteurs. Les luttes de pouvoir sont une réalité inéluctable de la vie de l'entreprise et de la vie publique. Même si une entreprise a atteint le point de bascule dans la mise en place d'une stratégie, des intérêts puissants sont susceptibles d'y résister (voir également notre développement dans le Chapitre 6 sur les obstacles à l'adoption des idées). Plus le changement apparaît possible, et plus ces influenceurs négatifs – en interne et en externe – se battront et s'exprimeront pour défendre leurs positions. Cette résistance risque de compromettre l'exécution de la stratégie et même de la faire dérailler.

Pour surmonter ces luttes d'influence, le manager-point de bascule se concentre sur trois éléments déclencheurs à fort impact : il utilise les bons anges, réduit au silence les mauvais anges et rallie un cicérone pour accompagner l'équipe de direction. Les *bons anges* sont ceux qui ont le plus à gagner à un changement stratégique, les *mauvais anges*, ceux qui ont le plus à y perdre. Le *cicérone* est un expert ès luttes de pouvoir, mais également un initié qui connaît l'emplacement des mines sur le terrain et l'identité de ceux qui sont contre vous ou pour vous.

Faire entrer un cicérone dans l'équipe de direction

Au moment de constituer une équipe de direction, on veille généralement à choisir des individus spécialisés dans le marketing, les opérations ou la finance – et ces compétences sont effectivement fondamentales. Cependant, le manager-point de bascule ménage au sein de son équipe un poste auquel peu de dirigeants songent : celui du cicérone. Bill Bratton s'assurait toujours la collaboration d'un vieux briscard respecté qui savait quelles mines il rencontrerait sur le chemin de la réforme. À la NYPD, il prit pour second John Timoney, un « flic dur » respecté et craint pour son dévouement envers la NYPD et pour les soixante décorations et plus qu'il avait reçues. Vingt années de service lui avaient appris non seulement qui étaient les acteurs clés, mais également comment ils se positionnaient dans les luttes internes de pouvoir. L'une de ses premières tâches fut d'informer Bill Bratton des réactions probables du personnel de haut rang à la nouvelle stratégie de maintien de l'ordre, en lui indiquant ceux qui la combattraient ouvertement ou la saboteraient discrètement. Il y eut bientôt une grande relève de la garde.

Utiliser les bons anges, réduire les mauvais au silence

Pour renverser les obstacles dressés par les luttes internes de pouvoir, vous devez vous poser deux séries de questions :

- Qui sont mes mauvais anges ? Qui va me mettre des bâtons dans les roues ? Qui aurait le plus à perdre si nous changions de stratégie ?

- Qui sont mes bons anges ? Qui va spontanément se rallier à moi ? Qui a le plus à gagner en cas de changement de stratégie ?

N'allez pas au feu tout seul. Assurez-vous le concours de grandes pointures. Identifiez vos détracteurs et vos partisans – oubliez ceux qui sont au milieu – puis essayez de créer une situation qui convient aux uns et aux autres. Mais avancez avec diligence. Isolez vos détracteurs en veillant à construire dès le départ une coalition plus vaste avec vos bons anges. De cette façon, vous tuerez dans l'œuf les hostilités.

L'une des menaces les plus sérieuses à la nouvelle stratégie de maintien de l'ordre de Bill Bratton vint des tribunaux de New York. Convaincus que cette stratégie centrée sur les « incivilités » noierait le système judiciaire de petites affaires de prostitution ou d'ivresse publique, les magistrats s'y opposèrent. Pour avoir raison de cette opposition, Bill Bratton démontra clairement à ses partisans, dont le maire, les procureurs et les directeurs de prison, que le système judiciaire pouvait effectivement prendre en charge les incivilités et que la concentration des moyens dans ce domaine permettrait à long terme de diminuer le volume des affaires à juger. Le maire décida de jeter son poids dans la balance.

Ensuite, cette nouvelle coalition partit, le maire en tête, à l'assaut de la presse avec un message simple et clair : tant que les tribunaux ne participaient pas à l'effort, le taux de criminalité ne baisserait pas à New York. L'alliance de Bill Bratton avec le cabinet du maire et les principaux journaux de la ville eut pour effet d'isoler les magistrats. Ils ne pouvaient plus se permettre de clamer leur hostilité à une initiative qui non seulement ferait de New York un lieu de résidence plus agréable, mais qui désengorgerait à la longue les tribunaux. Les prises de position pugnaces du maire en faveur de la « tolérance zéro » à l'égard des incivilités étaient relayées désormais par une campagne de soutien lancée par le journal le plus respecté de la ville – d'ailleurs marqué à gauche. Qui aurait osé, dans ce contexte, s'élever contre la nouvelle stratégie de maintien de l'ordre ? Bill Bratton avait gagné la bataille : les tribunaux durent suivre le mouvement. Mais aussi la guerre : le taux de criminalité ne tarda pas à diminuer.

Pour l'emporter sur vos détracteurs, vos mauvais anges, il est indispensable de connaître tous leurs angles d'attaque et de construire des contre-arguments étayés par des faits et des raisonnements irréfutables. Lorsqu'on demanda aux commissaires new-yorkais de fournir des cartes et des chiffres détaillés sur la délinquance dans leur secteur, ils regimbèrent : cela leur prendrait trop de temps, objectaient-ils. Ayant prévu cette réaction, Bill Bratton avait déjà effectué un essai de cette opération pour en évaluer le temps nécessaire : pas plus de dix-huit minutes par jour, soit l'équivalent, comme il en informa les commissaires, de moins de 1 % de leur charge de travail moyenne. Armé de cette information irréfutable, il put renverser l'obstacle des luttes internes et remporter ainsi la bataille sans coup férir.

Disposez-vous d'un cicérone – un initié très respecté – au sein de votre équipe de direction, ou seulement d'un directeur financier et d'autres responsables fonctionnels ? Savez-vous qui s'opposera à vous et qui se rangera à vos côtés ? Avez-vous formé une coalition avec des alliés naturels pour encercler vos adversaires ? Votre cicérone se charge-t-il de désamorcer les mines les plus importantes du terrain à parcourir pour vous épargner la tâche pénible qui consiste à imposer le changement à ceux qui le refusent ?

Remettre en question les idées reçues

Comme le montre la Figure 7.3, la plupart des théories du changement dans le monde de l'entreprise partent du principe qu'il faut faire évoluer l'ensemble des salariés. Cela exige donc une concentration des efforts sur la masse des effectifs, ce qui implique des ressources importantes et des délais longs, autant de luxes que peu de dirigeants peuvent s'offrir. Le management par le point de bascule, lui, prend le problème par l'autre bout. Pour faire bouger tout le personnel, le dirigeant concentre ses efforts sur la transformation des extrêmes : individus, actions et activités déclencheurs à fort impact sur les résultats. S'il y parvient, il obtient une transformation rapide et peu coûteuse des esprits qui ouvre la voie à l'exécution de sa nouvelle stratégie.

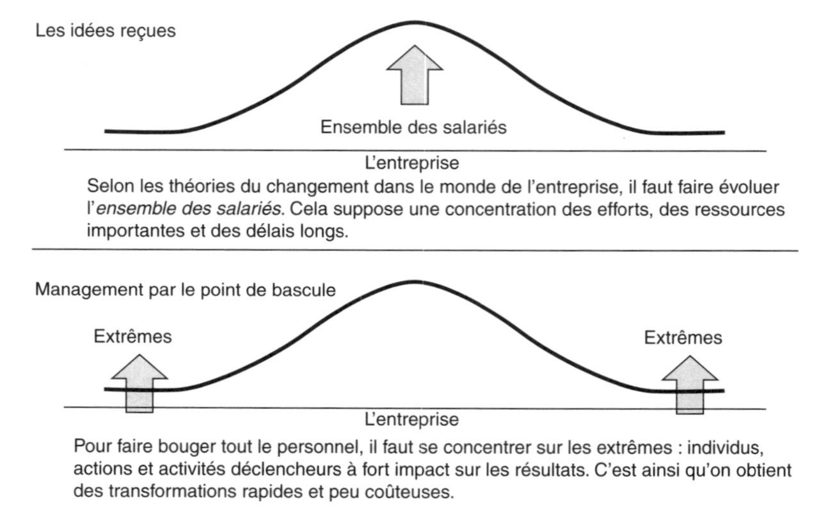

Figure 7.3 : Le changement dans le monde de l'entreprise : idées reçues contre management par le point de bascule

Il n'est jamais chose aisée que d'opérer un changement stratégique, et encore moins de le faire avec rapidité. Néanmoins, nos recherches prouvent qu'on peut y parvenir grâce au management par le point de bascule. Si vous affrontez hardiment les obstacles à la mise en place de la stratégie, vous serez vous aussi à même de les vaincre. Ne suivez pas les idées reçues : tous les défis importants n'exigent pas des interventions majeures. Concentrez-vous sur les éléments déclencheurs à fort impact. C'est là un point capital : l'utilisation de ces éléments permet d'accorder les actions des salariés avec la nouvelle orientation de l'entreprise.

Le chapitre suivant approfondit encore cette démarche. Il explique que, pour mettre les esprits et les cœurs en phase avec la nouvelle stratégie, il faut instaurer une culture de la confiance, de l'investissement et de la bonne volonté de chacun, appuyée sur le désir de soutenir la direction. Relever ce défi, c'est tracer la frontière entre l'exécution contrainte et l'exécution volontaire, fruit du libre arbitre des salariés.

Chapitre 8

INTÉGRER L'EXÉCUTION À L'ÉLABORATION STRATÉGIQUE

Une entreprise ne se résume pas à sa direction générale, ni d'ailleurs à ses cadres moyens. Elle englobe tout le personnel, du sommet à la base. Et ce n'est que lorsque tous ses collaborateurs se mobilisent, pour le meilleur ou pour le pire, derrière une stratégie commune qu'elle se distingue comme une entreprise de premier rang, capable en toute circonstance d'exécuter ses stratégies avec brio. Vaincre les obstacles internes à cette exécution est une étape essentielle de cet effort : si on n'y parvient pas, même la stratégie la plus brillante risque de capoter.

En fin de compte, l'entreprise n'a pas d'autre choix que de centrer son action sur cet élément le plus fondamental : les dispositions d'esprit et les comportements de tous ceux qui la composent. Vous devez créer une culture de confiance et d'engagement qui incite chacun à appliquer la stratégie adoptée – et nous parlons là de l'esprit plutôt que de la lettre. Il faut que, dans sa tête et dans son cœur, chaque personne se mette au diapason, assume pleinement la stratégie et accepte d'aller au-delà de la simple obligation d'exécution.

Ce défi est encore plus redoutable dans le cas d'une stratégie d'océan bleu. L'angoisse empoigne des salariés sommés de quitter le confort des habitudes et de remettre en question leur façon de travailler. « Quelles sont les véritables raisons de ce revirement ? » se demandent-ils. « La direction est-elle de bonne foi quand elle parle de préparer notre développement futur par un changement de cap ? Ou vise-t-elle tout simplement à rationaliser les opérations de manière à faire de nous des éléments superflus et nous pousser vers la sortie ? »

Plus l'individu se trouve loin du sommet de l'entreprise, moins il a participé à l'élaboration de la stratégie, et plus son angoisse grandit. Sur le terrain, là même où toute stratégie doit s'appliquer jour après jour, les salariés peuvent rechigner à l'idée d'une orientation imposée par une direction qui ne se soucie guère de leur avis. C'est ainsi que, au moment où vous croyez avoir tout réussi, l'affaire se gâte sérieusement sur le terrain.

Cela nous amène à notre sixième principe : pour susciter la confiance, l'engagement et la coopération de plein gré à tous les échelons de l'entreprise, la question de l'exécution de la stratégie doit être abordée en amont – dès le stade de l'élaboration. C'est de cette manière qu'on peut neutraliser le plus possible le danger de la méfiance, de la mauvaise volonté et même du sabotage. Certes, ce risque lié à la gestion guette toutes les stratégies, qu'elles soient d'Océan Bleu ou d'océan rouge, mais il est encore plus menaçant dans le cas d'une stratégie d'Océan Bleu, puisque sa mise en œuvre entraîne souvent des bouleversements. D'où l'importance de le neutraliser. Il faut aller au-delà des pratiques éprouvées de la carotte et du bâton : la formulation et l'exécution d'une stratégie d'Océan Bleu reposent en dernier ressort sur le management équitable.

Nos recherches font apparaître que ce principe est la variable clé qui explique la réussite de certaines stratégies d'Océan Bleu et l'échec des autres. C'est de la présence ou de l'absence d'un climat d'équité que dépend l'issue des efforts d'exécution.

Quand une erreur de méthode gâche tout

Considérons l'expérience d'un leader mondial de l'approvisionnement du secteur de l'usinage des métaux en liquides de refroidissement à base d'eau ; appelons-le Lubber. En raison des nombreux paramètres de traitement dans l'industrie mécanique, il y a des centaines de liquides de refroidissement différents, tous plus complexes les uns que les autres. Faire le bon choix est donc une affaire des plus délicates. Il faut tester ces produits *in situ* avant de les acheter, et la décision repose souvent sur des raisonnements « flous ». Corollaire inévitable : des périodes d'immobilisation des machines et des frais d'essai élevés qui pèsent sur les comptes des entreprises clientes ainsi que ceux de Lubber.

Pour offrir un saut de valeur à ces dernières, Lubber a mis au point une stratégie axée sur l'élimination de la complexité et des coûts de la phase d'essai. À l'aide de son nouveau système expert fondé sur l'intelligence artificielle, le taux d'échec dans le choix des liquides de refroidissement a été ramené à 10 %, contre une moyenne de 50 % pour le secteur de l'usinage des métaux dans son ensemble. Ce système a également réduit le temps d'immobilisation des machines, facilité la gestion des problèmes de refroidissement et amélioré la qualité générale des pièces produites. Chez Lubber même, le résultat a été une simplification extraordinaire de l'effort de vente qui laissait plus de temps aux commerciaux pour rechercher de nouveaux clients tout en abaissant le coût par transaction.

Hélas ! Cette avancée qui s'annonçait si avantageuse pour tout le monde était vouée à l'échec dès le départ. Pourtant, l'idée de base semblait parfaite et le système expert était d'une efficacité irréprochable. Mais si la stratégie était condamnée, c'était pour une raison très simple : la force de vente s'y opposait.

Les commerciaux n'avaient été ni impliqués dans l'élaboration de la stratégie ni informés de la logique derrière les changements proposés. Du coup, ils voyaient le système expert sous un jour que personne de l'équipe de conception ou du comité exécutif n'avait imaginé. C'était à leurs yeux une véritable remise en cause de ce qu'ils considéraient comme leur contribution la plus précieuse : le « bricolage » de la phase d'essai, la recherche du meilleur liquide de refroidissement parmi les innombrables candidats. Tous les avantages merveilleux du nouveau système – moins de tracas, plus de temps pour élargir la clientèle, le prestige exceptionnel d'un fournisseur capable d'accumuler les contrats – ne pouvaient dès lors les convaincre.

En raison de cette méfiance, qui poussait souvent les commerciaux à mettre des bâtons dans les roues du système expert en confiant leurs réserves à la clientèle, les ventes n'ont pas décollé. La direction a dû apprendre à ses dépens – et en regrettant amèrement son arrogance – qu'il est indispensable d'affronter en amont les risques liés à la gestion et de choisir la bonne méthode. Elle s'est vue contrainte de retirer le système expert du marché et d'œuvrer en interne à restaurer la confiance perdue.

La force du management équitable

Qu'est-ce donc que le management équitable ? Comment permet-il d'intégrer l'exécution à l'élaboration des stratégies ? Si la question de l'équité préoccupe depuis toujours intellectuels et philosophes, l'origine théorique du management équitable se trouve chez John W. Thibault et Laurens Walker. Conjuguant leur intérêt pour la dimension psychologique de la justice et l'étude des procédures, ils ont abouti, au milieu des années 1970, au concept de *justice procédurale*[1]. Ils voulaient notamment comprendre les motifs qui poussent l'individu à faire confiance à un système juridique et, de ce fait, à respecter les lois sans y être contraint. Au terme de leurs recherches, ils ont conclu que l'être humain se soucie tout autant du caractère équitable de la procédure appliquée que du résultat concret obtenu. Sa satisfaction et

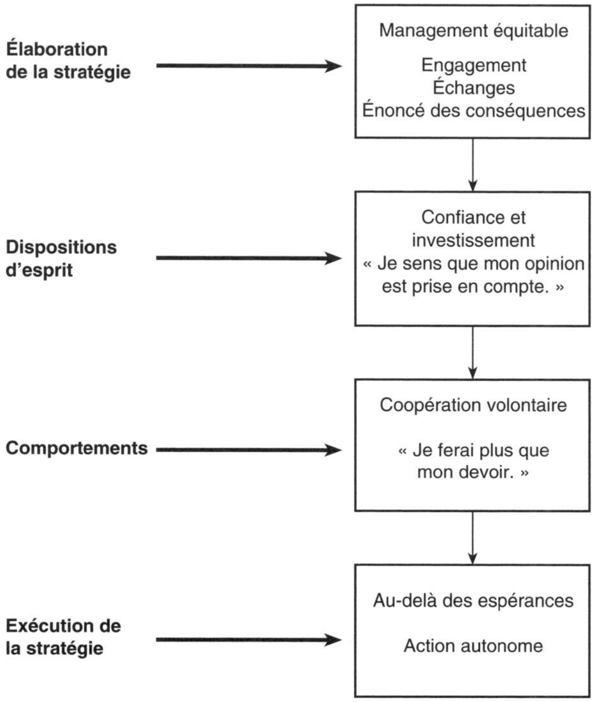

Figure 8.1 : L'effet du management équitable sur les dispositions d'esprit et les comportements

son attachement à ce résultat augmentent lorsqu'il estime qu'il y a eu justice procédurale[2].

L'expression *management équitable* est notre traduction, dans le domaine de l'entreprise, de la théorie de la justice procédurale. Tout comme dans le contexte du droit, un fonctionnement fondé sur l'équité intègre l'exécution au stade de l'élaboration en suscitant en amont l'adhésion de tous les intéressés. Il donne à chacun la conviction que les dés ne sont pas pipés et les incite à coopérer volontairement à la mise en œuvre des décisions stratégiques.

Cette coopération volontaire n'a rien à voir avec l'exécution machinale à laquelle certains se livrent pour être bien vus. Pas question de se borner dans ce cas à faire son devoir : on ne ménage pas ses efforts et on prend toutes les initiatives nécessaires – si besoin est au détriment de son intérêt personnel – pour mettre en œuvre la stratégie adoptée[3]. La Figure 8.1 présente l'enchaînement de cause à effet que nous avons observé : management équitable, dispositions d'esprit et comportements.

Les trois principes du management équitable

Tout fonctionnement équitable repose sur trois principes qui se renforcent mutuellement : engagement, échanges et énoncé des conséquences. De l'ouvrier au cadre supérieur, tout le monde a ces éléments en tête. Ce sont les trois « E ».

Engager, c'est susciter la participation des individus aux décisions stratégiques qui les concernent ; c'est solliciter leur avis et leur permettre de contester les prises de position des autres. Par l'application de ce principe, la direction montre son respect pour le personnel et ses idées. De plus, le climat de débat contradictoire qu'elle instaure aide chacun à affiner ses arguments et contribue au développement d'une sorte d'intelligence collective. L'engagement a pour effet d'améliorer la qualité des décisions prises au sommet et d'assurer le concours de tous quand il faut les exécuter.

Échanger, c'est faire en sorte que tous les intéressés comprennent le pourquoi des décisions stratégiques, les raisonnements qui les sous-tendent. C'est leur donner le sentiment que les dirigeants ont tenu compte de leur avis avant de trancher en toute impartialité et dans l'intérêt général de l'entreprise. Ce travail d'explication et d'échange incite les salariés à faire confiance à la direction, y compris lorsque leurs propres idées n'ont pas été retenues. Il crée également une puissante boucle de feedback qui accélère l'apprentissage.

Énoncer les conséquences, c'est expliciter, une fois la stratégie définie, les nouvelles règles du jeu. Si fortes que puissent être les exigences qui en découlent, les salariés ont le droit de connaître dès le départ les critères selon lesquels ils seront jugés et les sanctions applicables en cas d'échec. Quels sont les objectifs de la nouvelle stratégie ? Les étapes intermédiaires ? Qui est responsable de quoi ? La nature précise des objectifs, des exigences et des responsabilités compte finalement moins, du point de vue du management équitable, que la compréhension qu'en a le personnel. Quand chacun sait exactement ce qu'on attend de lui, les manœuvres et le favoritisme reculent ; les salariés peuvent se tourner vers l'exécution immédiate de la stratégie.

Ce sont ces trois critères pris ensemble qui permettent de juger de la qualité du management équitable. Il faut insister sur ce point, car on ne peut émettre de jugement sur la base d'éléments partiels.

Deux usines face à l'équité

Comment ces trois principes influencent-ils la mise en œuvre d'une stratégie sur le terrain ? Considérons l'expérience d'un fabricant de systèmes d'ascenseurs que nous appellerons Elco. À la fin des années 1980, les ventes d'ascenseurs marquaient le pas. Les surcapacités sur le marché immobilier professionnel étaient telles que, dans certaines grandes villes américaines, jusqu'à 20 % des bureaux ne trouvaient plus preneur.

Face à une demande intérieure en chute libre, Elco a décidé de proposer un saut de valeur aux clients tout en réduisant ses coûts : son but était de susciter une demande nouvelle et de mettre ses concurrents hors jeu. Ses stratèges se rendaient compte que, pour ce faire, il fallait abandonner le vieux système de production par lots et le remplacer par une organisation cellulaire qui permettrait à des équipes autonomes d'atteindre des performances supérieures. L'équipe de direction était d'accord et prête à l'adopter. Pour mettre en œuvre ce volet crucial de sa stratégie, elle a adopté la méthode qui lui semblait la plus efficace et la plus intelligente.

Le nouveau système serait d'abord expérimenté à l'usine de Chester, et cela pour une raison très simple. Ce site avait à son actif des rapports sociaux excellents, si excellents en fait que les salariés s'étaient détachés de leur syndicat[5]. La direction était donc sûre de pouvoir compter sur leur concours dans cette réorganisation. Ainsi qu'elle l'a résumé : « Nous avons là le personnel idéal. » Ensuite, Elco rééditerait l'expérience dans son usine de High Park, dont le syndicat fort s'opposerait certainement à ce changement, comme d'ailleurs à tout changement quel qu'il fût. La direction espérait avoir acquis à ce stade un tel élan au premier site que le deuxième serait entraîné dans le mouvement.

C'était une bonne méthode... en théorie. Dans la pratique, cependant, l'affaire prit une tournure tout à fait inattendue. L'introduction du nouveau système de production à Chester a vite provoqué du désordre et la grogne du personnel. Au bout de quelques mois, les résultats en matière de qualité et de maîtrise des coûts étaient en pleine dégringolade. Les salariés commençaient à parler de se syndiquer à nouveau. Complètement dépassé par les événements, le directeur du site fit appel au psychologue de l'entreprise.

L'usine de High Park, elle, démentit sa réputation d'opposition : le personnel accepta la refonte du système de production. Le directeur se préparait tous les jours à l'explosion qu'il croyait inévitable, mais elle ne s'est jamais produite. Même quand les salariés étaient mécontents d'une décision particulière, ils estimaient avoir été correctement traités, et ils participaient de bon gré à la mise en place de l'organisation cellulaire, élément clé de la nouvelle stratégie de l'entreprise.

Il suffit de regarder de plus près la méthode employée à l'un et à l'autre site pour percer ce mystère apparent. Les responsables de l'usine de Chester ont agi au mépris des trois principes du management équitable. D'abord, ils n'ont pas impliqué les salariés dans les décisions stratégiques qui les concernaient au premier chef. N'ayant pas d'expérience avec les systèmes cellulaires, ils ont confié à un cabinet de conseil la mission d'élaborer un programme complet de conversion. Les consultants ont eu pour consigne de travailler vite et sans déranger le personnel afin d'assurer une transition rapide et indolore. Ainsi, en arrivant à l'usine un jour, les ouvriers de Chester sont tombés sur des personnes étrangères au site qui se distinguaient non seulement par leur tenue – costume-cravate – mais aussi par leur manie de se parler à voix basse. Les consultants avaient visiblement suivi la recommandation d'éviter tout contact avec les salariés. Leur tournant silencieusement autour, ils se contentaient de prendre des notes et de dessiner des schémas. Le bruit se répandit bientôt que, après le départ des ouvriers en fin de journée, ces mêmes personnes envahissaient les locaux, fouinaient autour des différents postes de travail et s'engageaient dans des discussions animées.

Tout au long de cette période, le directeur du site brillait par son absence. Il passait de plus en plus de temps au siège social d'Elco, où il enchaînait les réunions avec les consultants, programmées exprès loin de l'usine pour ne pas perturber les ouvriers. Or ses absences répétées eurent l'effet contraire : les salariés de Chester commencèrent à se demander, avec une anxiété croissante, si le capitaine n'était pas en train de quitter le navire. Bref, la machine à rumeurs s'emballait. Tous étaient désormais convaincus que les consultants préparaient des dégraissages massifs et que le chômage les guettait. Que le numéro un du site ait pris le large sans rien dire montrait « évidemment » que la direction générale cherchait à berner le personnel. Le climat de confiance et d'investissement personnel qui avait caractérisé ce site se détériorait de jour en jour.

Très vite, les salariés se mirent à apporter des coupures de journaux concernant des usines du pays qui avaient été fermées avec le concours de consultants, et ils imaginaient être les prochaines victimes d'une volonté occulte de dégraissage. En réalité, les dirigeants d'Elco n'avaient aucune intention de fermer l'usine : ils voulaient faire la chasse au gaspillage pour permettre aux salariés de produire des ascenseurs de meilleure qualité et à moindres coûts, condition *sine qua non* pour dépasser la concurrence. Mais le personnel ne pouvait s'en douter.

Les dirigeants de Chester n'expliquèrent pas non plus la raison des décisions stratégiques ni l'impact que ces décisions auraient sur les carrières et les méthodes de travail. Ils dévoilèrent le schéma directeur du changement au cours d'une présentation de trente minutes. L'auditoire apprit alors que les méthodes de travail éprouvées de longue date seraient entièrement remplacées par un système appelé « organisation en cellules autonomes ». Personne ne dit pourquoi la mutation stratégique s'imposait, pourquoi l'entreprise avait besoin de se démarquer de la concurrence pour renouveler la demande, ni pourquoi un changement des méthodes de fabrication devait constituer un élément clé de cette stratégie. Ne comprenant rien à la logique derrière ce changement, les salariés présents restèrent muets. Les dirigeants prirent leur silence pour un acquiescement, oubliant le temps qu'il leur avait fallu au cours des mois passés pour se familiariser avec l'idée du passage à l'organisation cellulaire, aspect clé de la nouvelle stratégie.

Schéma directeur en main, la direction commença *illico* à réorganiser l'usine. Quand les salariés demandaient quel était l'objectif du nouveau projet, on leur répondait : « une plus grande efficacité ». Les dirigeants n'avaient pas le temps d'expliquer pourquoi il fallait « améliorer l'efficacité » et ne voulaient pas ennuyer le personnel. Mais n'ayant aucune compréhension rationnelle de ce qui leur arrivait, certains salariés commencèrent à se sentir mal en arrivant au travail.

La direction négligea aussi de préciser les conséquences pratiques du nouveau système de fabrication. Elle se contenta de dire que les ouvriers ne seraient plus jugés sur leurs résultats personnels mais sur ceux de la cellule de production dont ils faisaient partie. Les travailleurs plus rapides, ou plus expérimentés, expliquait-elle, devraient compenser le retard des autres. Mais pas un mot sur le fonctionnement concret de la cellule de production.

Ces violations des principes du management équitable sapaient la confiance des salariés dans la direction et dans le changement de cap proposé. En réalité, la nouvelle organisation cellulaire leur offrait des avantages considérables : assouplissement du planning des vacances, occasions d'élargir le champ de leurs compétences et de leurs tâches. Mais les ouvriers ne voyaient que ses aspects négatifs. Ils commencèrent à passer leur peur et leur colère les uns sur les autres. Des bagarres éclatèrent dans les ateliers du fait que les uns refusaient d'aider « les fainéants qui n'arrivent pas à terminer leur travail », tandis que d'autres interprétaient des propositions d'aide comme une intrusion : « C'est mon boulot, occupe-toi de tes oignons. »

Bref, plus rien n'allait dans le site modèle de Chester. Pour la première fois dans la carrière du directeur de l'usine, le personnel refusait de suivre les consignes, au risque même du renvoi. Les salariés avaient le sentiment de ne plus pouvoir faire confiance au directeur naguère apprécié, et commençaient à le court-circuiter en soumettant leurs réclamations directement à son patron, au siège. Faute d'un management équitable, les salariés de Chester rejetèrent la nouvelle stratégie et refusèrent de jouer leur rôle dans sa mise en œuvre.

Au contraire, la direction de l'usine de High Park respecta les trois principes du management équitable dans l'introduction du changement stratégique. Elle présenta à chacun les consultants dès leur arrivée sur le site. Dans des assemblées réunissant l'ensemble du personnel, elle parla ouvertement du déclin du secteur et du besoin d'opérer un changement stratégique pour se démarquer de la concurrence ; dans le même temps, il faudrait produire mieux mais à moindres coûts. Elle expliqua qu'au cours de la visite d'usines d'autres entreprises, elle avait pu constater les gains de productivité permis par l'organisation cellulaire. Elle démontra aussi qu'un tel système jouerait un rôle déterminant dans la mise en place de la nouvelle stratégie de l'entreprise. Elle annonça enfin une « politique de transition proactive » pour calmer les craintes parfaitement compréhensibles de licenciement. Ayant rejeté les anciennes mesures d'évaluation des performances, les dirigeants travaillèrent de concert avec le personnel pour en mettre au point d'autres et fixer les nouvelles responsabilités de chaque cellule autonome. Objectifs et exigences furent très clairement définis pour chacun.

Grâce à la pratique en tandem des trois principes du management équitable, la direction s'assura la compréhension et le soutien des salariés de High Park. Ceux-ci parlaient de leur directeur avec admiration et compatissaient avec la direction d'Elco, qui devait mettre en place la nouvelle stratégie et piloter le passage à l'organisation cellulaire. Ils concluaient que toute l'expérience avait été nécessaire et positive.

Les dirigeants d'Elco, eux, la considèrent encore aujourd'hui comme l'une des plus pénibles de leur carrière. Ils ont appris que le salarié de base a tout autant à cœur l'équité qu'eux-mêmes. Faute d'y souscrire, on risque de faire des meilleurs éléments les plus mauvais, de susciter leur méfiance et leur résistance à l'application d'une stratégie à laquelle ils sont censés participer. Mais, grâce au management équitable, on obtient le contraire : les pires salariés deviennent les meilleurs et exécutent des changements stratégiques, même difficiles, avec bonne volonté et une confiance plus grande que jamais.

Pourquoi le management équitable est-il important ?

Pourquoi le management équitable influence-t-il tant le comportement et les dispositions d'esprit des salariés ? Plus précisément, pourquoi le respect des principes du management équitable au stade de l'élaboration d'une stratégie est-il à ce point déterminant pour la réussite de sa mise en œuvre ? Tout cela se réduit au problème de la reconnaissance affective et intellectuelle.

Sur le plan émotionnel, l'individu cherche la reconnaissance de sa valeur, non comme « force de travail », « membre du personnel » ou « ressource humaine », mais comme un être humain traité avec respect et dignité et apprécié pour ce qu'il est, indépendamment de son niveau hiérarchique. Sur le plan intellectuel, l'individu voudrait que la valeur de ses idées soit reconnue, qu'on le sollicite et qu'on lui accorde toute la réflexion qu'elles méritent, et enfin que les autres respectent suffisamment son intelligence pour prendre la peine de lui expliquer leurs propres idées. Plusieurs expressions qui reviennent très souvent au cours de nos entrevues – « Cela vaut pour tous les gens que je connais... » ou « Tout le monde veut avoir le sentiment que... » – ainsi que des références constantes aux « êtres humains » renforcent la conviction que le dirigeant doit comprendre l'importance pratiquement universelle de cette valorisation de la personne et de ses idées que le management équitable confère.

Théorie de la reconnaissance de la personne et de ses idées

L'utilisation du management équitable dans l'élaboration des stratégies est étroitement liée à la reconnaissance de la valeur intellectuelle et humaine de l'individu. Elle traduit dans les faits la volonté de faire confiance et d'apprécier la personne ainsi que la foi que l'on place dans ses connaissances, ses talents et son expertise.

La personne qui se sent intellectuellement reconnue est prête à partager ses connaissances ; mieux, cette reconnaissance l'incite à vouloir confirmer les espoirs placés dans ses capacités et à proposer des idées. Si, par ailleurs, elle s'estime reconnue comme être humain, elle se sentira liée affectivement à la stratégie et aura envie de se donner à fond. L'étude classique de Frederick Herzberg démontre en effet que la reconnaissance est une source puissante de motivation qui pousse l'individu à dépasser le cadre du devoir et à coopérer de son plein gré[4]. Ainsi, c'est dans la mesure où l'individu considère que sa personne et ses idées sont reconnues à leur juste valeur, grâce au management équitable, qu'il fera de son mieux pour partager ses connaissances et ses compétences et qu'il contribuera volontairement à l'exécution de la stratégie.

Mais la violation du principe de management équitable mérite tout autant notre attention, si ce n'est plus. Les modes de réflexion et de comportement observés sont à peu près les suivants : si la personne détecte dans le traitement qu'elle reçoit un manque de respect pour ses connaissances, elle éprouvera de l'indignation et ne partagera ni ses idées ni son expertise ; elle gardera par-devers elle ses réflexions les plus pénétrantes et son inventivité, empêchant la naissance de nouvelles idées. Qui plus est, elle rejettera du même coup les idées des autres. C'est comme si elle disait : « Vous n'appréciez pas mes idées ? Eh bien, c'est réciproque. Je me moque de vos décisions stratégiques et je ne vous fais pas confiance. »

De même, si l'individu n'est pas reconnu sur le plan humain, il éprouvera du dépit et cessera de faire des efforts. Au contraire, il freinera des quatre fers et mettra toute son énergie au service de son hostilité à la stratégie, allant jusqu'au sabotage, comme dans le cas de l'usine de Chester. Cela amène souvent les salariés à réclamer le retrait de toute stratégie qui a été imposée au mépris de l'équité, même si elle était indispensable à la réussite de l'entreprise ou bénéfique pour le personnel ou les dirigeants. Si la méthode d'élaboration de la stratégie suscite la méfiance du salarié, la stratégie qui en résulte n'aura pas sa confiance non plus. Telle est la force psychologique du management équitable. La Figure 8.2 montre l'enchaînement de cause à effet de ses composantes.

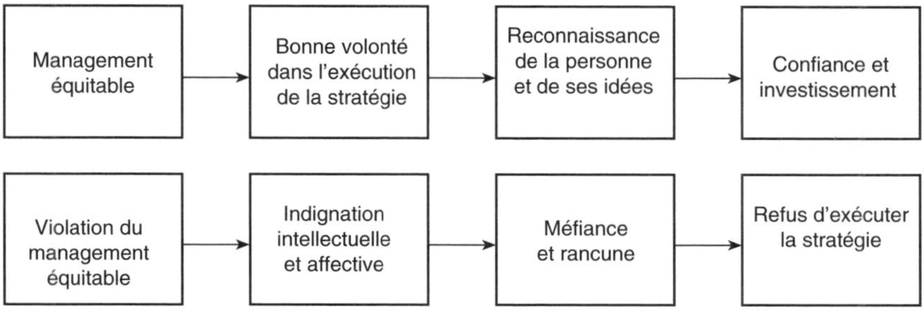

Figure 8.2 : Présence ou absence du management équitable dans l'élaboration de la stratégie et les répercussions sur son exécution

Le management équitable et la stratégie Océan Bleu

L'investissement de la personne, sa confiance et sa bonne volonté ne sont pas que des dispositions d'esprit ou des comportements : c'est un capital intangible. Quand les individus ont confiance, ils croient aux intentions et aux actes des autres ; quand ils se sentent investis, ils sont même prêts à mettre de côté leur intérêt personnel pour le bien de l'entreprise.

Interrogez les dirigeants de n'importe quelle société qui a réussi une stratégie Océan Bleu : ils souligneront immédiatement l'importance du capital intangible. Ceux qui ont échoué vous expliqueront au contraire que l'absence de ce capital a contribué à leur échec. Si ces entreprises n'ont pas su orchestrer leur changement stratégique, c'est parce que la confiance et l'investissement du personnel faisaient défaut. Ces deux éléments, quand ils se conjuguent avec la bonne volonté des salariés, permettent à l'entreprise de sortir du lot sur le plan de la rapidité, de la qualité et de l'exécution cohérente de leurs stratégies, et cela à moindres frais.

Dès lors, la question qui s'impose à l'entreprise est la suivante : comment inspirer la confiance, l'investissement et la bonne volonté à tous les échelons ? On ne peut y parvenir en séparant la formulation de la stratégie de son exécution. Peu importe que cette dichotomie caractérise la plupart des entreprises : elle comporte aussi le risque d'une mise en place lente et discutable ou, au mieux, d'une réalisation mécanique. Bien sûr, les incitations habituelles – la carotte et le bâton – gardent une certaine utilité. Mais elles ne susciteront jamais un comportement qui aille au-delà d'une performance dictée par l'intérêt personnel. Là où on n'est pas réellement en mesure de contrôler les comportements, on laisse le champ libre au sabotage et aux atermoiements.

La pratique du management équitable permet de contourner cet écueil. En fondant le travail de formulation de la stratégie sur cette pratique, on y intègre l'exécution dès le départ. L'individu est poussé dans ce cas à soutenir la stratégie qui en découle, même quand il la juge contraire à sa vision de ce qui conviendrait à son équipe. Il se rend compte qu'il faut faire des compromis pour construire une entreprise forte. Il accepte la nécessité des sacrifices à court terme pour le bien collectif à long terme. Mais ce consentement dépend, bien entendu, de la force du management équitable. Quel que soit le contexte dans lequel s'inscrit une stratégie Océan Bleu – qu'il s'agisse de collaborer avec un partenaire industriel pour externaliser la production de composants, de transformer les procédés de fabrication, de délocaliser un centre d'appel en Inde –, nous avons pu constater partout cette dynamique à l'œuvre.

Chapitre 9

CONCLUSION : DURABILITÉ ET RENOUVELLEMENT DES STRATÉGIES OCÉAN BLEU

La création d'un océan bleu est un mouvement dynamique et non un résultat statique. Mais une fois qu'il existe et que les performances qu'il rend possibles viennent à être connues, les imitateurs finiront tôt ou tard par poindre à l'horizon. Le tout, c'est de savoir avec quelle célérité ils le feront ou, exprimé autrement, dans quelle mesure la stratégie en question est difficile à imiter.

Plus l'entreprise et ses imitateurs de la première heure parviennent à développer l'océan bleu, plus les concurrents qui leur emboîtent le pas vont se multiplier. Cette prolifération soulève une question : quand l'entreprise doit-elle se lancer dans la création d'un autre océan bleu ? Nous allons aborder dans cette conclusion la durabilité et le renouvellement de la stratégie Océan Bleu.

Limitations à l'imitation

Une stratégie Océan Bleu comporte un vaste éventail de barrières à l'imitation. Certaines sont d'ordre opérationnel, d'autres d'ordre cognitif. Dans la plupart des cas, la stratégie ne rencontrera guère de concurrents sérieux pendant dix ou quinze ans, comme ce fut le cas pour le Cirque du Soleil, Southwest Airlines, Federal Express, The Home Depot, Bloomberg ou CNN. Cette durabilité trouve son origine dans les barrières à l'imitation suivantes :

- Une innovation-valeur n'a pas sa place dans une logique conformiste. Quand CNN a démarré, NBC, CBS et ABC ont ridiculisé son idée de diffuser des informations vingt-quatre heures sur vingt-quatre, sept jours sur sept, sans présentateur connu. Nombre de professionnels ne ménageaient pas leurs sarcasmes à l'égard de CNN. Or le ridicule n'incite pas les imitateurs à suivre rapidement un exemple.

- Une entreprise n'imitera pas une stratégie Océan Bleu qui risque d'entrer en conflit avec son image de marque. Ainsi, la stratégie Océan Bleu de The Body Shop – qui évite les *top-models* superbes, les promesses de beauté et de jeunesse éternelles et les emballages coûteux – a condamné les grandes maisons de cosmétiques à l'inaction pendant des années, puisque l'imitation les aurait forcées à renier leur modèle économique.

- Une situation naturelle de monopole s'oppose à l'imitation quand il n'y a pas de place pour un autre acteur sur le marché. L'entreprise belge Kinepolis, qui installa le premier multiplexe à Bruxelles il y a une quinzaine d'années, n'a toujours pas été imitée en dépit de son énorme succès. La raison en est que la taille de l'agglomération bruxelloise ne permet pas l'installation d'un second établissement de ce type, qui entraînerait à la fois la ruine de Kinepolis et de son concurrent.

- Les brevets et d'autres barrières légales empêchent l'imitation.

- L'important volume engendré par une innovation-valeur conduit rapidement à des avantages en matière de coûts qui créent un handicap durable pour l'imitateur potentiel. Par exemple, les considérables économies d'échelle dont jouit Wal-Mart ont énormément découragé d'autres entreprises de le suivre.

- Les externalités de réseau empêchent aussi les entreprises d'imiter facilement et de façon crédible une stratégie Océan Bleu, comme celles dont bénéficie eBay dans la vente aux enchères sur Internet. Pour résumer, plus eBay a d'acheteurs en ligne, et plus son site devient intéressant pour les vendeurs et les acheteurs, qui n'auront guère de motifs pour se tourner vers un imitateur potentiel.

- Comme l'imitation oblige souvent l'entreprise à s'éloigner de ses pratiques habituelles, elle favorise des luttes internes qui risquent de repousser des années durant l'adoption effective d'une stratégie Océan Bleu. Ainsi, quand Southwest Airlines mit sur pied un service associant la rapidité du transport aérien au coût et à la flexibilité du voyage en automobile, l'imitation de cette stratégie Océan Bleu aurait exigé une véritable refonte des routes aériennes, une nouvelle formation du personnel et une révolution en matière de marketing et de tarification, sans parler du chambardement de la culture d'entreprise – changements d'une telle ampleur que très peu de compagnies étaient prêtes à les assumer à court terme.

- Quand une entreprise offre un saut de valeur, elle se forge rapidement une solide renommée grâce au bouche à oreille et à la fidélité de ses clients. Même le déploiement d'importants budgets publicitaires par l'imitateur agressif parvient difficilement à déborder les positions occupées par l'innovateur. Par exemple, Microsoft essaie depuis dix ans, et à grand renfort d'investissements, de déloger Quicken, innovation-valeur d'Intuit : en vain.

La Figure 9.1 donne un aperçu des « limitations à l'imitation », et, comme on le voit, elles sont redoutables : c'est pour cela que l'imitation rapide d'une stratégie Océan Bleu est un événement si rare. De plus, l'innovation-valeur se fait selon une logique systémique qui exige non seulement l'adéquation de chaque élément stratégique, mais aussi sa cohérence avec l'ensemble. L'imitation d'un tel système n'est pas une mince affaire.

- L'innovation-valeur n'a pas sa place dans une logique conformiste.
- La stratégie Océan Bleu peut s'opposer à l'image de marque des autres concurrents.
- Monopole naturel : le marché n'est pas toujours à même de supporter un second acteur.
- Brevets et autres barrières légales font obstacle à l'imitation.
- D'importants volumes donnent à l'innovateur des avantages en matière de coût qui découragent les suiveurs d'entrer sur le marché.
- Les externalités de réseau découragent l'imitation.
- L'imitation exige souvent des changements importants sur le plan des rapports de force internes, des opérations et de la culture de l'entreprise.
- Grâce au bouche à oreille et à la fidélité des clients, l'entreprise innovante s'acquiert une réputation qui dissuade les imitateurs.

Figure 9.1 : Limitations à l'imitation d'une stratégie Océan Bleu

Quand faut-il remettre l'innovation-valeur à l'ordre du jour ?

Sachons cependant que toute stratégie véritablement innovatrice ou presque finira par être copiée. Que ferez-vous donc lorsque les imitateurs viseront à s'emparer d'une part de votre océan bleu ? Vous riposterez probablement par de petites offensives pour défendre votre clientèle durement acquise. L'ennui, c'est que les imitateurs lâchent rarement le morceau. Obnubilé par l'idée de vous accrocher à vos parts de marché, vous risquez de tomber dans le piège de la concurrence acharnée, de la course de vitesse. Dans cette disposition d'esprit, c'est votre concurrent et non votre acheteur qui devient le centre de votre réflexion et de vos actions stratégiques. Et si vous continuez sur cette voie, votre courbe de valeur commencera à converger avec celle de la concurrence.

Pour éviter le piège de la concurrence, il faut contrôler les courbes de valeur sur le canevas stratégique. C'est cette démarche qui vous indiquera le moment opportun pour vous lancer à nouveau dans l'innovation-valeur. Quand votre courbe de valeur commence à converger avec celle de la concurrence, c'est que l'heure d'un nouvel océan bleu a sonné.

C'est également cette démarche qui vous épargnera des innovations inutiles dans les cas où votre offre continue de dégager des bénéfices importants. Tant que votre courbe de valeur n'a rien perdu de sa focalisation, de son caractère divergent ni de son slogan percutant, il faut résister à la tentation de l'innovation à tout prix : vous devez privilégier l'allongement, l'élargissement et l'approfondissement du flux de vos revenus grâce à des améliorations opérationnelles et à l'expansion géographique, qui recèlent encore des économies d'échelle et une meilleure couverture du marché. Il s'agit de nager aussi loin que possible dans l'océan bleu, de vous transformer en cible mouvante, de distancer et de décourager vos imitateurs de la première heure. Le but est de les tenir longtemps à l'écart pour pérenniser votre suprématie.

À une époque d'intensification de la rivalité et de dépassement de la demande par l'offre, la concurrence se fait sanglante. Les courbes de valeur de vos concurrents convergent vers la vôtre : l'heure est venue de vous mettre à la recherche d'une nouvelle innovation-valeur. Ainsi, en reportant votre courbe de valeur sur le canevas stratégique et en relevant régulièrement la position des autres courbes par rapport à la vôtre, vous pourrez suivre de façon visuelle le niveau d'imitation et, partant, de convergence atteint par vos compétiteurs. Vous verrez ainsi dans quelle mesure votre océan bleu est en train de virer au rouge.

Il n'est que de considérer The Body Shop, qui a dominé pendant plus de dix ans l'océan bleu qu'il avait créé. Cependant, l'entreprise est aujourd'hui au centre d'un océan rouge envahi par la concurrence et ses résultats sont en plein déclin ; elle n'a pas décidé d'une nouvelle innovation-valeur quand la courbe de valeur de ses concurrents se rapprochait de la sienne. De son côté, [yellow tail] évolue pour le moment dans les eaux bleues d'un nouvel espace stratégique. Casella Wines, la maison mère, a mis hors jeu ses concurrents naturels et continue de connaître une croissance forte et rentable. Mais la poursuite de cette croissance dépendra de sa capacité à répéter l'innovation-valeur quand les courbes de valeur des imitateurs les plus agressifs et les plus crédibles commenceront à converger avec la sienne.

Les six principes de stratégie Océan Bleu proposés dans ce livre devraient servir de repères fondamentaux à toute entreprise souhaitant devenir leader dans un monde de plus en plus saturé par la concurrence. Ce qui ne veut pas dire que les autres se retireront soudain de la course ou que la compétition va brusquement cesser. Au contraire, elle ne sera que plus présente et demeurera un facteur critique de la réalité économique. Nous voulons tout simplement souligner ce point clé : l'entreprise doit dépasser la notion de concurrence autour des parts de marché et s'intéresser à la création d'océans bleus.

Les océans bleus ont toujours coexisté avec les océans rouges, et c'est pourquoi on est tenu de réussir à la fois dans l'un et l'autre contexte et de maîtriser les stratégies propres à chacun d'eux. Mais comme les entreprises connaissent déjà les règles du jeu concurrentiel, elles doivent à présent apprendre à leur tourner le dos, à faire en sorte qu'elles ne comptent plus. Nous avons écrit ce livre pour favoriser un tel rééquilibrage : c'est notre espoir que la formulation et l'exécution des stratégies Océan Bleu deviendront aussi systématiques et aussi praticables que la concurrence dans l'océan rouge des espaces stratégiques connus.

Annexe A

LA CRÉATION D'OCÉANS BLEUS : APERÇU HISTORIQUE

Au risque de simplifier à l'extrême, nous allons présenter ici les grandes lignes du développement historique de trois secteurs d'activité aux États-Unis – l'industrie automobile, le secteur informatique et l'exploitation de salles de cinéma – en les abordant sous l'angle de la création de nouveaux espaces stratégiques et d'une demande auparavant inexistante. Nous ne prétendons pas à l'exhaustivité ; notre intention est tout simplement d'identifier les éléments stratégiques communs à trois océans bleus parmi les plus marquants. Pourquoi se limiter à des exemples américains ? Parce que durant la période choisie, l'Amérique fut le marché capitaliste le plus vaste et le moins réglementé au monde.

Pour sommaire que puisse être cet aperçu historique, il permet néanmoins de dégager plusieurs points communs à ces trois secteurs représentatifs :

- Aucun secteur d'activité ne peut prétendre à un essor permanent. Au cours de la période étudiée, toutes les industries ont connu des hauts et des bas sur le plan de leur attractivité.

- Aucune entreprise ne peut prétendre à un essor permanent. Comme les secteurs d'activité, les entreprises ont toutes leurs phases de grandeur et de décadence. En un mot, l'entreprise toujours gagnante n'existe pas plus que le secteur d'activité qui aurait éternellement le vent en poupe.

- L'avancée stratégique qui consiste à créer un océan bleu se révèle le principal facteur permettant à une industrie ou à une entreprise d'entamer une courbe montante de croissance rentable. C'est le catalyseur clé de l'élan de tout secteur d'activité ; c'est aussi la variable qui explique le mieux le succès de certaines entreprises ainsi que leur recul lorsqu'elles se voient dépassées par d'autres concurrents qui ont su créer des océans bleus.

- Les océans bleus sont le fait d'acteurs historiques tout autant que de nouveaux entrants ; l'idée selon laquelle ces derniers bénéficieraient d'un avantage naturel dans la création de nouveaux espaces stratégiques a vécu. Par ailleurs, les océans bleus créés par des entreprises bien établies se situent le plus souvent à l'intérieur de leur métier fondamental. La plupart des océans bleus voient donc le jour dans le cadre d'un océan rouge existant. Il s'avère que le phénomène de cannibalisation ou de destruction créatrice censé guetter les acteurs établis a été exagéré[1]. Les océans bleus sont générateurs d'une croissance rentable, que l'entreprise soit nouvelle ou ancienne.

- La création d'océans bleus n'est pas en premier lieu affaire d'innovation technologique. Souvent, certes, une technologie de pointe est présente, mais elle est assez rarement le trait marquant de la stratégie. Cela vaut même pour des secteurs à forte technicité comme l'informatique. Ce qui définit avant tout les océans bleus, c'est l'innovation-valeur, c'est-à-dire l'offre d'un avantage nouveau du point de vue de l'acheteur.

- La création d'océans bleus ne contribue pas seulement à une croissance vigoureuse et rentable, elle exerce aussi un effet positif puissant sur l'image de marque de l'entreprise.

Abordons à présent nos trois secteurs représentatifs ; laissons le bilan historique parler à notre place. Nous allons commencer par l'industrie automobile, qui occupe une place centrale dans le monde développé.

L'automobile

L'industrie automobile américaine remonte à 1893, année dans laquelle les frères Duryea lancèrent le premier véhicule du pays équipé d'un moteur monocylindrique. À l'époque, la voiture à cheval était le principal moyen de transport. Mais peu de temps après ce début, les États-Unis comptaient déjà des centaines de constructeurs d'automobiles, toutes fabriquées sur mesure.

Ces véhicules se présentaient comme une nouveauté luxueuse : un modèle comportait même à l'arrière un fer à friser électrique pour permettre aux élégantes de se bichonner en plein déplacement. Non seulement ils étaient peu fiables, mais ils coûtaient très cher – 1 500 dollars environ, soit le double du revenu annuel du ménage américain moyen. Surtout, ils soulevaient une opposition farouche. Les militants anti-automobile de l'époque arrachaient le macadam, dressaient du fil de fer barbelé autour de voitures stationnées et organisaient le boycott des hommes d'affaires et des hommes politiques qui circulaient en automobile. Telle était l'hostilité envers ce nouveau moyen de transport que Woodrow Wilson, futur président des États-Unis, a cru bon de qualifier ainsi : « Rien n'a autant contribué à la diffusion des idées socialistes que l'automobile [...] cette incarnation de l'arrogance des riches[2]. » La revue *Literary Digest* affirmait pour sa part : « La "voiture sans chevaux" courante est aujourd'hui un luxe réservé aux privilégiés. Et même si son prix baissera vraisemblablement à l'avenir, elle ne sera bien évidemment jamais aussi répandue que la bicyclette[3]. »

Bref, le secteur automobile était petit et peu attrayant. Mais aux yeux d'Henry Ford, ce n'était pas là une fatalité.

La Model T

1908 : alors que les 500 entreprises de ce secteur continuaient de construire sur mesure ces curiosités à moteur, Henry Ford lance la Model T. Il la désigne comme la « voiture à pétrole pour la multitude, construite à partir des meilleurs matériaux ». Bien que livrable en une seule couleur (noir) et dans un modèle unique, elle est fiable, résistante et facile à réparer. Qui plus est, son prix modéré la met à la portée de la plupart des bourses américaines. La toute première Model T se vend à 850 dollars, soit moitié moins cher que les autres voitures sur le marché. Un an plus tard, le prix tombe à 609 dollars, puis jusqu'à 290 dollars en 1924[4]. Notons, à titre de comparaison, que la voiture à cheval – principal concurrent sérieux de l'automobile à cette époque – coûte autour de 400 dollars. « Regardez passer la Ford : la qualité d'une voiture coûteuse dans une voiture bon marché », proclamait une brochure publicitaire.

La réussite de cette stratégie s'appuie sur un modèle économique rentable. Grâce à l'introduction révolutionnaire de la chaîne de montage, qui favorise une standardisation très poussée, la restriction du nombre d'options et l'utilisation de pièces interchangeables, Ford parvient à remplacer les ouvriers semi-artisanaux du secteur par des ouvriers non qualifiés tous chargés d'une tâche simple qu'ils peuvent exécuter rapidement et efficacement. Le temps de production d'une automobile passe ainsi de vingt et un jours à quatre jours ; le nombre d'heures / homme nécessaires baisse de 60 %[5]. La réduction des coûts entraînée par cette innovation permet de vendre la Model T à un prix accessible au marché de masse.

Les ventes de la nouvelle voiture ont explosé. La part de marché de Ford était de 9 % en 1908 ; en 1921, elle atteint 61 %. Deux ans plus tard, plus de la moitié des ménages américains possède une automobile[6]. Pas de doute : si l'industrie automobile a changé complètement d'échelle, c'est grâce à la Model T, qui a créé un immense océan bleu. Si immense, en fait, que la Model T a remplacé la voiture à cheval comme premier moyen de transport aux États-Unis.

General Motors

En 1924, donc, la « voiture sans chevaux » était déjà un article incontournable pour les ménages américains, dont le revenu avait beaucoup augmenté. Or c'est cette année-là que General Motors (GM) a inauguré une ligne de produits qui allait bouleverser de nouveau l'industrie automobile. Rompant avec la stratégie de simplification lancée par Ford (une seule couleur, un seul modèle), GM proposait désormais « une voiture pour chaque bourse et pour tous les besoins ». Alfred Sloan, son président, cherchait ainsi à exploiter la dimension affective du marché de masse, qu'il appelait le « marché de masse-classe »[7].

Tandis que Ford restait prisonnier du concept fonctionnel de la « voiture sans chevaux », GM a fait de l'automobile un produit divertissant, exaltant, confortable et très à la mode. Ses usines produisent à l'époque un large éventail de modèles, dont les couleurs et les styles sont renouvelés tous les ans. La pratique du « nouveau modèle de l'année » stimule encore la demande, puisque de plus en plus de consommateurs se mettent à revendre leur véhicule pour acquérir un modèle plus à la mode et plus confortable. Dans le même temps, cette accélération du taux de remplacement donne naissance au marché d'occasion.

Les voitures GM, avec leur côté mode et leur forte charge affective, font un tabac. De 1926 à 1950, les ventes d'automobiles aux États-Unis passent de 2 millions à plus de 7 millions d'unités par an. Pendant cette même période, la part de marché détenue par General Motors monte de 20 % à 50 %, alors que Ford voit la sienne dégringoler de 50 % à 20 %[8].

Mais l'expansion fulgurante de ce nouveau secteur d'activité ne pouvait durer éternellement. Ayant compris les ressorts du succès de GM, Ford et Chrysler ont fini par se jeter à leur tour dans l'océan bleu créé par leur plus grand rival. Les « *big three* » se rejoignent à partir de là dans une même stratégie : lancement annuel de nouveaux modèles et exploitation de l'émotionnel grâce à la multiplication des styles de voiture pour répondre à une diversité d'exigences et de modes de vie. Peu à peu, la concurrence entre les trois grands constructeurs de Detroit dégénère en une suite infinie d'ajustements, chacun se contentant de singer les deux autres. Car GM, Ford et Chrysler détiennent ensemble plus de 90 % du marché américain[9]. Rien d'étonnant s'ils se sont durablement installés dans la suffisance.

Le défi japonais : plus petit, plus économique

Mais l'industrie automobile, elle, n'est pas restée figée. Dans les années 1970, les constructeurs nippons ont créé un nouvel océan bleu. C'est un véritable défi à Detroit. Au lieu de suivre la logique jusque-là dominante dans le secteur – « Plus c'est gros, mieux c'est » – et de privilégier les voitures de luxe, ils ont entamé une lutte impitoyable pour améliorer la qualité, réduire l'encombrement des véhicules et miser sur les modèles compacts à faible consommation de carburant.

Ainsi, dès la crise du pétrole à la fin de 1973, les consommateurs américains se sont rués sur les voitures robustes et économiques fabriquées par Honda, Toyota et Nissan (appelé Datsun à l'époque). Presque du jour au lendemain, les constructeurs japonais ont accédé au statut de héros. L'océan bleu des petites voitures a provoqué une nouvelle explosion de la demande.

Que faisaient les « *big three* » pendant ce temps ? Ils étaient tellement occupés à se comparer mutuellement qu'aucun n'avait pris la peine de mettre au point des véhicules fonctionnels, peu encombrants et faiblement consommateurs, alors même qu'ils avaient parfaitement conscience de l'intérêt commercial d'une telle démarche. Plutôt que de créer quelque chose de nouveau, ils se sont laissé entraîner dans un énième cycle de *benchmarking* compétitif, mais cette fois-ci par rapport aux performances japonaises. Ils ont donc commencé à investir lourdement dans la production de petits modèles à faible consommation de combustible.

C'est à ce moment-là que le marché s'est effondré : en 1980, les « *big three* » ont cumulé des pertes de 4 milliards de dollars[10]. Chrysler, le plus petit des trois, en a le plus pâti, à tel point qu'il ne dut son salut qu'au plan de sauvetage mis en place par le gouvernement fédéral. Les constructeurs américains peinaient à remonter la pente, tant leurs concurrents nippons avaient réussi à créer et à dominer le nouvel océan bleu. Dans le monde entier, des spécialistes de l'industrie automobile commençaient à émettre des doutes sur leur compétitivité et leur viabilité à long terme.

Le monospace de Chrysler

1984 : Chrysler, assiégé de toutes parts et au bord de la faillite, lance le monospace. Ce véhicule révolutionnaire va effacer la frontière entre voiture de tourisme et véhicule utilitaire. Plus petit qu'un minivan traditionnel mais plus spacieux qu'un break, le monospace est idéal pour la famille nucléaire, puisqu'il permet de caser parents, enfants, vélos, animaux domestiques et d'autres choses encore. Il est également plus facile à conduire qu'une camionnette.

Construit à partir du châssis Chrysler K, le monospace se manie comme une voiture particulière, sauf qu'il offre plus de place dans l'habitacle et qu'il tient dans le garage de la maison. Soulignons toutefois que Chrysler n'a pas été le premier constructeur à s'intéresser à ce concept. Ford et GM travaillaient depuis des années sur des idées semblables, mais la peur de voir le monospace cannibaliser les ventes de leurs breaks les avait retenus. Indiscutablement, ils ont laissé à leur rival une occasion en or. Un an seulement après son lancement, le monospace était en tête des ventes de Chrysler et lui a permis de retrouver sa place parmi les trois grands de l'automobile américaine. Au bout de trois ans, le nouveau véhicule avait à lui seul apporté 1,5 milliard de dollars à son constructeur[11].

Cette réussite a déclenché la vogue des SUV, ou véhicules utilitaires-loisirs, qui a marqué les années 1990 et qui a agrandi l'océan bleu créé par Chrysler. Bâti sur un châssis de camion, le SUV a continué sur sa lancée pour se transformer en utilitaire à part entière. Conçu au départ pour une utilisation tout-terrain ou pour remorquer un bateau, il a bientôt conquis un public de jeunes parents enthousiasmés par la facilité de maniement, le gain de place pour passagers et chargements – par rapport au monospace – et le confort intérieur, sans parler des avantages comme les quatre roues motrices, les capacités de remorque ou une plus grande sécurité. En 1998, les ventes d'utilitaires légers neufs, toutes catégories confondues (monospace, SUV et pick-up) s'élevaient au total à 7,5 millions d'unités, chiffre à peine inférieur à celui des voitures de tourisme neuves vendues, soit 8,2 millions[12].

On le voit : GM et Chrysler étaient déjà des acteurs bien établis au moment de créer chacun leur océan bleu. Mais, au fond, ce ne sont pas des innovations technologiques qui ont contribué de manière décisive à leur succès. Les technologies utilisées existaient déjà depuis un certain temps ; d'ailleurs, même la chaîne de montage, élément clé de la révolution fordienne, avait servi auparavant dans les grands abattoirs[13]. L'attractivité de l'industrie automobile a connu sans cesse des mouvements de balancier – impulsés, le plus souvent, par des avancées stratégiques de grande portée. Même chose en ce qui concerne les phases de croissance rentable par lesquelles sont passées différentes entreprises du secteur. Croissance et rentabilité dépendaient dans une grande mesure des océans bleus que les acteurs ont su trouver et développer.

Le souvenir que notre société garde de toutes ces entreprises ou presque est intimement lié aux océans bleus qu'elles ont créés au fil du temps. Ford, pour ne citer qu'un exemple, a subi bien des revers tout au long de son histoire, mais si son image de marque demeure intacte, c'est en grande partie grâce à la Model T lancée il y a une centaine d'années.

L'informatique

Tournons-nous à présent vers l'industrie informatique, qui fournit un élément indispensable à la vie professionnelle dans le monde entier. La naissance de ce secteur aux États-Unis remonte à 1890, quand la tabulatrice à cartes perforées inventée par Herman Hollerith est utilisée pour faciliter le recensement américain. Grâce à cette machine, le traitement de toutes les données recueillies prendra cinq ans de moins que lors du recensement précédent.

Peu de temps après, Hollerith quitte le Bureau du recensement pour fonder la Tabulating Machine Company (TMC), qui vend ses tabulatrices aux services du gouvernement fédéral américain ainsi que d'États étrangers. C'est que, à l'époque, ce produit ne trouve guère de débouchés dans le monde de l'entreprise : on continue de se servir du crayon et du grand-livre, qui font de la comptabilité une opération facile, précise et peu coûteuse. Or la machine de Hollerith, pour rapide et précise qu'elle soit, demeure chère et d'utilisation malaisée ; elle demande par ailleurs un entretien suivi. Confronté à de nouveaux concurrents après l'expiration de son brevet et dépité de se voir « lâché » par le gouvernement fédéral, qui juge ses prix trop forts, Herman Hollerith cède son entreprise, qui fusionnera en 1911 avec deux autres entités pour former CTR.

La tabulatrice

L'activité de la nouvelle société reste cependant limitée et non rentable. Dans un effort de redressement, CTR fait appel en 1914 à Thomas Watson, ancien dirigeant de National Cash Register Company. Ce dernier comprend tout de suite qu'il existe un vaste marché inexploité pour les tabulatrices, car les entreprises ont besoin d'améliorer leur travail comptable et la gestion de leurs stocks. Mais il reconnaît également que ces appareils encombrants sont trop onéreux et trop compliqués pour les convaincre d'abandonner leurs outils de comptabilité habituels, qui donnent des résultats satisfaisants.

Thomas Watson réalise alors l'avancée stratégique qui lancera véritablement l'industrie informatique : il réunit les atouts de la tabulatrice et le côté pratique et bon marché de la tenue des livres traditionnelle. Sous son règne, les machines de CTR seront simplifiées et rendues modulaires, et l'entreprise commencera à assurer la maintenance sur place ainsi que la formation et l'accompagnement des utilisateurs. Les clients bénéficient ainsi de la rapidité et de l'efficacité de la tabulatrice, sans devoir engager des formateurs ou des dépanneurs spécialisés.

Ensuite, Thomas Watson décrète qu'il faut désormais louer les machines et non plus les vendre. Cette innovation aidera CTR à évoluer vers un nouveau modèle d'établissement des prix. D'une part, elle épargne de gros investissements aux entreprises clientes, tout en leur facilitant le passage en souplesse aux nouveaux modèles plus perfectionnés. D'autre part, elle assure à CTR un flux continu de revenus et élimine le risque de voir les clients s'acheter des machines d'occasion les uns aux autres.

Résultat : en l'espace de six ans, le chiffre d'affaires se multiplie par plus de trois[14]. Au milieu des années 1920, CTR détient 85 % du marché américain des tabulatrices. Pour mieux exprimer la présence internationale de plus en plus affirmée de l'entreprise, Thomas Watson décide en 1924 de la rebaptiser International Business Machines Corp. (IBM). L'océan bleu des calculateurs était bel et bien là.

L'ordinateur électronique

Faisons un saut de trente ans en avant. En 1952, Remington Rand fournit l'UNIVAC, premier ordinateur électronique commercial de l'histoire, au Bureau du recensement américain. Pourtant, seuls trois exemplaires de la nouvelle machine sont vendus au cours de cette année. Il faudra attendre que le fils de Thomas Watson – Thomas Watson Jr. – découvre le potentiel inexploité de ce marché en apparence restreint et atone pour que l'océan bleu apparaisse clairement. Pressentant le rôle que l'ordinateur pourrait jouer dans le monde de l'entreprise, il a poussé IBM à relever le défi.

L'année 1953 voit le lancement de l'IBM 650, premier ordinateur commercial de taille intermédiaire. Convaincue que les entreprises ne voudront pas d'une machine trop compliquée et qu'elles n'accepteront de payer que la puissance de calcul qu'elles utilisent effectivement, l'équipe de Watson Jr. a conçu le 650 comme un appareil plus simple et moins puissant que l'UNIVAC, mais proposé à 200 000 dollars seulement, contre 1 million de dollars pour son rival. C'est grâce à cette politique qu'IBM détiendra bientôt 85 % du marché des ordinateurs électroniques utilisés dans les entreprises. Entre 1952 et 1959, son chiffre d'affaires triplera presque, passant de 412 millions à 1,16 milliard de dollars[15].

Cette expansion de l'océan bleu s'accélère à partir de 1964 avec le lancement de la série 360, première grande famille d'ordinateurs à utiliser des logiciels, des périphériques et des utilitaires interchangeables. C'est une véritable rupture avec le gros ordinateur monolithique, style « taille unique ». Puis en 1969, IBM modifie le mode de commercialisation de ses produits. Plutôt que d'obliger le client à acheter un ensemble – matériel, logiciels et service –, la firme commence à vendre ces éléments séparément. C'est ainsi que sont nés les secteurs du logiciel et des services informatiques, qui pèsent aujourd'hui plusieurs milliards de dollars. IBM est à l'heure actuelle la plus grosse société de services informatiques au monde, mais elle a également conservé la première place parmi les constructeurs d'ordinateurs.

Le PC

Le secteur informatique a poursuivi son évolution tout au long des années 1960 et 1970. IBM, Digital Equipment Corporation (DEC), Sperry et d'autres qui avaient pris le train en marche n'ont cessé de renforcer leur présence internationale et d'améliorer et d'étendre leurs offres en y englobant périphériques et services. Mais en 1978, alors que les principaux constructeurs se concentraient sur la mise au point de machines de plus en plus grosses et de plus en plus puissantes pour servir le marché des entreprises, Apple Computer a créé un espace stratégique entièrement nouveau.

Contrairement à ce qu'on entend souvent dire, l'Apple II n'était pas le tout premier micro-ordinateur à apparaître sur le marché. Deux ans plus tôt, Micro Instrumentation and Telemetry Systems (MITS) avait présenté l'Altair 8800. Son lancement avait suscité de grandes espérances chez les passionnés, et *Business Week* s'était empressé de qualifier MITS d'« IBM de l'ordinateur individuel ».

Cependant, MITS n'a pas créé d'océan bleu. Pourquoi ? Le 8800 n'avait ni moniteur, ni système de stockage des données (seulement 256 caractères de mémoire temporaire), ni logiciels, ni clavier. Pour introduire des données, il fallait manipuler des interrupteurs minuscules ; le résultat des programmes ne pouvait être lu que grâce au jeu des petites lampes situées sur le panneau avant. Il n'est pas étonnant que personne n'ait eu envie de miser sur un ordinateur aussi difficile à utiliser. Si grande était la déception que Ken Olsen, président de Digital Equipment, a cru bon de lancer cette phrase devenue légendaire : « Personne n'a de motif valable pour avoir un ordinateur chez lui. »

Deux ans plus tard, l'océan bleu créé par Apple allait lui faire regretter son jugement hâtif. Fondé en grande partie sur des technologies existantes, l'Apple II offrait une solution complète : un boîtier en plastique réunissant clavier, alimentation et capacités graphiques, qui plus est d'utilisation facile. La gamme des logiciels livrés avec l'ordinateur allait des jeux électroniques aux programmes professionnels comme le traitement de texte Apple Writer ou le tableur VisiCalc, qui permettaient de toucher le grand public.

Apple a transformé l'idée même qu'on se faisait de l'informatique. L'ordinateur a cessé d'un coup d'être un jouet destiné aux « allumés » des nouvelles technologies ; à l'instar de la Model T, il est devenu un article incontournable pour les ménages américains. Deux ans seulement après la mise sur le marché de l'Apple II, l'entreprise de Cupertino en vendait plus de 200 000 exemplaires par an, et elle figurait, au bout de trois ans d'existence, parmi les 500 de *Fortune*, exploit jusque-là inouï[16]. En 1980, on dénombrait quelque vingt-cinq constructeurs de micro-ordinateurs qui vendirent 724 000 machines pour un chiffre d'affaires total de plus de 1,8 milliard de dollars[17]. Un an plus tard, vingt autres entreprises les avaient rejoints sur ce marché. Les chiffres s'élevaient désormais à 1,4 million d'ordinateurs et à près de 3 milliards de dollars[18].

IBM, lui, a choisi de prendre son temps, d'étudier le marché et les technologies en jeu avant de lancer sa version de l'ordinateur individuel. Puis, en 1982, le géant de l'informatique a élargi de façon spectaculaire l'océan bleu déjà créé : sa nouvelle architecture très ouverte, basée sur un système d'exploitation standardisé, laissait d'autres acteurs libres de développer des logiciels et des périphériques. C'est ainsi qu'IBM a pu limiter ses coûts et ses prix tout en offrant au client un produit très attrayant. Ses avantages en matière d'échelle et d'envergure lui ont permis de commercialiser le PC à un prix abordable pour la masse des acheteurs[19]. Un an après le lancement, l'entreprise en avait vendu 200 000 exemplaires, soit, pratiquement, son objectif sur cinq ans ; en 1983, 1,3 million de PC IBM avaient trouvé preneur[20].

Les serveurs de Compaq

Dans ce contexte qui voyait les entreprises américaines acheter massivement des PC et les installer à tous les niveaux de leur activité, le besoin de relier ces machines pour des tâches simples mais importantes se faisait de plus en plus sentir. La micro-informatique professionnelle, marché auquel l'IBM 650 avait donné naissance – et qui avait rapidement attiré HP, DEC et autres Sequent –, comportait déjà des systèmes de pointe capables de gérer les opérations vitales d'une grosse entreprise ainsi qu'un grand nombre de systèmes d'exploitation et d'applicatifs. Cependant, ces systèmes étaient trop coûteux et trop complexes pour justifier leur utilisation pour des tâches comme le partage des fichiers ou des imprimantes. C'était particulièrement le cas pour les PME, qui ne pouvaient pas encore envisager d'investir dans des systèmes micro-informatiques complexes.

En 1992, Compaq a bouleversé la donne en créant l'océan bleu des serveurs pour PC. ProSignia était un serveur radicalement simplifié et optimisé pour les fonctions courantes de partage des fichiers et d'utilisation commune des imprimantes. Il a mis fin à l'interopérabilité avec une multitude de systèmes d'exploitation, de SCO UNIX à DOS en passant par OS/3, qui étaient étrangers à ces fonctions. Il a permis de doubler la capacité et la vitesse de partage de fichiers et d'imprimantes par rapport à celles d'un mini-ordinateur, mais à un tiers du prix. Chez Compaq même, cette simplification a ouvert la voie à une forte réduction des coûts de production. Le lancement du ProSignia et de trois successeurs a non seulement fouetté les ventes de micro-ordinateurs, mais aussi développé tout un secteur, celui des serveurs pour PC, qui atteindra un chiffre d'affaires global de 3,8 milliards de dollars moins de quatre ans après sa naissance[21].

Dell Computer

Au milieu des années 1990, Dell Computer Corporation a créé encore un océan bleu. La concurrence entre constructeurs informatiques consistait jusque-là à sortir des machines chaque fois plus rapides et dotées de fonctionnalités et de logiciels de plus en plus nombreux. Or Dell a bousculé cette logique en modifiant l'expérience d'acquisition et de livraison pour l'acheteur. Grâce à son système de vente directe au client, l'entreprise a réussi à vendre ses ordinateurs 40 % moins cher que les distributeurs d'IBM – et cela en faisant un bénéfice.

La vente directe avait un attrait supplémentaire du point de vue de la clientèle : des délais de livraison imbattables. Dell était en mesure de livrer un ordinateur quatre jours seulement après la prise de commande, contre plus de dix semaines en moyenne pour ses compétiteurs. Par ailleurs, son système de commande sur Internet ou par téléphone donnait au client des possibilités multiples de personnalisation, sans compter que la fabrication sur mesure avait pour effet de réduire les coûts de stockage chez le constructeur.

Résultat : Dell est aujourd'hui le leader incontesté de la micro-informatique, avec un chiffre d'affaires qui a progressé de 5,3 milliards de dollars en 1995 à 35,5 milliards de dollars en

2003. Sa part du marché américain est passée pendant cette période de 2 % à plus de 30 %[22].

Les parallèles avec l'industrie automobile sautent aux yeux. Les océans bleus du secteur informatique ne s'expliquent pas par des percées technologiques en soi, mais par la capacité à lier des technologies prometteuses à des éléments prisés par les acheteurs. L'innovation-valeur est souvent née d'une simplification des technologies existantes, comme dans le cas de l'IBM 650 ou du serveur Compaq pour PC. Qui plus est, elle peut être le fait d'acteurs bien établis – CTR, IBM, Compaq – tout autant que de nouveaux venus comme Apple ou Dell. Chaque océan bleu a eu pour effet de renforcer l'image de marque de son créateur et de provoquer une vague de croissance rentable, non seulement pour l'entreprise, mais pour le secteur informatique dans son ensemble.

Les salles de cinéma

Tournons-nous pour finir vers les salles de cinéma, ces grands lieux de détente le soir et le week-end. Aux États-Unis, l'histoire de ce secteur d'activité remonte à 1893, lorsque Thomas Edison a révélé au grand public le kinétoscope. Dans une armoire en bois, on déroule une pellicule éclairée sur laquelle est fixée une série d'images. Un seul spectateur à la fois les visionne en regardant par un petit trou, ou *peephole* en anglais, d'où le nom de « *peep-show* ».

Deux ans plus tard, l'équipe d'Edison met au point un kinétoscope qui projette sur un écran cette même succession rapide de photographies qui crée une illusion de mouvement. Mais l'appareil ne décollera jamais réellement. Les films, chacun d'une durée de plusieurs minutes, sont projetés entre des numéros de music-hall ou aux entractes des théâtres. Le but est de mettre en valeur les spectacles sur scène plutôt que de développer une forme de divertissement à part entière. En résumé, la technologie était disponible, mais l'idée de son exploitation n'avait pas encore germé.

Le Nickelodeon

C'est Harry Davis qui change tout cela en 1905 avec l'ouverture à Pittsburgh, en Pennsylvanie, du premier Nickelodeon, petite salle de projection. Aujourd'hui, on attribue généralement au Nickelodeon tout le mérite du lancement de l'industrie cinématographique aux États-Unis, qui créait par là un immense océan bleu. Que l'on en juge : la population était constituée essentiellement de travailleurs manuels au début du 20ᵉ siècle, alors que les théâtres concentraient leurs efforts sur des spectacles – œuvres dramatiques, opéras, music-hall – destinés à l'élite du pays.

À une époque où le revenu de la famille moyenne ne dépassait pas les 12 dollars par semaine, peu d'Américains pouvaient s'offrir le luxe d'aller au spectacle. L'entrée au music-hall coûtait 0,50 dollar, une place à l'opéra 2 dollars. Et de toute façon, l'opéra et le théâtre étaient bien trop « intellectuels » pour plaire à un public ouvrier peu instruit. Il y avait également des obstacles d'ordre pratique. Les spectacles n'étaient donnés que plusieurs fois par semaine, et la plupart des salles se trouvaient dans les quartiers bourgeois, difficiles d'accès pour les ouvriers. Bref, la plupart des Américains n'étaient tout simplement pas invités au spectacle.

Or l'entrée au Nickelodeon ne coûte que 0,05 dollar, ce qui explique le nom de la salle de spectacle (le *nickel* étant une pièce de 5 *cents*). C'est en réduisant l'aménagement de ses salles au strict minimum – des bancs et un écran – et en les implantant dans les quartiers ouvriers que Harry Davis a réussi cet exploit. Il s'attaque ensuite au problème du volume et de la commodité : ses salles ouvrent dès 8 heures du matin et assurent des projections en continu jusqu'à minuit. Enfin, le Nickelodeon est là pour faire rire : on y voit de grosses farces accessibles aux spectateurs de tous les âges et de toutes les origines.

La population ouvrière afflue : bientôt, chaque salle accueille quotidiennement jusqu'à 7 000 spectateurs. En 1907, le *Saturday Evening Post* chiffre à plus de 2 millions la fréquentation totale par jour[23]. Les salles de Harry Davis se répandent dans tout le pays, à tel point qu'en 1914 les États-Unis comptent 18 000 Nickelodeons qui vendent 7 millions de billets tous les jours[24]. L'océan bleu s'était transformé en marché pesant un demi-milliard de dollars.

Les Palaces

1914 : au point culminant de la vague des Nickelodeons, Samuel Rothapfel, dit Roxy, ouvre le premier « Palace » à New York. Son objectif est de donner le goût du cinéma aux classes moyennes et aisées, en pleine expansion à l'époque. Cet exploitant de plusieurs Nickelodeons à travers le pays est déjà connu pour avoir redressé des salles de spectacle en difficulté. Contrairement aux Nickelodeons, souvent décriés pour leur vulgarité, les nouveaux Palaces sont des lieux impressionnants dotés de lustres extravagants, de couloirs à miroirs et d'un hall d'entrée splendide. Avec leur service voiturier, leurs confortables causeuses et leurs films plus longs et plus structurés, ces salles ont de quoi ravir les habitués du théâtre et de l'opéra, mais à un prix très abordable.

La formule fera un tabac. Entre 1914 et 1922, 4 000 Palaces s'ouvrent aux États-Unis. Le cinéma devient une distraction prisée par toutes les couches de la population. Comme l'explique Roxy : « Donner aux gens ce qu'ils veulent est une erreur fondamentale et désastreuse. Ils ne savent pas ce qu'ils veulent. [...] Il faut leur proposer quelque chose de mieux. » Les Palaces ont en effet marié le cadre d'une salle d'opéra et le contenu du Nickelodeon. Le résultat sera un océan bleu capable d'attirer un nouveau public de masse : les classes moyennes et aisées[25].

À partir de la fin des années 1940, toutefois, alors que la richesse nationale se développait et que les Américains partaient en masse pour les banlieues des grandes villes pour réaliser le rêve de la maison individuelle et de la voiture pour tous, les limites de la formule de Roxy commençaient à se faire sentir. Une commune périphérique ne pouvait s'offrir le luxe d'un grand Palace au décor opulent. L'évolution de la concurrence dictait plutôt la construction en banlieue de petites salles passant un seul film par semaine. Et si ces dernières pratiquaient des prix nettement plus attractifs que les Palaces, elles ne frappaient guère les imaginations. Leur succès commercial dépendait exclusivement de la qualité des films projetés. Le spectateur n'ayant plus l'impression d'une véritable sortie, tout film peu apprécié était forcément source de pertes pour l'exploitant. En un mot, leur secteur d'activité donnait des signes d'essoufflement : la croissance rentable n'était plus au rendez-vous.

Le multiplexe

Mais, une fois de plus, la tendance s'est inversée grâce à un nouvel océan bleu. En 1963, Stan Durwood, dont le père avait ouvert dès les années 1920 sa première salle de cinéma à Kansas City, a réalisé une avancée stratégique qui allait revitaliser le métier d'exploitant : la création du premier établissement multisalles dans un centre commercial de cette ville du Middle West.

Le multiplexe a connu un succès immédiat. D'une part, il donnait au spectateur une gamme élargie de choix. D'autre part, comme il comportait des salles de tailles différentes, l'exploitant pouvait moduler sa programmation en projetant les films les plus appréciés du public dans les salles les plus vastes. C'était un excellent moyen de se couvrir et de limiter les coûts. D'abord d'importance purement locale, la société de Stan Durwood – American Multi-Cinema Inc. (AMC) – s'est bientôt transformée en deuxième acteur du secteur : l'océan bleu des multiplexes avait gagné toute l'Amérique.

Le mégaplexe

La déferlante des multiplexes avait remis le secteur sur les rails de la croissance rentable, mais à partir des années 1980, la fréquentation des salles fléchissait de nouveau sous l'effet conjugué de la diffusion des cassettes vidéo et de l'essor de la télévision câblée et satellitaire. Pis encore, les exploitants ont commencé à scinder leurs établissements en salles de plus en plus petites afin de pouvoir multiplier le nombre de films projetés et donc agrandir leur part d'un marché en peau de chagrin. Sans le savoir, ils se privaient, ce faisant, d'un de leurs principaux avantages sur le visionnement à la maison : la largeur de l'écran. Dès lors que des films très attendus étaient disponibles sur cassette ou sur les réseaux câblés quelques semaines après leur sortie en salle, pourquoi payer plus pour les voir sur un écran légèrement plus grand ? Les salles de cinéma semblaient avoir entamé leur déclin.

En 1995, AMC a réinventé encore une fois ce secteur d'activité grâce à l'ouverture du premier mégaplexe des États-Unis, ensemble de vingt-quatre salles. Contrairement aux multiplexes, avec leurs salles souvent exiguës et glauques, le mégaplexe offre des fauteuils très confortables et disposés en gradins (pour assurer une vue dégagée), ainsi qu'un plus grand choix de films et une qualité sonore supérieure. Pourtant, ses coûts d'exploitation sont plus faibles. Pourquoi ? Parce que le mégaplexe est implanté loin des centres-villes, facteur décisif de coût, et qu'il a la taille requise pour réaliser des économies d'échelle et négocier en position de force avec les distributeurs. Surtout, quand un ensemble de vingt-quatre salles peut proposer simultanément la quasi-totalité des grands films du moment, c'est le lieu et non plus tel ou tel film qui attire le chaland.

À la fin des années 1990, le revenu par client enregistré par les mégaplexes d'AMC est 8,8 % supérieur à la moyenne pour les multiplexes. Leur zone d'attraction passe de trois kilomètres à huit kilomètres à la ronde[26]. Entre 1995 et 2001, le nombre annuel d'entrées enregistré par les salles de cinéma, toutes catégories confondues, grimpe de 1,26 milliard à 1,49 milliard. Or les mégaplexes, qui ne représentent à cette époque que 15 % des écrans aux États-Unis, accaparent 38 % de toutes les recettes du secteur.

La stratégie d'AMC n'a pas tardé à faire des émules. Du coup, trop de mégaplexes ont été construits en peu de temps, si bien qu'en 2000, année de ralentissement économique, plusieurs d'entre eux avaient déjà dû fermer leurs portes. Encore une fois, le secteur semble mûr pour un nouvel océan bleu.

Ce bref rappel de l'histoire des salles de cinéma en Amérique révèle qu'est à l'œuvre la même logique profonde que dans nos deux exemples précédents. Ce secteur n'a pas connu d'essor ininterrompu ; il n'y a jamais eu non plus d'entreprise qui enchaîne les triomphes. À un niveau comme à l'autre, la création d'océans bleus est depuis le début un facteur déterminant de croissance rentable, et ce sont essentiellement des acteurs déjà bien établis comme AMC ou les Palaces de Roxy qui les ont créés. Stan Durwood a opéré une percée – avec la construction du premier multiplexe – qu'il a rééditée avec le mégaplexe : ce faisant, il a redéfini par deux fois l'orientation de tout le secteur d'activité tout en impulsant la croissance rentable de sa société. Aucun de ces océans bleus ne s'explique par des innovations technologiques en tant que telles. À l'origine de tous se trouve l'innovation-valeur – un saut de valeur du point de vue du client.

Que faut-il conclure de cette exploration de trois secteurs d'activité ? La tâche de toute entreprise qui veut pérenniser sa croissance rentable est en grande partie de savoir se replacer encore et encore à l'avant-garde des créateurs d'océans bleus. Certes, l'excellence permanente n'est guère une perspective réaliste :

à ce jour, aucune entreprise n'a réussi à être l'instigatrice de tous les mouvements allant dans ce sens. Mais les sociétés au nom légendaire sont souvent celles qui ont été capables de se réinventer grâce à la création répétée de nouveaux espaces stratégiques. Pour le dire autrement, si l'acteur toujours gagnant n'a encore jamais existé, une entreprise peut néanmoins espérer maintenir son excellence dès lors qu'elle adhère à des pratiques excellentes. À quelques faibles écarts près, le mode de création d'océans bleus relevé dans les trois secteurs analysés ici est peu ou prou le même que nous avons observé partout ailleurs.

Annexe B

L'INNOVATION-VALEUR : LA CONCEPTION RECONSTRUCTIONNISTE

On peut distinguer deux conceptions fondamentales du rapport entre la structure du secteur d'activité et les efforts stratégiques de ses acteurs.

La conception structuraliste trouve ses racines dans l'école d'organisation industrielle[1], qui postule l'existence d'un rapport causal menant de la structure à la conduite et, au-delà, à la performance. La *structure* du marché, dictée par les conditions de l'offre et de la demande, oriente la *conduite* des vendeurs et des acheteurs, qui détermine à son tour la *performance* finale[2]. Des changements au niveau de tout le système sont induits par des facteurs exogènes comme les grandes mutations macro-économiques ou les percées technologiques[3].

La conception reconstructionniste, elle, prend pour point de départ la théorie de la croissance endogène. Celle-ci remonte à cette intuition de Joseph A. Schumpeter : les forces qui bouleversent les structures économiques et les paysages industriels peuvent surgir de l'intérieur du système[4]. L'innovation, prétendait Schumpeter, peut naître de façon endogène, sa source principale étant l'entrepreneur créatif[5]. Toutefois, elle reste, dans sa vision, une sorte de boîte noire : on ne saurait la reproduire de façon systématique puisqu'elle dépend du génie de l'individu.

Plus récemment, la *nouvelle théorie de la croissance*, ou théorie de la croissance endogène, a fait avancer le débat en montrant qu'il peut y avoir duplication endogène d'une innovation dès lors qu'on comprend la logique ou la formule qui la sous-tendent[6]. Elle opère, au fond, une séparation entre les recettes de l'innovation – ou les idées et les connaissances derrière elle – et l'entrepreneur solitaire cher à Schumpeter ; ce faisant, elle ouvre la voie à la copie des succès. Mais en dépit de ce progrès théorique, la nature précise de la logique ou des recettes utilisées continue de nous échapper. Tant que cette lacune demeurera, il sera impossible de mettre en pratique idées et connaissances pour engager l'entreprise individuelle dans la voie de l'innovation et de la croissance.

La conception reconstructionniste reprend le travail de réflexion là où l'école de la croissance endogène s'est arrêtée. Elle cherche à analyser la manière dont les idées et les connaissances sont déployées dans l'étape de création pour assurer la croissance endogène de l'entreprise. En particulier, elle affirme que toute entreprise est à tout moment capable d'une telle créativité dès lors qu'elle effectue une reconstruction cognitive et radicalement nouvelle des données et des éléments de marché existants.

Le choix entre ces deux conceptions – structuraliste et reconstructionniste – a des conséquences importantes. Le structuralisme (ou déterminisme environnemental) conduit souvent à mettre l'accent sur la lutte compétitive. Il incite l'entreprise à prendre une position défendable sur un marché dont les contours sont supposés immuables. Pour le stratège, donc, il s'agit surtout de se doter d'avantages concurrentiels, le plus souvent en étudiant ce que font ses rivaux puis en essayant de le faire encore mieux. La conquête de parts de marché se résume, dans cette vision, à un jeu à somme nulle : on ne gagne jamais que ce que l'autre a perdu. La concurrence – le côté offre de l'équation – devient ainsi la variable déterminante de la stratégie.

Ceux qui adhèrent à cette conception ont tendance à diviser l'économie en secteurs attractifs et secteurs non attractifs et à orienter leur activité en conséquence. Une fois que leur choix est fait, ils optent pour la position – en matière de coûts ou de différenciation – qui correspond le mieux aux systèmes internes de l'entreprise et à ses atouts face à la concurrence[7]. Selon cette vision, on ne peut privilégier la domination par les coûts qu'au détriment de la valeur de l'offre, et inversement. Et comme on considère que la rentabilité du secteur dans son ensemble dépend elle aussi de facteurs structurels exogènes, les acteurs s'attachent avant tout à capter des richesses existantes plutôt que d'en créer de nouvelles. Ils se battent, en somme, pour une part d'un océan rouge où les perspectives de croissance sont de plus en plus limitées.

Les reconstructionnistes, eux, ont une tout autre conception du défi stratégique. Convaincus que la structure des marchés et les frontières les séparant n'existent finalement que dans l'esprit des dirigeants, ils refusent de s'y laisser enfermer. Ils estiment qu'il y a quelque part une demande latente qu'il s'agit de révéler et d'exploiter. Mais ce ne sera possible que si le centre de gravité se déplace de l'offre à la demande, de la concurrence à l'innovation-valeur : il faut créer une valeur nouvelle qui donne naissance à une demande nouvelle. Pour y parvenir, l'entreprise doit entamer un voyage de découverte qui passe par l'exploration systématique des alternatives, au-delà des frontières entre marchés, et par le réagencement des éléments existants pour fonder un nouvel espace stratégique qui suscite sa propre demande[8].

Les adeptes de cette vision pensent que cela n'a pas grand sens de parler de secteurs attractifs en soi, puisque l'attractivité de chaque secteur évolue sous l'effet des efforts patients de reconstruction consentis par les acteurs. Ces efforts modifient peu à peu la structure du marché et, avec elle, les critères définissant les meilleures pratiques à adopter. Dans le jeu nouveau qui en résulte, les règles de concurrence propres au jeu précédent n'ont plus cours. La stratégie de l'innovation-valeur, du fait qu'elle agit sur la demande, agrandit les marchés existants et en crée de nouveaux. Elle obtient un saut de valeur grâce à la création de richesses et non par l'affaiblissement des compétiteurs, comme dans le schéma traditionnel. Une stratégie de ce type débouche donc sur une situation qui n'a plus grand-chose à voir avec le jeu à somme nulle – et qui peut rapporter gros.

En quoi la pratique de la reconstruction, incarnée notamment par le Cirque du Soleil, se distingue-t-elle du travail de combinaison et de recombinaison évoqué dans plusieurs écrits sur le sujet[9] ? Joseph Schumpeter, rappelons-le, attribuait l'innovation à « une nouvelle combinaison de ressources productives ».

L'exemple du Cirque du Soleil nous montre une focalisation sur le côté demande de l'équation, alors que la recombinaison, qui a pour but d'agencer différemment des technologies ou des moyens de production existants, donne souvent la priorité au côté offre. Au cœur de la reconstruction se trouvent des *éléments de valeur pour l'acheteur* qui dépassent les frontières entre secteurs. Soulignons que ce ne sont ni des technologies ni des moyens de production.

Par son souci de l'offre, la démarche de la recombinaison recherche une solution innovatrice à un problème existant. Les adeptes de la reconstruction, eux, font fi des limites cognitives imposées par les règles du jeu traditionnel. Le Cirque du Soleil ne s'est pas fixé pour objectif de proposer un meilleur cirque grâce à la recomposition des techniques ou des savoirs propres aux numéros habituels. Il doit sa réussite à une reconstruction des éléments de valeur pour l'acheteur, reconstruction dont le but était de créer une catégorie nouvelle de spectacle qui associe l'amusement et l'excitation du cirque traditionnel et le raffinement artistique du théâtre. C'est souvent la redéfinition du problème qui vous permet de réinventer votre activité et donc votre stratégie, tandis que la recombinaison vous aiguille plutôt vers des solutions qui concernent des aspects circonscrits de votre activité et qui renforcent en fin de compte votre orientation stratégique existante.

Reconstruire, c'est redessiner les frontières et refaire la structure d'un marché ; c'est créer un océan bleu, un nouvel espace stratégique. Recombiner, c'est exploiter au mieux des possibilités technologiques pour parvenir à des solutions innovatrices.

Annexe C

LA DYNAMIQUE DE MARCHÉ DE L'INNOVATION-VALEUR

La dynamique de marché de l'innovation-valeur contraste vivement avec les pratiques traditionnelles de l'innovation technologique. Ces dernières consistent le plus souvent à fixer au départ un prix élevé, à limiter l'accès et à appliquer une stratégie d'écrémage pour exploiter au maximum l'innovation ; ce n'est que dans un deuxième temps que l'entreprise songe à baisser le prix et les coûts pour conserver ses parts de marché et dissuader les imitateurs.

Mais dans l'univers des biens non rivaux et non excluables comme les idées ou les connaissances, qui recèlent un fort potentiel d'économies d'échelle, d'apprentissage et de rendements croissants, le volume, le prix et le coût prennent une importance sans précédent[1]. L'entreprise confrontée à cette configuration aurait donc tout intérêt à viser dès le départ la conquête de la masse des acheteurs cibles et l'élargissement du marché. Le moyen d'y parvenir est de proposer une valeur radicalement supérieure à un prix accessible à ce marché de masse.

Ainsi que le montre la Figure C.1, l'innovation-valeur rehausse fortement l'attrait d'une offre en déplaçant de D1 à D2 la courbe de la demande. Le prix est stratégiquement positionné et, comme dans l'exemple de Swatch, déplacé de P1 à P2 pour attirer la masse des acheteurs sur un marché en expansion. Ce choix a pour effet d'augmenter la quantité des produits vendus, qui passe de Q1 à Q2, et de renforcer la notoriété de la marque grâce à l'offre d'une valeur sans précédent.

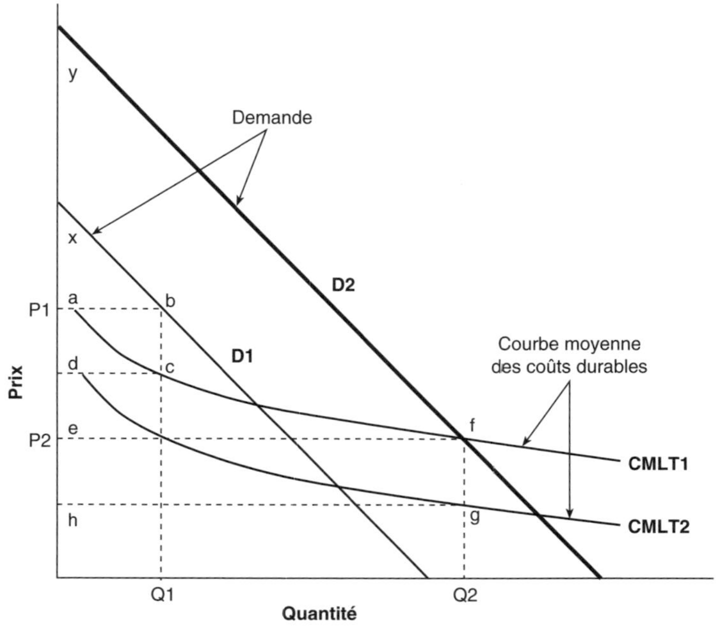

Figure C.1 : La dynamique commerciale de l'innovation-valeur

L'entreprise pratique cependant la gestion par les coûts cibles pour ramener parallèlement le coût moyen à long terme de CMLT1 à CMLT2 : son but est de conforter ses marges bénéficiaires et de décourager l'imitation ou l'exploitation gratuite par ses concurrents. Le résultat, pour l'acheteur, est un saut de valeur du point de vue de la valeur qui déplace de *axb* à *eyf* le surplus de consommation. L'entreprise obtient pour sa part un saut de valeur du point de vue de la croissance et de la rentabilité ; la zone de profit se déplace de *abcd* à *efgh.*

La hausse rapide de la notoriété de la marque, fruit de la valeur exceptionnelle proposée, se conjugue avec un effort simultané de réduction des coûts. Du coup, l'acteur novateur n'a presque plus à se soucier de ses concurrents habituels, qui peinent à le rattraper à mesure qu'il commence à profiter des économies d'échelle, de l'effet d'apprentissage et des rendements croissants dégagés par sa stratégie. C'est ainsi que s'enclenche une dynamique de marché aussi bénéfique pour l'entreprise, désormais dominante, que pour ses clients.

On considère traditionnellement que l'activité des sociétés en position de monopole est socialement préjudiciable à deux titres. D'une part, pour s'assurer la plus grande rentabilité possible, elles pratiquent des prix élevés qui rendent leurs produits inaccessibles même pour ceux qui souhaiteraient les acheter. D'autre part, n'étant guère soumises à une concurrence sérieuse, elles n'éprouvent pas la nécessité de rationaliser leurs opérations ou de réduire leurs coûts ; de ce fait, elles ont tendance à consommer des quantités démesurées de ressources rares. Comme le montre la Figure C.2, le niveau des prix monte en pareil cas de P1, dans des conditions de concurrence parfaite, à P2, dans des conditions de monopole. La demande baisse en parallèle de Q1 à Q2. À ce niveau de demande, le bénéfice de l'entreprise monopolistique enregistre une augmentation équivalente à l'aire R, contrairement à ce qui se passe dans des conditions de concurrence parfaite. Le surplus de consommation, lui, diminue, passant de l'aire C + R + D à l'aire C en raison des prix artificiellement élevés qui sont imposés aux acheteurs. Dans le même temps, l'entreprise monopolistique, du fait de sa surconsommation des ressources disponibles, entraîne, pour la collectivité dans son ensemble, une perte sèche équivalente à l'aire D. En un mot, ses profits monopolistiques sont obtenus au détriment des consommateurs et de toute notre société.

La stratégie Océan Bleu, elle, prend le contre-pied de cette politique d'écrémage. Ses partisans ne visent pas à vendre au prix fort une quantité restreinte de produits ; leur ambition est de créer une demande nouvelle en offrant à l'acheteur un saut

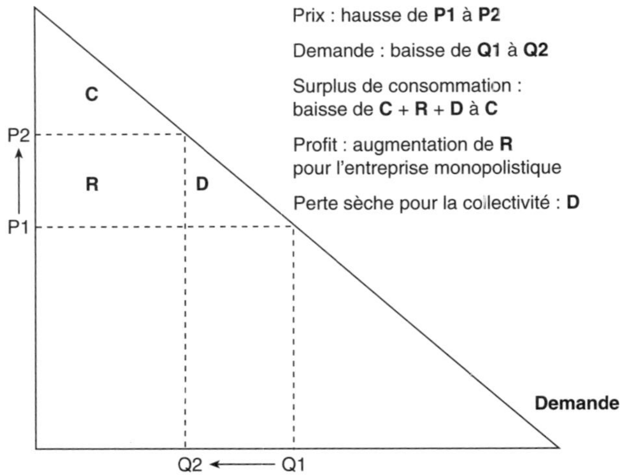

Figure C.2 : De la concurrence parfaite à la situation monopolistique

de valeur à un prix abordable. Ils sont donc incités non seulement à comprimer d'emblée leurs coûts, mais aussi à les maîtriser dans la durée pour décourager les imitateurs attirés par la perspective d'exploiter gratuitement les avancées des autres. Ce faisant, ils mettent en place une situation dont tout le monde sort gagnant : eux-mêmes, leurs clients et la société dans son ensemble, qui bénéficie de cette utilisation plus rationnelle des ressources.

NOTES

Chapitre 1

1 La question de la définition des frontières entre marchés et de l'établissement des règles du jeu est abordée par Harrison C. White (1981) et Joseph Porac et José Antonia Rosa (1996).

2 Selon Gary Hamel et C. K. Prahalad (1995) et James Moore (1996), la concurrence s'intensifie et la banalisation des produits s'accélère : deux tendances qui obligent à créer de nouveaux marchés.

3 Depuis les travaux radicalement novateurs de Michael Porter (1986, 1987), la concurrence se trouve au cœur de la réflexion stratégique. Voir également Paul Auerbach (1988) et George S. Day *et al.* (1997).

4 Voir notamment Hamel et Prahalad (1995).

5 Voir le Standard Industrial Classification Manual (1987) et le North American Industry Classification System (1998).

6 *Ibid.*

7 L'ouvrage classique sur la stratégie militaire et sa focalisation sur la concurrence autour d'un territoire limité est *De la guerre*, de Carl von Clausewitz (1959).

8 Voir Richard A. D'Aveni et Robert Gunther (1995).

9 Sur la mondialisation et ses conséquences économiques, voir Kenichi Ohmae (1990, 1995, 1996).

10 Voir la Division statistique des Nations unies (2002).

11 Voir notamment Copernicus and Market Facts (2001).

12 *Ibid.*

13 Respectivement Thomas J. Peters et Robert H. Waterman Jr. (1983) ; et Jim Collins et Jerry Porras (1996).

14 Richard T. Pascale (1992).

15 Richard Foster et Sarah Kaplan (2001).

16 Selon Peter Drucker, c'est parce qu'elles observent les pratiques de leurs concurrents que les entreprises se laissent entraîner dans cette course de vitesse (1985).

17 Kim et Mauborgne affirment que le souci du *benchmarking* et l'obsession de l'emporter sur la concurrence favorisent une attitude imitative – et non pas innovatrice – envers le marché qui débouche souvent sur des pressions sur les prix et une banalisation encore plus poussée des produits (1997a, 1997b, 1997c). Selon eux, les entreprises devraient plutôt s'employer à mettre la concurrence hors jeu en proposant un saut qualitatif au client. Gary Hamel soutient pour sa part

que la réussite, tant pour les nouveaux venus que pour les leaders établis, dépend de la capacité à éviter l'affrontement avec les concurrents et à repenser le modèle hérité du secteur d'activité (1998). Il dit par ailleurs que la formule du succès consiste à contourner la concurrence au lieu de se positionner par rapport à elle (2000).

18 La formule « création de valeur » est large pour servir de concept stratégique, puisqu'elle ne précise pas la manière de créer de la valeur. Une entreprise pourrait choisir, par exemple, de réduire ses coûts de 2 %. Cela lui permet effectivement de créer de la valeur, mais certainement pas d'ouvrir un nouvel espace stratégique. Car s'il suffit d'améliorer ses pratiques habituelles pour créer de la valeur, il faut abandonner certaines de ces pratiques, adopter de nouvelles pratiques ou réinventer la façon de faire les pratiques habituelles si on veut réaliser l'innovation-valeur. Nos recherches ont montré que les entreprises ayant pour objectif de créer de la valeur se bornent pour la plupart à introduire des améliorations à la marge. Ce n'est pas suffisant pour se différencier ni pour obtenir des performances notables.

19 Gerard J. Tellis et Peter N. Goldner donnent des exemples de stratégies de défrichage qui vont trop loin pour les acheteurs (2002). Ils concluent de leur étude sur une période de dix ans que moins de 10 % des défricheurs finissent comme des gagnants au vu de leurs résultats, alors que plus de 90 % peuvent être qualifiés de perdants.

20 Citons, parmi les ouvrages ayant déjà contesté ce dogme, ceux de Charles W. L. Hill (1988) et de R. E. White (1986).

21 Pour une analyse de la nécessité de choisir entre différenciation et domination par les coûts, voir Porter (1986, 1987). Le même auteur présente par ailleurs une courbe de frontière de la productivité pour illustrer l'arbitrage entre valeur et domination par les coûts (1999).

22 Nos recherches ont révélé que l'innovation-valeur demande de redéfinir le problème, jusque-là au centre du secteur d'activité, plutôt que de trouver des solutions à des problèmes existants.

23 La question de ce qui mérite d'être appelé stratégie est abordée par Michael Porter (1999). Il prétend que, si la stratégie doit englober l'ensemble des activités de l'entreprise, des améliorations opérationnelles peuvent bien s'effectuer au niveau d'un sous-système.

24 *Ibid.* Il en découle que les innovations réalisées au niveau d'un sous-système n'ont pas de caractère stratégique.

25 Joe S. Bain est un précurseur de la conception structuraliste. Voir Bain (1956, 1959).

26 Encore qu'on ait souligné qu'il est risqué dans divers contextes de se lancer dans un domaine nouveau. Steven P. Schnaars affirme, par exemple, que les pionniers sont en position de faiblesse par rapport à leurs imitateurs (1994). Chris Zook prétend pour sa part que la diversification, qui éloigne l'entreprise de son métier de base, est risquée et offre peu de chances de réussite (2004).

27 Inga S. Baird et Howard Thomas soutiennent que toute décision stratégique entraîne des risques (1990).

Chapitre 2

1 Une alternative n'est pas qu'une simple solution de remplacement. Dîner au restaurant, c'est faire autre chose qu'aller au cinéma : les deux offres visent certes à attirer la foule des personnes cherchant à se distraire le soir, mais le restaurant n'est pas en concurrence directe avec la salle de cinéma et ne propose pas un service équivalent sur le plan fonctionnel. On peut distinguer trois niveaux de non-clients. Les Chapitres 3 et 5 aborderont plus dans le détail la question des alternatives et des non-clients.

Chapitre 3

1 NetJets (2004).

2 Voir J. Balmer (2001).

3 Données du site http://www.marquisjet.com/vs/vscomm.html.

4 Voir Kris Herbst (2002).

5 *Ibid.*

Chapitre 4

1 Le lecteur trouvera une vue synthétique de la planification stratégique dans Henry Mintzberg (1994).

2 Considérez la différence de capacité de perception de nos cinq sens : le goût (1 000 bits/seconde), l'odorat (100 000 bits/seconde), l'ouïe (100 000 bits/seconde), le toucher (1 000 000 bits/seconde) et la vue (10 000 000 bits/seconde). Source : T. Norretranders (1998). Sur la puissance de la communication visuelle, voir également A. D. Baddely (1990), J. Larkin et H. Simon (1987), P. Lester (2000) et E. R. Tufte (1982).

3 Pour un traitement plus approfondi de la force de l'apprentissage par l'expérience, voir L. Borzak (1981) et D. A. Kolb (1983).

4 Le Chapitre 3 analyse l'application par Bloomberg d'un de nos six chemins pour tourner le dos à ses concurrents.

5 Voir le Chapitre 5.

6 Voir le Chapitre 3 pour une présentation détaillée des six pistes évoquées ici.

7 Voir *Korea Economic Daily* (2004).

Chapitre 5

1 Voir le Committee on Defense Manufacturing (1996), James Fallows (2002) et John Birkler *et al.* (2001).

2 Department of Defense (1993).

3 Voir Bill Breen (2002), Fallows (2002), Federation of Atomic Scientists (2001), David H. Freedman (2002), *Nova* (2003) et United States Air Force (2002).

4 Compte tenu du délai de près de dix ans entre la première élaboration de la stratégie JSF et sa réalisation en 2010, sa réussite ne nous paraît nullement garantie. Il y aura certainement, durant cette période, des changements à la tête du Pentagone et des forces armées qui compliqueront la tâche de maintenir la courbe de valeur du JSF. Il ne faut en aucun cas se laisser entraîner dans la spirale des marchés d'approvisionnement, centrée sur des marchandages en coulisses pour obtenir encore et encore « un petit peu plus de sur-mesure », car elle ne peut conduire qu'à l'inflation des coûts et au brouillage de la courbe de valeur. Pour éviter ce scénario, le Pentagone, agissant de concert avec Lockheed Martin, devra s'assurer que chacun des trois corps concernés adhère au profil stratégique défini dans le canevas stratégique du F-35. Le tableau reste certes encourageant pour le moment, mais le Pentagone ne peut se permettre de baisser sa garde : c'est un projet à long terme.

Chapitre 6

1 Rohlfs (1974) a été le premier à définir et à analyser les externalités de réseau. On trouve un panorama des travaux récents sur ce concept chez Katz et Shapiro (1994).

2 Voir Kenneth J. Arrow (1962) et Paul Romer (1990). Soulignons que, conformément à la tradition des économistes, l'un et l'autre auteur limitaient l'analyse des biens non rivaux et non excluables aux innovations technologiques. Or, quand on redéfinit le concept d'innovation comme l'innovation-valeur, catégorie plus pertinente au niveau microéconomique qui est celui de l'entreprise, l'importance du critère de la non-rivalité et de la non-exclusivité n'en paraît que plus frappante. En effet, les innovations technologiques ont souvent une composante excluable plus importante en raison de la facilité relative avec laquelle on parvient à les breveter.

3 Voir Ford Motor Company (1924) et William J. Abernathy et Kenneth Wayne (1974).

Chapitre 7

1 *New York Post* (1990).

2 L'application de cette notion au comportement social remonte à une étude effectuée par Morton Grodzins en 1957 sur la ségrégation raciale ; elle fut approfondie par l'économiste Thomas Schelling (1978) de l'université du Maryland. Plus récemment, le livre de Malcom Gladwell, *Le Point de bascule* (2003), a assuré une diffusion plus large à ce concept, qui est désormais entré dans la langue parlée.

3 Voir Joseph Ledoux (1998) et J. S. Morris *et al.* (1998).

4 Voir A. D. Baddely (1990) et D. A. Kolb (1983).

5 Voir James Q. Wilson et George L. Kelling (1982) pour une présentation de la théorie de la vitre cassée. Selon cette théorie, l'existence d'une seule vitre brisée dans un immeuble laisse supposer que personne ne s'en soucie et encourage le vandalisme : très vite, d'autres vitres seront cassées. (N.D.T.)

Chapitre 8

1 Voir Thibault et Walker (1975).

2 Les travaux plus récents d'autres chercheurs soulignent la pertinence de la justice procédurale dans un large éventail de cultures et de situations sociales. Voir notamment E. A. Lind et T. R. Tyler (1988) qui présentent leurs propres conclusions ainsi qu'une synthèse d'autres études dans le même domaine.

3 On trouve de bonnes analyses de la coopération volontaire chez C. O'Reilly et J. Chatman (1986), D. Katz (1964) et P. M. Blau (1964).

4 Aux États-Unis, la procédure de « décertification » permet, par le biais d'un vote majoritaire du personnel, de retirer tout droit légal de représentation à un syndicat auparavant jugé représentatif par le NLRB, instance officielle. La direction de l'entreprise a, à partir de là, les mains libres pour fixer à son gré rémunérations et conditions de travail. (N.D.T.)

5 Voir Herzberg (1971).

Annexe A

1 Pour une présentation du concept de « destruction créatrice », voir Schumpeter (1990).

2 *New York Times* (1906).

3 *Literary Digest* (1899).

4 Voir Bruce McCalley (2002).

5 Voir William J. Abernathy et Kenneth Wayne (1974).

6 Antique Automobile Club of America (2002).

7 Alfred P. Sloan (1964).

8 Mariana Mazzucato et Willi Semmler (1998).

9 Lawrence J. White (1971).

10 *Economist* (1981).

11 Sanghoon Ahn (2002).

12 Voir Walter Adams et Jamew W. Brock (2001), Tableau 5.1, Figure 5.1, p. 116-117.

13 Andrew Hargadon (2003), p. 43.

14 International Business Machines (2002).

15 Regis McKenna (1989).

16 *A+ Magazine* (1987) et *Fortune* (1982).

17 Otto Friedrich (1983).

18 *Ibid.*

19 L'IBM PC était un peu plus cher que l'Apple II (1 565 dollars, contre 1 200 dollars), mais, contrairement à celui-ci, il comprenait un moniteur.

20 History of Computing Project (consulté le 28 juin 2002).

21 *Financial Times* (1999).

22 Hoovers Online (consulté le 14 mars 2003).

23 Digital History (2004).

24 Screen Source (2002).

25 Un sondage de 1924 demandait aux spectateurs de nommer les aspects d'une sortie au cinéma qui leur plaisaient le plus. Fait intéressant, 28 % citèrent la musique, 19 % la courtoisie du personnel et 15 % l'agrément de la salle. Seuls 10 % mirent l'accent sur les films (R. Koszarski, 1990). Par ailleurs, 24 % des exploitants interrogés deux ans plus tôt estimèrent que la qualité du long métrage « n'avait absolument aucune influence » sur les recettes ; ce qui comptait, selon eux, c'était le reste du programme (*Ibid.*). Effectivement, la plupart des publicités de l'époque parlaient autant de la musique que des films. L'avènement en 1926 de la bande sonore aura pour conséquence de réduire radicalement l'importance d'engager un orchestre et donc les coûts d'exploitation. Les Palaces, forts de leur décor somptueux, de leur cadre raffiné et de leur service voiturier, pourront profiter de cette mutation pendant une bonne dizaine d'années encore – jusqu'à la migration de masse vers les banlieues qui démarra après la seconde guerre mondiale.

26 Screen Source (2002).

Annexe B

1 L'école structuraliste remonte au paradigme de Joe S. Bain sur l'enchaînement structure-conduite-performance. À l'aide d'une méthode empirique trans-secteurs, Bain se concentre avant tout sur l'influence des structures sur les performances. Voir Bain (1956, 1959).

2 S'appuyant sur les travaux de Joe S. Bain, F. M. Scherer cherche à expliciter le rapport causal entre « structure » et « performance » en traitant la « conduite » comme une variable intermédiaire. Voir Scherer (1970).

3 *Ibid.*

4 Voir Joseph A. Schumpeter (1990).

5 *Ibid.*

6 Pour une présentation plus détaillée de la théorie de la croissance endogène, voir Paul Romer (1990, 1994) et G. M. Grossman et E. Helpman (1995).

7 Voir Porter (1986, 1987, 1999).

8 Voir Kim et Mauborgne (1997a, 1999a, 1999b).

9 Voir Joseph Schumpeter (1999) et Andrew Hargadon (2003).

Annexe C

1 Sur la question des rendements croissants, voir Paul Romer (1986) et W. B. Arthur (1996).

REMERCIEMENTS

Nous avons bénéficié d'une aide importante pour réaliser ce livre. L'INSEAD a fourni un cadre exceptionnel pour mener nos recherches. Nous avons considérablement profité du passage entre théorie et pratique qui existe à l'INSEAD et de la composition authentiquement internationale de son corps enseignant. Dès le départ, les directeurs, Antonio Borges, Gabriel Hawawini et Ludo Van der Heyden, nous ont prodigué encouragement et soutien institutionnel et nous ont permis d'associer étroitement recherche et enseignement. PricewaterhouseCoopers (PwC) et le Boston Consulting Group (BCG) ont renforcé leur soutien financier à notre recherche ; soulignons tout particulièrement la contribution de Frank Brown et de Richard Baird chez PwC et de René Abate, de John Clarkeson, de George Stalk et d'Olivier Tardy de BCG.

Nous avons bénéficié au fil des ans de l'aide d'un groupe de chercheurs très talentueux, et nous tenons à en saluer deux en particulier, Jason Hunter et Ji Mi, qui travaillent avec nous depuis plusieurs années. Leur engagement, l'apport continu de leurs recherches et leur volonté de perfection furent des facteurs essentiels à la réalisation de ce livre. Leur présence fut une bénédiction.

Nos collègues à l'école ont contribué aux idées exposées dans ce livre. Les membres du corps enseignant de l'INSEAD, surtout Subramanian Rangan et Ludo Van der Heyden, nous ont aidés à affiner nos concepts et nous ont apporté leur soutien et des commentaires inestimables. Nombre des enseignants de l'INSEAD ont présenté les idées et les outils de ce livre devant des dirigeants, des cours de MBA, des auditoires, ce qui a donné lieu à un retour d'information qui nous a permis d'aiguiser notre réflexion. D'autres ont fourni des encouragements sur le plan intellectuel et l'énergie de leur gentillesse. Nous remercions ici, entre autres, Ron Adner, Jean-Louis Barsoux, Ben Bensaou, Henri-Claude de Bettignies, Mike Brimm, Laurence Capron, Marco Ceccagnoli, Karel Cool, Arnoud De Meyer, Ingemar Dierickx, Gareth Dyas, George Eapen, Paul Evans, Charlie Galunic, Annabelle Gawer, Javier Gimeno, Dominique Héau, Neil Jones, Philippe Lasserre, Jean-François Manzoni, Jens Meyer, Claude Michaud, Deigan Morris, Quy Nguyen-Huy, Subramanian Rangan, Jonathan Story, Heinz Thanheiser, Ludo van der Heyden, David Young, Peter Zemsky et Ming Zeng.

Nous avons bénéficié d'un réseau mondial de personnes sur le terrain et de rédacteurs fournissant les exemples. Ils ont beaucoup contribué à illustrer l'application concrète des idées de ce livre et ont aidé à étoffer la matière de notre recherche. Parmi de nombreuses personnes, nous tenons tout particulièrement à citer Marc Beauvois-Coladon qui a travaillé avec nous dès le départ et a apporté une contribution majeure au Chapitre 4 sur la base de la pratique de nos idées dans l'entreprise. Parmi tous les autres, et ils sont nombreux, nous voulons remercier Francis Gouillart et ses associés, Gavin Franer et ses associés, Wayne Mortensen, Brian Marks, Kenneth Lau, Yasushi Shiina, Jonathan Landrey et ses associés, Junan Jiang, Ralph Trombetta et ses associés, Gabor Burt et ses associés, Shantaram Venkatesh, Miki Kawawa et ses associés, Atul Sinha et ses associés, Arnold Izsak et ses associés, Volher Westermann et ses associés, Matt Williamson et enfin Caroline Edwards et ses associés. Nous apprécions également la coopération qui s'amorce avec Accenture, telle qu'elle a démarré avec Mark Spelman, Omar Abbosh, Jim Sayles et leur équipe. Merci également à Lucent Technologies pour son soutien.

Pendant nos recherches, nous avons rencontré des dirigeants d'entreprise et des représentants des pouvoirs publics qui nous ont généreusement donné de leur temps et de leurs idées. Leur contribution aux idées de ce livre a été considérable, et nous leur en sommes reconnaissants. Parmi les nombreuses initiatives publiques et privées qui témoignent de la mise en pratique de nos idées, nous tenons à saluer le Value Innovation Program (VIP) Center chez Samsung Electronics et le Value Innovation Action Tank (VIAT) à Singapour, car les secteurs public et privé dans ce pays ont été une source majeure d'inspiration et d'idées. En particulier, Jong-Yong chez Samsung Electronics et tous les Secrétaires permanents du gouvernement de Singapour se sont révélés des partenaires de valeur. Des remerciements chaleureux aux membres du Value Innovation Network (VIN), une communauté mondiale de pratique des concepts proches de l'innovation-valeur, surtout à ceux que nous n'avons pu citer ici.

Pour finir, nous aimerions remercier Melinda Merino, notre responsable d'édition, pour ses remarques sagaces et son feedback, ainsi que l'équipe de la Harvard Business School Publishing pour son engagement et son soutien enthousiaste. Merci aussi à nos collaborateurs présents et passés à la *Harvard Business Review*, en particulier David Champion, Tom Stewart, Nan Stone et Joan Magretta. Nous devons énormément aux étudiants en MBA et doctorants à l'INSEAD ainsi qu'aux participants du programme *executive education* de l'école. En particulier, les participants aux cours de Stratégie et de Value Innovation Study Group (VISG) ont montré une grande patience pendant que nous testions les idées de ce livre. Leurs questions stimulantes et leur feedback éclairé nous ont aidés à préciser et à consolider nos idées.

Pour la traduction française, nous tenons à remercier pour leur apport Marc Beauvois-Coladon de Banian Consulting qui nous a apporté dix années de pratique de Value Innovation et Jean-Baptiste Coumau et Arnold Izsak qui contribuent depuis plusieurs années à faire découvrir aux entreprises françaises l'innovation-valeur.

BIBLIOGRAPHIE

A+ Magazine, « Back In Time », février 1987, p. 48-49.

Abernathy, William J. et Wayne, Kenneth, « Limits to the Learning Curve », *Harvard Business Review* 52, 1974, p. 109-120.

Adams, Walter et Brock, James W., *The Structure of American Industry*, (10e édition) Prentice Hall, Princeton, NJ, 2001.

Ahn, Sanghoon, « Competition, Innovation, and Productivity Growth : A Review of Theory et Evidence », *OECD Working Paper* 20, 2002.

Ansoff, H. Igor, *Corporate Strategy : An Analytic Approach to Business, Policy for Growth and Expansion*, McGraw Hill, New York, 1965.

Antique Automobile Club of America, 2002, *Automotive History – A Chronological History.* http://www.aaca.org/history. Consulté le 18 juin 2002.

Arrow, Kenneth J., « Economic Welfare and the Allocation of Resources for Inventions », in *The Rate et Direction of Inventive Activity*, R. R. Nelson (dir.), Princeton University Press, Princeton, NJ, 1962, p. 609-626.

Arthur, W. B., « Increasing Returns and the New World of Business », *Harvard Business Review* 74, juillet-août 1996, p. 100-109.

Auerbach, Paul, *Competition : The Economics of Industrial Change*, Basil Blackwell, Cambridge, 1988.

Baddely, A. D., *Human Memory : Theory and Practice*, Allyn & Bacon, Needham Heights, MA, 1990.

Bain, Joe S., *Barriers to New Competition : Their Character and Consequences in Manufacturing Industries*, Harvard University Press, Cambridge, MA, 1956.

Bain, Joe S. (dir.), *Industrial Organization*, Wiley, New York, 1959.

Baird, Inga S. et Thomas, Howard, « What Is Risk Anyway ? Using et Measuring Risk in Strategic Management », in *Risk, Strategy, and Management*, Richard A. Bettis et Howard Thomas (dir.), JAI Press Inc, Greenwich, CT, 1990.

Balmer, J., « The New Jet Set », *Barron's* 19, novembre 2001.

Bettis, Richard A. et Thomas, Howard (dir.), *Risk, Strategy, and Management*, Greenwich, CT, JAI Press Inc., 1990.

Birkler, J. *et al.*, « Assessing Competitive Strategies for the Joint Strike Fighter : Opportunities and Options », Rand Corporation, Santa Monica, CA, 2001.

Blau, P. M., *Exchange and Power in Social Life*, Wiley, New York, 1964.

Borzak, L. (dir.), *Field Stud y : A Source Book for Experiential Learning*, Sage Publications, Beverly Hills, CA, 1981.

Breen, Bill, « High Stakes, Big Bets », *Fast Company*, avril 2002.

Chandler, Alfred, *Stratégies et Structures de l'entreprise*, Éditions d'Organisation, Paris, 1972.

Christensen, Clayton M., *The Innovator's Dilemma : When New Technologies Caused Great Firms to Fail*, Harvard Business School Press, Boston, 1997.

Clausewitz, Carl von, *De la guerre*, Éditions de Minuit, Paris, 1959.

Collins, Jim et Porras, Jerry, *Bâties pour durer*, First, Paris, 1996.

Committee on Defense Manufacturing in 2010 and Beyond, *Defense Manufacturing in 2010 and Beyond*, National Academy Press, Washington, DC, 1996.

Copernicus and Market Facts, *The Commoditization of Brets and Its Implications for Marketers*, Copernicus Marketing Consulting, Auburndale, MA, 2001.

D'Aveni, Richard A. et Gunther, Robert, *Hypercompetitive Rivalries : Competing in Highly Dynamic Environments*, Free Press, New York, 1995.

Day, George S. et Reibstein, David J., Robert Gunther (dir.), *Wharton on Dynamic Competitive Strategy*, John Wiley, New York, 1997.

Department of Defense Press Conference, « DOD Bottom Up Review », retranscription par l'agence Reuter's, 1er septembre 1993.

Digital History, 2004. Chronology of Film History. http://www.digitalhistory.uh.edu/historyonline/film_chron. cfm. Consulté le 4 février 2004.

Drucker, Peter F., *Les Entrepreneurs,* Hachette, 1985.

——— *Je vous donne rendez-vous demain,* Maxima, 1992.

Economist, « Apocalypse Now », 13 janvier 2000.

——— « Detroit Moves the Metal », 15 août 1981.

——— « A New Orbit », 12 juillet 2001.

Etrews, Kenneth R., *The Concept of Corporate Strategy*, Irwin, Homewood, Illinois, 1971.

Fallows, James, « Uncle Sam Buys an Airplane », *Atlantic Monthly*, juin 2002.

Federation of Atomic Scientists, 2001. « F-35 Joint Strike Fighter ». http://www.fas.org/man/dod-101/sys/ac/f-35.htm. Consulté le 21 octobre 2002.

Financial Times, « Compaq Stays Top of Server Table », 3 février 1999.

Ford Motor Company, *Factory Facts from Ford*, Detroit, 1924.

Fortune, « Fortune Double 500 », juin 1982.

Foster, Richard et Kaplan, Sarah, *Creative Destruction*, Doubleday, New York, 2001.

Freedman, David H., « Inside the Joint Strike Fighter », *Business 2.0*, février 2002.

Friedrich, Otto, « 1982 Person of the Year : The Personal Computer », *Time*, 1983. http://www.time.com/time/poy2000/archive/1982.html. Consulté le 30 juin 2002.

Gladwell, Malcom, *Le Point de bascule : comment faire une grande différence avec de très petites choses*, Transcontinental, Montréal, 2003.

Grodzins, Morton, « Metropolitan Segregation », *Scientific American*, n° 197, octobre 1957.

Grossman, G. M. et Helpman, E., *Innovation and Growth*, The MIT Press, Cambridge, MA, 1995.

Hamel, Gary et Prahalad, C. K., *La Conquête du futur*, InterÉditions, Paris, 1995.

Hamel, Gary, « Opinion : Strategy Innovation and the Quest for Value », *MIT Sloan Management Review* 39, n° 2, 8, 1998.

——— *La Révolution en tête*, Village mondial, Paris, 2000.

Hargadon, Andrew, *How Breakthroughs Happen*, Harvard Business School Press, Boston, 2003.

Herbst, Kris, « Enabling the Poor to Build Housing : Cemex Combines Profit and Social Development », *Changemakers Journal*, septembre-octobre 2002.

Herzberg, F., *Le Travail et la Nature de l'homme*, Entreprise Moderne d'Édition, Paris, 1971.

Hill, Charles W. L., « Differentiation versus Low Cost or Differentiation and Low Cost », *Academy of Management Review* 13, juillet 1988, p. 401-412.

Hindle, T., *Field Guide to Strategy*, The Economist Books, Boston, 1994.

Hippel, Eric von, *The Sources of Innovation*, Oxford University Press, New York, 1988.

History of Computing Project, « Univac », http://www.thocp.net/hardware/univac.htm. Consulté le 28 juin 2002.

Hofer, Charles W. et Schendel, Dan, *Strategy Formulation : Analytical Concepts*, West Publishing, St. Paul, MN, 1978.

Hoovers Online. http://www.hoovers.com/. Consulté le 14 mars 2003.

International Business Machines,, 2002, IBM Highlights : 1885-1969. http://www-1.ibm.com/ibm/history/documents/pdf/1885-1969.pdf. Consulté le 23 mai 2002.

Kanter, Rosabeth Moss, *The Change Masters : Innovation for Productivity in the American Corporation*, Simon & Schuster, New York, 1983.

Katz, D., « The Motivational Basis of Organizational Behavior », *Behavioral Science* 9, 1964, p. 131-146.

Katz, Michael et Shapiro, Carl, « Systems Competition and Network Effects », *Journal of Economic Perspectives* 8, n° 2, 1994, p. 93-115.

Kim, W. Chan et Mauborgne, Renée, « Procedural Justice, Attitudes and Subsidiary Top Management Compliance with Multinational's Corporate Strategic Decisions », *The Academy of Management Journal* 36, n° 3, 1993, p. 502-526.

——— « Procedural Justice and Manager's In-role and Extra-role Behavior », *Management Science* 42, avril 1996, p. 499-515.

——— (a) « Value Innovation : The Strategic Logic of High Growth », *Harvard Business Review* 75, janvier-février 1997, p. 102-112.

——— (b) « On the Inside Track », *Financial Times*, 7 avril 1997.

——— (c) « When "Competitive Advantage" Is Neither », *Wall Street Journal*, 21 avril 1997.

——— (d) « Fair Process : Managing in the Knowledge Economy », *Harvard Business Review* 75, juillet-août 1997.

——— « Procedural Justice, Strategic Decision Making and the Knowledge Economy », *Strategic Management Journal*, avril 1998.

——— (a) « Creating New Market Space », *Harvard Business Review* 77, janvier-février 1999, p. 83-93.

——— (b) « Strategy, Value Innovation, and the Knowledge Economy », *Sloan Management Review* 40, n° 3, printemps 1999.

——— « Knowing a Winning Business Idea When You See One », *Harvard Business Review* 78, septembre-octobre 2000, p. 129-141.

——— « Charting Your Company's Future », *Harvard Business Review* 80, juin 2002, p. 76-85.

——— « Tipping Point Leadership », *Harvard Business Review* 81, avril 2003, p. 60-69.

Kolb, D. A., *Experiential Learning : Experience as the Source of Learning and Development*, Prentice Hall Press, New York, 1983.

Korea Economic Daily, 20, 22, 27 avril 2004, et 4, 6 mai 2004.

Koszarski, R., *An Evening's Entertainment : The Age of the Silent Feature Picture, 1915-1928*, Scribner and Sons, New York, 1990.

Kuhn, Thomas S., *La Structure des révolutions scientifiques*, Flammarion (Champs), Paris, 1983.

Larkin, J. et Simon, H., « Why a Diagram Is (Sometimes) Worth 10,000 Words », *Cognitive Science* 4, 1987, p. 317-345.

Ledoux, Joseph, *The Emotional Brain : The Mysterious Underpinnings of Emotional Life*, Simon & Schuster, New York, 1998.

Lester, P., *Visual Communication Images with Messages*, (2e édition) Wadsworth Publishing Company, Belmont, CA, 2000.

Lind, E. A. et Tyler, T. R., *The Social Psychology of Procedural Justice*, Plenum Press, New York, 1988.

Literary Digest, 14 octobre 1899.

Markides, Constantinos C., « Strategic Innovation », *Sloan Management Review*, printemps 1997.

Mazzucato, Mariana et Semmler, Willi, « Market Share Instability and Stock Price Volatility during the Industry Life-cycle : US Automobile Industry », *Journal of Evolutionary Economics* 8, 1998, n° 4, p. 10.

McCalley, Bruce, *Model T Ford Encyclopedia*, Model T Ford Club of America, mai 2002. http://www.mtfca.com/encyclo/index.htm. Consulté le 18 mai 2002.

McKenna, Regis, *Tous contre IBM : les stratégies gagnantes des challengers de Big Blue*, InterÉditions, Paris, 1989.

Mintzberg, H., *Grandeur et Décadence de la planification stratégique*, Dunod, Paris, 1994.

Mintzberg, H., Ahlstrandt, B. et Lampel, J., *Safari en pays stratégie : l'exploration des grands courants de la pensée stratégique*, Village Mondial, Paris, 1999.

Moore, James F., *The Death of Competition : Leadership and Strategy in the Age of Business Ecosystems*, HarperBusiness, New York, 1996.

Morris, J. S. *et al.*, « Conscious and Unconscious Emotional Learning in the Human Amygdala », *Nature* 393, 1998, p. 467-470.

NetJets, « The Buyers Guide to Fractional Aircraft Ownership », 2004. http://www.netjets.com. Consulté le 8 mai 2004.

New York Post, « Dave Do Something », 7 septembre 1990.

New York Times, « "Motorists Don't Make Socialists", They Say », 4 mars 1906.

Norretranders, T., *The User Illusion : Cutting Consciousness Down to Size*, Penguin Press Science, New York, 1998.

North American Industry Classification System : United States 1997, Bernan Press, Lanham, VA, 1998.

Nova, « Battle of the X-Planes », PBS, 4 février 2003.

Ohmae, Kenichi, *Le Génie du stratège*, Dunod, Paris, 1991.

——— *L'Entreprise sans frontière*, InterÉditions, Paris, 1991.

——— *De l'État-nation aux États-régions*, Dunod, Paris 1996.

Ohmae, Kenichi, (dir.), *The Evolving Global Economy : Making Sense of the New World Order*, Harvard Business School Press, Boston 1995.

O'Reilly, C. et Chatman, J., « Organization Commitment and Psychological Attachment : The Effects of Compliance Identification, and Internationalization on Prosocial Behavior », *Journal of Applied Psychology* 71, 1986, p. 492-499.

Pascale, Richard T., *Les Risques de l'excellence*, InterÉditions, Paris, 1992.

Peters, Thomas J. et Waterman, Robert H. Jr., *Le Prix de l'excellence*, InterÉditions, Paris, 1983.

Phelps, Elizabeth A. *et al.*, « Activation of the Left Amygdala to a Cognitive Representation of Fear », *Nature Neuroscience* 4, avril 2001, p. 437-441.

Porac, Joseph et Rosa, Jose Antonio, « Rivalry, Industry Models, and the Cognitive Embeddedness of the Comparable Firm », *Advances in Strategic Management* 13, 1996, p. 363-388.

Porter, Michael E., *Choix stratégiques et concurrence : techniques d'analyse des secteurs et de la concurrence dans l'industrie, (Competitive Strategy)*, Economica, Paris, 1987.

——— *L'Avantage concurrentiel : comment devancer ses concurrents et maintenir son avance*, InterÉditions, Paris, 1986.

——— *La Concurrence selon Porter*, Paris, Village mondial, 1999.

Prahalad, C. K. et Hamel, Gary, « The Core Competence of the Corporation », *Harvard Business Review* 68, 1990, n° 3, p. 79-91.

Rohlfs, Jeffrey, « A Theory of Interdependent Demand for a Communications Service », *Bell Journal of Economics* 5, n° 1, 1974, p. 16-37.

Romer, Paul M., « Increasing Returns and Long-Run Growth », *Journal of Political Economy* 94, octobre 1986, 1002-1037

——— « Endogenous Technological Change », *Journal of Political Economy* 98, octobre 1990, S71-S102.

——— « The Origins of Endogenous Growth », *Journal of Economic Perspectives* 8, hiver 1994, p. 3-22.

Schelling, Thomas C., *Micromotives and Macrobehavior*, W. W. Norton and Co., New York, 1978.

Scherer, F. M., *Industrial Market Structure and Economic Performance*, Rand McNally, Chicago, 1970.

——— *Innovation and Growth : Schumpeterian Perspectives*, The MIT Press, Cambridge, MA, 1984.

Schnaars, Steven P., *Managing Imitation Strategies : How Later Entrants Seize Markets from Pioneers*, Free Press, New York, 1994.

Schumpeter, Joseph A., *Théorie de l'évolution économique : recherche sur le profit, le crédit, l'intérêt et le cycle de la conjoncture*, Dalloz, Paris, 1999 (1re édition américaine 1934).

——— *Capitalisme, socialisme et démocratie*, Payot, Paris, 1990 (1re édition américaine 1942).

Screen Source, 2002, « US Movie Theater Facts ». http://www.amug.org/~scrnsrc/theater_facts. html. Consulté le 20 août 2002.

Sloan, Alfred, *Mes années à la General Motors*, Hommes et Techniques, 1964.

Standard Industrial Classification Manual, 1987, Paramus, NJ : Prentice Hall Information Services.

Tellis, G. et Golder, P., *Will and Vision*, McGraw Hill, New York, 2002.

Thibault, J. et Walker, L., *Procedural Justice : A Psychological Analysis*, Erlbaum, Hillsdale, NJ, 1975.

Tufte, E. R., *The Visual Display of Quantitative Information*, Graphics Press, Cheshire, CT, 1982.

United Nations Statistics Division, *The Population and Vital Statistics Report*, 2002.

United States Air Force, 2002. « JSF Program Whitepaper ». http://www.jast.mil. Consulté le 21 novembre 2003.

White, Harrison C., « Where Do Markets Come From ? », *American Journal of Sociology*, n° 87, 1981, p. 517-547.

White, Lawrence J., *The Automotive Industry after 1945*, Harvard University Press, Cambridge, MA, 1971.

White, R. E., « Generic Business Strategies, Organizational Context and Performance : An Empirical Investigation », *Strategic Management Journal* 7, 1986, p. 217-231.

Wilson, James Q. et Kelling, George L., « Broken Windows », *Atlantic Monthly*, vol. 249, n° 3, mars 1982, p. 29.

Zook, Chris, *Beyond the Core : Expand Your Market Without Abandoning Your Roots*, Harvard Business School Press, Boston, 2004.

INDEX

louisjean
IMPRIMEUR

59, Av. Émile Didier
05003 Gap Cedex
Tél. 04 92 53 17 00
Dépôt légal : 518
Juillet 2006
Imprimé en France